W0303623

Les fondamentaux de la foi chrétienne

Une énergie spirituelle de terre et de ciel

Marie-Christine Bernard

Les fondamentaux de la foi chrétienne

Une énergie spirituelle de terre et de ciel

Préface de Christoph Theobald, sj

PRESSES DE LA RENAISSANCE

Ouvrage réalisé
sous la direction éditoriale d'Alain NOËL
avec la collaboration de Danielle NOËL

Si vous souhaitez être tenu(e)
au courant de nos publications,
envoyez vos nom et adresse, en citant ce livre,
aux Éditions des Presses de la Renaissance,
11, rue de Grenelle – 75007 Paris
Et, pour le Canada,
à Interforum Canada inc.,
1055, bd René-Lévesque Est,
11e étage, bureau 1100,
H2L 4S5 Montréal, Québec.

Consultez notre site Internet :
www.presses-renaissance.com

ISBN 978-2-7509-0500-2
© Presses de la Renaissance, Paris, 2009

À toutes les personnes qui m'ont permis de naître

Préface

Est-ce un signe des temps que les ouvrages sur les « fondamentaux » de la foi chrétienne se multiplient ? Qu'il s'agisse du renouveau catéchétique engagé par les évêques de France, de l'abrégé du catéchisme romain ou encore de telle « invitation à croire », la conscience d'une disparition de la culture chrétienne, voire le constat d'un fossé de plus en plus large et profond entre la tradition de l'Église et la culture contemporaine suscitent des initiatives diversifiées de retour à l'essentiel. Le beau parcours de Marie-Christine Bernard occupe une place bien particulière dans ce paysage, sans doute parce qu'il se situe dans les coulisses de la société et de l'Église, là où se déroule l'élémentaire de nos existences humaines, et tente d'y montrer l'impact possible de l'Évangile.

À première vue, les cinq points qui balisent cet itinéraire se suivent selon une logique bien classique. L'irrésistible appel au bonheur en chaque être humain, relié aux récits de la création qui ouvrent la Bible, fournit le point de départ. Or, la bénédiction créatrice cachée au cœur de nos existences est traversée et contrariée par l'expérience du mal dont le péché est un aspect important. Jésus qui, en paroles et en gestes, annonce l'Évangile de Dieu, nous délie donc de ce qui nous tient captif et emprisonne notre désir de vie, nous faisant concrètement changer de rapport à « Celui que personne n'a jamais vu » et à notre propre humanité, nous communiquant le souffle même de Dieu. Celles et ceux qui vivent à sa suite forment la communauté des disciples du Christ, l'Église. Celle-ci est avant tout le lieu où l'on pratique, enseigne et où l'on s'entraîne mutuellement à vivre concrètement dans et par l'Esprit de Dieu.

Si donc le lecteur retrouve les grands repères de la foi chrétienne – ce qui est normal pour un ouvrage qui veut ouvrir ce trésor à des croyants et ceux qui ne le sont pas –, la manière de l'aborder est originale. Marie-Christine Bernard est en effet très sensible à la crise émotionnelle qui traverse les relations entre la culture moyenne de nos contemporains et la tradition chrétienne. Le mot « Église », dès qu'il est lâché dans des conversations ou dans l'opinion publique, évoque tant d'impressions et de sentiments contraires qu'il constitue aujourd'hui pour un très grand nombre, et parmi eux beaucoup de chrétiens, l'obstacle majeur à un accès serein à l'immense énergie heureuse cachée dans l'Évangile. Le message chrétien est devenu inaudible ou illisible parce que son émission est comme encombrée par trop d'éléments secondaires et notre mémoire collective est devenue douloureuse en matière ecclésiale, tandis que la foule de ceux qui ont soif d'une véritable vie spirituelle est comme livrée, voire asservie à des idéologies et propositions trompeuses. Le diagnostic est dur parce que réaliste mais toujours nuancé et surtout ouvert à l'avenir.

Dans son travail de désensabler la « source », la théologienne s'appuie en effet sur l'immense attente de beaucoup de femmes et d'hommes de notre temps à l'endroit du christianisme, sur leur sens de la cohérence et surtout leur besoin d'être rejoints dans l'horizon des exigences de la raison contemporaine. Se conduire et penser par soi-même est devenu une requête habituelle, souvent accom-

pagnée du soupçon que les institutions ecclésiales infantilisent les sujets. D'où la nécessité de passer par une réflexion sur l'homme et l'humain, *une pensée « anthropologique » comme on dit en termes techniques. Présentée de manière très simple, celle-ci accompagne le parcours du début jusqu'à la fin ; c'est là son originalité. La parole de l'Évangile et, antérieurement, la création du monde et de l'homme par Dieu comme bénédiction sont approchées à partir de leur orientation vers le bonheur, la vie heureuse étant définie comme capacité d'« aimer la vie, telle qu'elle s'incarne en nous, par nous, pour nous ». Dans un langage à la fois rigoureux et imagé, riche en observations psychologiques et exemples pris dans la vie quotidienne, Marie-Christine Bernard suit pas à pas cette quête du bonheur au sein de notre existence corporelle, ses difficultés et ses chances, elle admire son rayonnement et son caractère contagieux et insiste surtout sur son enracinement dans les relations, parentales en premier. Tout proche du récit biblique, mais avec des mots d'aujourd'hui, émerge ainsi le sens profond et ultime de notre existence, toujours en excès par rapport à notre environnement familial, social, culturel, etc. et renvoyé au mystère de l'origine, relation mystérieuse à Dieu que les Écritures approchent en termes de « filiation ». Nous sommes loin d'une proposition de vie et de sens dont l'effet serait finalement la régression vers un état imaginaire d'enfance.*

D'aucuns se demanderont peut-être si cette entrée rigoureusement positive dans le message chrétien n'est pas trop optimiste ou, plus grave, réductrice de l'existence humaine et chrétienne. Or, dès le premier point, la difficulté à être heureux paraît et dans le deuxième point la question dramatique du mal, du malheur et du péché est prise à bras-le-corps, sur le plan à la fois individuel et collectif. Certains passages de ce chapitre sonnent d'ailleurs comme une dénonciation qui, tout en gardant les accents du prophétisme biblique, ne quittent jamais le climat de confiance et d'espérance qui englobe l'ensemble du parcours.

L'aspect le plus décisif de cette approche anthropologique de la foi est une extrême attention aux mots qui balisent le discours chrétien : celui de « Dieu », Dieu « créateur » et « Père », de Fils, d'Esprit/souffle, celui de péché, d'âme, d'Église, pour n'en nommer que quelques-uns. Cette vigilance est d'ordre pédagogique mais elle a aussi une fonction critique et proprement théologique. Tous ces mots sont en effet soumis à des malentendus ; leur sens souvent technique n'est plus accessible et doit être retrouvé à partir de ce qu'ils désignent sur le plan de l'expérience humaine. Par ailleurs certains concepts, par exemple celui du « péché », peuvent être instrumentalisés par un pouvoir clérical et contribuer ainsi à maintenir ceux qui en dépendent dans un état de soumission et de minorité ; processus de type idéologique à l'œuvre dans tous les groupes humains, dans nos sociétés et aussi dans l'Église. Les mots doivent enfin être surveillés pour qu'ils n'emprisonnent pas Dieu, le Christ, l'Esprit, voire plus immédiatement autrui dans une définition.

*Cette vigilance à la fois pédagogique et théologique par rapport aux mots utilisés se repère jusque dans le style d'écriture et fait que l'itinéraire proposé plonge le lecteur dans un climat spirituel. Le versant anthropologique des cinq balises proposées dans ce parcours s'avère en effet au service de l'*expérience spirituelle *que la théologienne désire rendre accessible. Et pour que celle-ci soit vraiment livrée au lecteur, elle lui fournit, dans le dernier point, une méthode ; méthode qui en réalité est mise en place dès le début du chemin : le point de départ* consiste à se rendre présent à soi-même en prêtant attention à son corps ; vient ensuite ou en même temps la lecture des Écritures, conduite jusqu'à l'écoute intérieure de la Parole de Dieu et à la capacité de parler soi-même à Dieu dans la prière à partir de ce qui a été lu, entendu et médité ; de la méditation intériorisée de la Bible, la femme et l'homme « spirituels » sont reconduits, de manière nouvelle vers leur environnement, formés par la relecture à une attitude d'éveil à leur vie.

Cette attention et cette initiation à la substance spirituelle de la tradition chrétienne déterminent évidemment l'image que, dans le quatrième point, Marie-Christine Bernard donne de l'Église : comprise comme communauté des disciples du Christ, son identité est rigoureusement spirituelle, irréductible à l'institution religieuse proprement dite ; étant continuellement nourrie par la Parole, elle se réalise dans la rencontre, le plaisir d'être ensemble, l'attention au bien-être de chacun et de tous et dans une manière de vivre en vérité. C'est donc la relation des disciples à leur Maître qui la constitue. Sans doute, cette belle méditation sur la suite du Christ comme « fondement » de l'Église devra-t-elle être conduite plus loin en y introduisant une réflexion sur le mystère pascal et ce qui s'y révèle de l'énigme de notre mort. On ne quittera pas l'attention anthropologique et spirituelle du parcours ; au contraire. Dans la difficulté des disciples à suivre leur Seigneur jusqu'au bout, dans le reniement de Pierre et la trahison de Judas, d'emblée « assumés » par celui qui, dans la Cène, leur communique sa propre vie et la donne pour la multitude, se montre en effet une dimension essentielle de l'Église : elle est nourrie gratuitement par la Parole du Seigneur Jésus et par des gestes dits sacramentels qui ne cessent de rendre proches ses gestes à lui ; tout en nous touchant jusqu'à *l'intime de notre corps individuel et social, ces paroles et ces gestes y éveillent et ressuscitent une profondeur de vie qui dépasse la mort et excède ce que nous pouvons imaginer et comprendre ici et maintenant.*

Il est donc heureux que Marie-Christine Bernard ait choisi le rapport cosmique de la terre et du ciel comme métaphore centrale de ce parcours spirituel. Comment mieux faire comprendre cette mystérieuse énergie de vie que de montrer qu'elle est déjà à l'œuvre dans la verticalité des êtres humains reliés les uns aux autres ! Si Dieu s'approche de la terre pour les appeler à y devenir ses propres fils et filles, cette orientation spirituelle vers le haut peut alors prendre chair dans la posture de leurs corps, de leurs yeux et de leurs mains. S'approchant les uns des autres, ajustant mutuellement leurs « figures » comme dans une mystérieuse danse et s'orientant ensemble vers le ciel, ils expriment la force du désir que Dieu lui-même a déposé dans leur cœur.

Christoph Theobald

Introduction

L'essentiel de la foi chrétienne tient en peu, en très peu de chose. De plus, ce qu'elle dit est d'une simplicité, d'un *délié*, absolument désarmant. Enfin, elle est porteuse d'une immense force de vitalité heureuse. Pour chaque personne. Pour aujourd'hui. Du cœur des évangiles, cette puissance vitale jaillit et se répand en direction de quiconque s'y rend disponible.

Mais qui, aujourd'hui, perçoit que c'est de vitalité, de bonheur, de force, de présent qu'il s'agit du côté de la foi chrétienne ? Le message limpide répandu par le passage de cet homme divinement humain, Jésus, n'est-il pas devenu opaque, enfoui sous l'épaisseur d'une complexification exponentielle des commentaires, traductions, paraphrases et récupérations de toute sorte ? L'histoire occidentale ne porte-t-elle pas une mémoire lourde de toutes ces trahisons de l'esprit de l'Évangile, jusque dans les organisations sociales des chrétiens qu'on appelle les églises ? Et qu'en est-il encore aujourd'hui ?

Nos contemporains sont marqués par un *a priori* de méfiance à l'encontre du christianisme. Cela peut aller de pair avec une sympathie affirmée pour telle ou telle figure chrétienne d'hier ou d'aujourd'hui, voire avec un accueil honorable de personnalités comme

Jean-Paul II ou Benoît XVI. On l'a constaté encore récemment à l'occasion du voyage de Benoît XVI en France en 2008. Mais le légitime intérêt, voire l'enthousiasme, suscités par de telles personnalités, sont-ils liés, dans l'expérience du grand public, à l'accueil effectif de la bonne nouvelle telle qu'elle a été proclamée par Jésus, le Christ ? Tout indique que le message des évangiles reste comme inaccessible, inaudible, perdu entre les profondeurs sablonneuses d'une mémoire collective douloureuse et les idéologies trompeuses servies à des soifs de sens désarmantes.

Qui entendra, à nouveau, qu'une bonne nouvelle destinée à nourrir leur vie humaine, pleinement humaine, donc spirituelle, qu'une bonne nouvelle donc, attend chaque personne ?

Comment donner à nouveau accès à ce trésor ?

Nous allons proposer un chemin d'accès grâce à cinq repères de base. Ils devraient permettre une clarification du message que toute personne de conviction chrétienne est censée portée en elle et autour d'elle.

Nous avons besoin, certes, d'ouvrages fouillés et pointus à propos de la foi, précisément pour avancer la réflexion en des domaines spécialisés, sur des questions levées par notre culture, par définition changeante. Ces ouvrages existent et c'est heureux[1]. Mais ce livre n'a pas la même ambition. Il cherche à répondre à une double et légitime aspiration de la part de nombreuses personnes, en recherche croyante, dans les églises officielles ou en dehors d'elles :

1. Joseph Moingt, Bernard Sesboue, Christoph Theobald, Marie Balmary, Lytta Basset, pour ne signaler que des auteurs contemporains qui continuent de m'inspirer.

— d'une part, pouvoir repérer, aussi clairement que possible, la cohérence du contenu de la foi chrétienne ;

— d'autre part, percevoir l'intelligence de ce contenu dans l'horizon des exigences de la raison contemporaine.

Il s'agira donc d'un exposé de l'intelligence chrétienne de la foi telle qu'il est possible de la comprendre dans notre culture, culture occidentale en particulier. Certains traits qui caractérisent cette culture semblent avoir un rapport direct avec le sujet qui nous occupe : la culture occidentale s'est forgée dans un rapport à la fois créatif et critique avec le christianisme. De l'émergence de la démocratie à la Déclaration des droits de l'homme, en passant par ses institutions de solidarité nationale, l'Europe en particulier, est issue à la fois d'un héritage chrétien et de sa contestation.

L'héritage chrétien, lui-même reçu dans un humus juif et traduit dans un terreau grec et latin, se laisse reconnaître en de multiples sensibilités qui portent à poser sur tout humain et sur tout l'humain un regard attentif, respectueux, attaché à le *sauver* de la détresse.

Sa contestation porte essentiellement sur la forme de réalisation de son message, rendu tellement opaque par certains de ses porte-voix qu'il a fini par être lui-même rejeté, et demeure aujourd'hui encore entaché de suspicion, avant même d'avoir été entendu.

Le message évangélique est subtile harmonie de foi et de raison. Mais la prétention de l'institution ecclésiale à en avoir le monopole de traduction *au nom de Dieu* a constitué, et constitue encore, une pierre d'achoppement. L'anticléricalisme, que l'excès clérical rend possible, voire nécessaire, ne signifie pas athéisme, ni même agnosticisme, même s'il peut y conduire et l'alimenter.

Ainsi, on peut parler des racines chrétiennes de l'Europe dans ce double sens : un adossement de sa construction à l'inspiration chrétienne, en même temps qu'à la contestation de la traduction effective de ses intuitions par les institutions ecclésiales, jusqu'à garder du message chrétien le seul humanisme, sans référence à une quelconque transcendance. D'ailleurs, que l'humanisme puisse perdre sa sève et donc, à terme, s'éteindre, en raison de sa coupure d'avec son lieu d'émergence, est une hypothèse plausible. L'Europe vient de là, et reste un mélange de tout cela, jusque dans l'esprit de chaque Européen. En effet :

— elle a déployé une forme scientifique de perception du monde, procédant par hypothèse et expérimentation dans un rapport de vérification mutuelle qui garantit une meilleure connaissance du réel à la base d'une emprise, sinon d'une maîtrise, technique sur le donné ;

— elle a acquis la conviction que la connaissance du réel, porte d'accès à la vérité, sinon Vérité elle-même, est toujours à un stade provisoire ;

— elle s'est construite dans un souci pragmatique d'efficacité technique dans son rapport avec le réel ;

— elle accède depuis quelques décennies à une vulgarisation des sciences humaines ;

— enfin, la culture occidentale est marquée par la revendication devenue implicite et cependant toute cartésienne et forte de l'héritage des Lumières à *se conduire et* à *penser par soi-même.* A la fois cause et effet de cette émancipation, son rapport avec toute institution est fait de distance méfiante et critique, l'institution « Église » ne faisant pas exception, et pour ce qui est de la France, de l'Église catholique.

Ce dernier point est sans doute celui qui rend difficile la disponibilité à ouvrir l'oreille du côté de la foi chrétienne.

Car cette méfiance a ses raisons. Elle s'enracine dans l'expérience ressentie au fil du temps – car elle ne l'a pas toujours été – comme pesante et douloureuse de l'omniprésence de l'institution catholique. Cette omniprésence institutionnelle s'était en effet peu à peu muée en un envahissement des sphères publiques et privées : envahissement ecclésial par l'action constante et décisive des multiples instances de l'Église catholique, et envahissement ecclésiastique à travers une présence des clercs perçue comme inquisitoriale. Ainsi, l'institution catholique avait peu à peu étendu son emprise :

— sur le territoire : par ses bâtiments, ses lieux de cultes, séminaires, couvents ;

— sur les consciences : par ses enseignements, son insistance sur le seul versant de la culpabilité négative, ses *sermons* sur des questions de mœurs ressenties comme obsédantes ;

— sur l'existence des personnes, des familles : par un pouvoir de légitimation des étapes essentielles de la vie, à travers les exigences sacramentelles ;

— sur le sens du temps : par son rythme liturgique ;

— sur le langage symbolique : par ses rites, etc.

Cette situation, dont on voit apparaître les premiers signes dès le haut Moyen Âge, a pu être vécue pendant un long temps, plusieurs siècles même, comme globalement satisfaisante. D'ailleurs aurait-elle pu prendre forme sans un minimum de consentement populaire ? Elle offrait à la vie personnelle et sociale un cadre cohérent et signifiant. La société occidentale moderne est issue de ce temps où la vie civile s'inventait en même temps que l'institution ecclésiale prenait forme. Un point d'équilibre fut-il atteint ? Cela reste à prouver. L'histoire européenne est chargée de rapports conflictuels entre le pouvoir dit *temporel* et le pouvoir dit *spirituel*, et de rapports ambivalents entre les clercs et leurs ouailles. La modernité a surgi à partir du XVIe siècle par les fissures de l'édifice et se développe depuis dans un rapport d'affranchissement de la tutelle ecclésiale et ecclésiastique. Après une période de basculement progressif, il semble que l'écroulement de la confiance encore gardée au bénéfice de l'institution catholique se soit produit au milieu du XXe siècle. La rupture est culturelle : à tort ou à raison, il est reproché à l'institution *Église* sa prétention à imposer son point de vue sur toute chose comme étant le seul vrai, son attitude moralisatrice, sa tendance au jugement et au rejet, sa crispation sur une culture surannée. Ces éléments sont devenus insupportables, parfois jusque parmi les catholiques. Autant d'arbres – d'arbres morts peut-être – qui cachent cependant la forêt encore luxuriante de l'Évangile.

Car la mémoire collective garde trace de ce trop-plein d'Église vécu comme un abus de pouvoir, voire comme une imposture vis-à-vis du message même de l'Évangile. Certes, depuis quelques années, un intérêt réapparaît – curieux, amusé, angoissé, heureux ou agacé, désenchanté ou porteur d'espoir – pour cette institution multiséculaire : non seulement parce qu'elle se montre capable de tenir des discours à visée non démagogique, mais aussi parce que, bon an mal an, elle porte en elle le trésor de l'Évangile. Ses erreurs, ses maladresses, ses fautes mêmes, dont certaines ont été du reste reconnues et regrettées par ses propres et dignes représentants, ne lui ôtent pas l'essentiel : elle véhicule un trésor qui n'a pas dit son dernier mot ! Les gens le perçoivent intuitivement. Certains continuent de chercher le chemin du trésor en traversant la haie de bois mort qui semble leur en barrer l'accès. Chercheurs de Dieu, aventuriers spirituels, amis du Christ, ils savent bien qu'au-delà des plis institutionnels et des surplis ecclésiastiques, se tient le trésor qui dépasse amplement toutes les formes d'expressions, de rituels, de symboles, de communautés, d'églises.

C'est pourquoi il est urgent de désencombrer le chemin, de défricher l'entrée, d'en ouvrir, dans une nouvelle simplicité, l'accès à qui désire s'en réjouir.

Ce livre voudrait parler à ceux, croyants ou pas, chrétiens ou pas, catholiques ou pas, qui cherchent simplement à mieux comprendre de quoi est composé ce trésor. Il assume, c'est-à-dire qu'il l'intègre et l'habite, l'écart culturel qui sépare notre culture contemporaine et la culture de l'Église. Peut-être que quelques expressions ou images dérouteront les uns, éclaireront les autres… Il ne prétend pas exposer *in extenso et stricto sensu* le dogme officialisé. Il appartient à ceux dont c'est la fonction dans l'Église de juger, à partir de leur point de vue, de la rectitude du propos au regard de la doctrine officielle. Mais c'est aux destinataires du trésor de l'Évangile qu'il revient le soin de juger du caractère heureux de l'extraordinaire nouvelle qui leur est destinée. Car toute personne est destinataire de cette bonne nouvelle.

Jésus, le Christ, à travers les évangiles, délivre un message à la fois sur l'humain – que nous sommes – et le divin – vers lequel nous tendons. Il s'agira d'en présenter l'essentiel. Les chercheurs de Dieu que la figure de Jésus, le Christ, attire, même par simple curiosité, et ceux que le témoignage de l'un ou l'autre chrétien, chrétienne, médiatisé ou non, a positivement marqué, pourront ainsi mieux saisir la logique (la théo-logique) chrétienne libérée des encombrantes lourdeurs que l'histoire a déposées sur sa claire intelligence.

Les pages qui suivent proposent donc un code d'accès à la bonne nouvelle de Jésus, le Christ. Elles le feront en cinq points. Nombreux sont les hommes et les femmes qui pourraient témoigner de la solidité de ces points. Ils sont le fruit d'une longue, très longue histoire, qui a permis d'élaborer ces repères : histoire de la pensée, patiemment tissée par la méditation et l'échange, confrontée à l'altérité, passée par le feu de l'épreuve du réel ; histoire tout court, celle de la vie des hommes entre eux, chargés du devoir politique de construire la vie sociale ; histoire de croyants sommés de l'intérieur même de leur propre exigence de vérité, de dire leur foi en des termes parlants et acceptables par la raison.

Désencombrés des possibles lourdeurs, fioritures et distractions de la pensée que le fil du temps avait pu leur imposer, ces points apparaissent dans toute leur force de balises. Libre au lecteur d'en user. Libre à lui de passer son chemin. Dans l'un ou l'autre cas, puisse-t-il avoir clairement repéré ce par rapport à quoi il se détermine.

1

Nous sommes créés pour le bonheur

CERTES, LA FOI des chrétiens n'est pas la seule à le dire, mais il s'agit là d'un point fondateur : nous, les humains, issus de l'univers qui nous reçoit, sommes créés ; créés par Dieu ; et créés pour le bonheur.

Cette triple affirmation est affirmation de foi, en tant qu'option de sens. Mais elle s'appuie cependant sur une expérience commune. Nous éprouvons en nous une incoercible aspiration à une vie heureuse. La foi chrétienne part de l'hypothèse que ce qui se trouve ainsi au cœur de l'humain est le sens même de son existence, de sa création : c'est ainsi que Dieu nous aurait créés, orientés par cet horizon d'accomplissement qu'on peut appeler le bonheur. L'hypothèse se trouve confirmée par l'expérience d'une multitude de chrétiens qui laissent leur témoignage en héritage, par leurs actes, leurs paroles, leurs écrits.

QU'EST-CE QUE LE BONHEUR ?

Le bonheur, dit-on, se reconnaît « au bruit qu'il fait lorsqu'il s'en va ». Loin d'être une définition philosophique, le bonheur ne s'encombre pas d'une majuscule, parce qu'il ne peut être que de l'ordre d'un ressenti subjectif aux contours aussi variables que l'être humain peut l'être. Il correspond si bien à l'être humain que les gens heureux ne sont plus portés à faire des histoires. Il faut insister pour entendre d'eux ce qui leur permet de se dire heureux. Ils expriment alors une sorte d'enracinement paisible dans l'être, dans l'être là, dans l'être présent, dans le fait d'exister. Ils ont appris à mener leur barque d'une main confiante, traversant les grains et les tempêtes comme autant de moments à dépasser pour approcher du port. Ils ont appris à goûter les choses de la vie, les bonnes et les moins bonnes, sans faire dépendre leur bonheur d'aucune d'entre elles. Ils ne l'explicitent pas toujours ainsi, mais leur ressenti de bonheur semble venir du fait que leur existence leur paraît sensée. Elle leur apparaît sensée parce qu'elle leur offre sa bienveillante disponibilité ruisselante de vie, au fil des jours, parfois ensoleillés, parfois brumeux, parfois clairs, parfois pluvieux. Ils assument leur condition humaine, marquée par un devenir permanent, une vulnérabilité, une puissance de vie, des limites reconnues comme normales, structurantes, signifiantes. Ils sont qui ils sont, ni plus ni moins, et cela leur convient.

Comment cela est-il possible ? Sans doute par une attitude d'ouverture et d'accueil à ce que la vie apporte, un *a priori* de bienveillance à ce qui arrive aujourd'hui et maintenant, une sagesse qui permet de cultiver le meilleur et de dominer le malheur. Si le terme n'était pas si galvaudé, on pourrait parler d'amour, d'amour pour le tout de la vie.

Car le secret de la vie heureuse tient en cet essentiel : aimer. Et plutôt que se précipiter bille en tête dans la volonté d'aimer les autres, ce qui est sans doute le plus difficile, commençons par aimer la vie, telle qu'elle s'incarne *en* nous, *par* nous, *pour* nous.

Aimer la vie *en* nous, c'est apprendre à se considérer soi-même dans une juste estime : ni une sous-estimation, produit d'un complexe d'infériorité, ni une surestimation, produit d'un complexe de supériorité, mais une estime de soi juste, de sorte que nous puissions répondre de nous-mêmes, de nos réussites et de nos échecs, de nos dons et de nos défauts, sans complexe, parce que sans orgueil et sans honte.

Aimer la vie *par* nous, c'est reconnaître et apprécier à sa juste valeur tout ce que nous permettons d'exister par notre propre initiative, comme ce qui se dégage spontanément du meilleur de nous. C'est laisser cette singularité, que nous portons et qui ne serait pas sans chacun de nous, prendre forme. La vie qui nous tient semble alors rayonner au bénéfice de tout ce et de tous ceux auxquels nous sommes liés. Car notre fécondité humaine, cette capacité que nous avons à donner vie, à faire vivre, s'exprime bien autrement que par la seule procréation. Notre capacité créative est infinie quand il s'agit de faire advenir la richesse de sens, la densité et la profondeur du réel, la valeur de tout ce qui existe. Elle passe par une attention éveillée au quotidien parce qu'il porte en lui ce qui nourrit le cœur humain.

Aimer la vie *pour* nous, c'est prendre ce qui nous arrive à bras-le-corps, avec l'intime conviction que nous pouvons vivre une vie heureuse par l'appropriation personnelle de tout ce que la vie nous réserve, comme on peut faire feu de tout bois.

Aimer la vie, c'est s'inscrire résolument dans la conviction intime que la vie *m*'est donnée, qu'elle *me* porte, et qu'elle tiendra sa promesse. Être heureux revient alors à reconnaître que cette vie, la mienne, vaut la peine d'être vécue, et que déjà, l'apparente banalité des jours libère un parfum de délice pour qui s'y rend attentif. Oui, le bonheur est affaire de goût, non pas de bon goût, mais de goût pour le bon, le beau, le vrai : il vient de la joie procurée par l'art de chercher, de trouver et de goûter avec délectation le meilleur de ce qui arrive à portée de l'expérience.

Or, être heureux est une capacité humaine de base. Les tout jeunes enfants nous le rappellent. Ils ont une façon bien à eux, leurs besoins vitaux étant assurés, de sourire à la vie, d'ouvrir les yeux et les mains avec confiance et intérêt, à tout ce qui se présente *à portée de sens* : ouvrir les yeux, dresser l'oreille, toucher, sentir, goûter. Bébés, ils jubilent de tout leur petit corps à ce qui vient, leur confiance semble inépuisable. Un peu plus grands, ils gambadent dans leur existence, un pas chassant l'autre, présents et avides d'expérimenter, d'apprendre, d'éprouver la texture et la teneur des choses. L'enfant est *a priori* heureux d'être là et disponible à ce qui vient.

Peu à peu cependant, le chagrin fait son apparition. Très vite, l'enfant éprouve que l'existence charrie son poids de contrariété, de douleur, de brouillard et de larmes. « Comment un enfant peut-il survivre à son chagrin ? » demande l'écrivain poète Christian Bobin. Où puise-t-il en effet la force de traverser ce qu'il semble si peu préparé à vivre, tout entier requis par la joie d'être né ? Pourquoi ne pas poser l'hypothèse que la bénédiction, posée dès l'origine sur lui, est et restera toujours plus forte que le malheur qui ne manquera pas de le heurter de multiples manières ?

C'est l'hypothèse tenue par la foi chrétienne. En ouvrant la Bible, il apparaît qu'en effet, seule cette énergie divine primordiale est capable de frayer un chemin de vie heureuse à toute personne, quelle que soit la dureté du réel.

Pourquoi ouvrir la Bible ?

Pourquoi ouvrir la Bible ? Pourquoi d'emblée se situer dans un registre judéo-chrétien ? (*Judéo* parce que la Bible est issue de la foi juive ; *chrétien*, car il s'agit ici d'en exprimer une approche chrétienne, autrement dit, une lecture à partir de l'événement *Christ*.)

Seuls les êtres humains parlent de Dieu. Ils se hasardent à se représenter un pôle d'absolu, un transcendant, chargé par eux d'offrir un point de stabilité où peut se rapporter, se relier, le caractère relatif et contingent de l'existence humaine. Or, il existe autant de groupes humains, et même autant d'individus, que de représentations du divin. Nous connaissons mieux aujourd'hui la diversité culturelle, et donc religieuse, du monde. La question se pose avec insistance de savoir quel degré de vérité accordé à ces représentations qui toutes prétendent être dans le vrai, qu'elles soient ou non relayées par un souci prosélyte de ses adeptes. Pourquoi alors s'embarquer dans une représentation particulière ?

Un chemin de réponse à cette question semble à privilégier : il prend son départ au niveau même de ce qu'engage une option de sens, et la foi relève d'une option de sens. Ce chemin est celui qui oriente vers une cohérence entre la dynamique profonde de l'être humain, et les propositions de sens portées par les affirmations de foi. Car si la foi prétend honorer le sens de la vie humaine, elle confirme dans le même temps la pertinence d'une recherche de sens. Le respect de l'humain, dans toutes ses dimensions, est donc le repère le plus sûr pour se risquer à parler de Dieu, pour avancer quelques affirmations de foi, nécessairement hypothétiques, qu'il appartient à chacun de vérifier par l'expérience. Cela revient à trouver les points d'articulation dynamique entre celles-ci et le réel, le réel humain (mais le réel n'est-il pas toujours celui de l'humain ?). Sur le terrain de la foi en Dieu, quelle est l'hypothèse qui, éprouvée par l'expérience, apparaît la plus sensée ?

Que voudrait dite *sensée* ici ? Cela signifie que l'humain s'y retrouve.

D'une part, il perçoit que son existence est respectée comme telle, dans toutes ses dimensions. En effet, que serait un ensemble de croyances qui poserait d'emblée que l'humain est coupable d'être ce qu'il est, alors même que lui-même n'a jamais demandé à naître ? Serait-il vraiment digne d'être divin un dieu qui serait soumis aux caprices d'un sadisme créateur ?

D'autre part, son aspiration à la vie heureuse n'est pas frappée du coin du mépris, de la dérision. Dans ses limites terrestres, comme dans son aspiration à l'au-delà des limites, au-delà qu'il peut percevoir parce qu'il porte en lui la marque d'un infini, son désir d'être heureux est pris au sérieux, tout comme est pris au sérieux le caractère éprouvant de son existence.

Certes, les représentations d'un dieu pervers, menaçant, exigeant, maître chanteur, comptable sourcilleux de nos fautes, qui ne nous aurait donné la vie que pour nous mettre à l'épreuve, de telles représentations ont toujours existé et existent encore. Toxines sournoises risquant de polluer de ses méfaits toute aire religieuse[1], elles expriment surtout la maladie intérieure d'une identité malheureuse, et sommeillent en toute mauvaise conscience. Elles surgissent en des êtres déboussolés, qui, à coup d'efforts, de mérites, d'actions d'éclat et de postures de justiciers, s'inventent une légitimité à vivre. En réalité, ils expriment surtout un cruel manque de foi qu'ils ne se pardonnent pas.

Le paradoxe est abyssal jusqu'à l'absurde. Car la foi veut dire confiance, *avoir la foi* signifie *faire confiance*[2]. Une foi en bonne santé accueille la vie avec gratitude, la cultive avec soin, affermit les pas du croyant sur une terre et dans un environnement qu'il reçoit et transforme avec reconnaissance, respect et inventivité.

Or, la Bible s'ouvre sur une affirmation qui semble prendre totalement en charge de sens ce que nous expérimentons à hauteur de notre humanité.

---

1. Une telle représentation de l'absolu ne relève pas que de la sphère religieuse : elle a sa version profane dans tout rapport d'immédiateté avec un idéal politique que d'aucuns peuvent se sentir chargé de réaliser dans l'ici et maintenant, sans attention à la vie telle qu'elle est, ni respect à *de l'autre* que soi. Cette attitude peut être désignée par le terme : idéologie.

2. Voir annexe 1.

En effet, elle pose d'emblée ceci : nous sommes créés par Dieu, ainsi que tout ce qui existe, soit *le ciel et la terre*, autrement dit *tout*. Mais Dieu, lui, n'a pas été créé. Les représentations que l'on se fait de Dieu peuvent être inventées par les hommes, le sont forcément, et c'est vrai qu'ils ne s'en privent pas : les caricatures de Dieu hostiles ou pieuses, c'est-à-dire au fond hostiles, existent depuis la nuit des temps, d'où l'adage facile mais qui donne à penser : « Dieu a créé l'homme et celui-ci le lui a bien rendu. » En effet, mais comment peut-il en être autrement ? Nous pouvons tenir que Dieu nous a créés en déposant notre finitude au cœur de son propre infini. Ce faisant, et à ses risques et périls, il nous a créés ainsi : portés à l'envisager, c'est-à-dire à lui donner un visage.

La confiance en Dieu renvoie au-delà de ces inévitables représentations que l'on se fait du divin. Si Dieu est, il échappe à toute emprise de notre imagination. Mais nous sommes ainsi faits que nous nous construisons une idée de Dieu, pour l'approuver ou la rejeter, soit, mais cette idée nous reste nécessaire pour avancer, comme un repère sur la route, un repère à toujours dépasser pour poursuivre la route.

La question cependant demeure : lorsque nous nous risquons à imaginer le divin, ne sommes-nous pas dans une forme de délire ? N'importe qui peut prétendre n'importe quoi, n'importe quel groupe, même très ancien et fort de nombreux adeptes, peut s'abuser dans ses représentations du transcendant, qu'il lui donne ou non le nom de Dieu. C'est un fait incontestable. C'est ici qu'intervient notre capacité de discernement. À nous de repérer ce qui entre en résonance cohérente avec notre expérience et résiste à l'épreuve du réel de notre condition humaine.

La tentation du comparatisme entre les religions pourrait se présenter ici assez spontanément. Mais attention : elle se révèle être une fausse bonne idée. Elle conduit inévitablement à une impasse. En effet, chaque religion, et, à l'intérieur de chaque religion, chaque sensibilité spirituelle, déploie des philosophies et des théologies riches dans lesquelles chaque élément fait sens dans son rapport avec l'ensemble. Même le bouddhisme, perçu à tort en Occident comme plus simple que le christianisme, moins dogmatique, relève en réalité d'un système de pensée très complexe dont les affirmations de base font office de dogmes, au même titre que les présupposés inhérents à toute option religieuse. Cela est vrai de toute religion. Il est devenu banal par exemple de présenter de front les « trois monothéismes » ou les « trois religions du Livre » pour parler du judaïsme, du christianisme et de l'islam. Ce simplisme est malheureux : il conduit à dénaturer la cohérence de chacune de ces religions. En effet, et pour ne pointer que ces exemples fréquents, la perception de l'unicité de Dieu est radicalement différente de l'une à l'autre et le rapport au Livre n'est pas du tout le même, au point que le statut même du Livre de référence sacrée est à chaque fois profondément singulier. Plus largement, si l'on rencontre dans toutes les religions des composants en apparence communs comme la pratique du jeûne, l'utilisation symbolique d'éléments primordiaux comme l'eau et le feu, ou de l'encens, de la cendre, ou encore les coutumes de pèlerinages, etc., ceux-ci font sens à l'intérieur du système de représentation perçu et vécu dans son ensemble. Ces éléments ne traduisent donc pas la même chose d'une religion à l'autre, parce qu'ils ne relèvent pas de représentations de dieu, du divin, identiques.

La question rebondit : si la comparaison n'est pas possible, comment faire pour éprouver la solidité d'un discours d'intelligence du divin, d'une image de Dieu, bref, d'une théologie ?

La possibilité qui s'offre à nous reste la même : explorer sérieusement et éprouver par soi-même l'hypothèse – la représentation de Dieu, et donc la théologie – la plus à notre portée. Pour nous, Occidentaux, c'est l'hypothèse chrétienne. Le Dalaï-lama lui-même ne cesse d'encourager les chercheurs de Dieu occidentaux à se tourner vers la tradition fondatrice de leur culture, la tradition chrétienne, qu'il tient lui-même en grande estime.

Car, pour avancer, il faut prendre une direction et une seule, quitte à devoir tracer en route des chemins de traverse. Avancer, c'est prendre *une* route pour faire *sa* route. Vouloir s'orienter dans toutes les directions, c'est se condamner au surplace. Rien n'empêche d'intégrer en chemin ce que d'autres peuvent nous apprendre et dont on saura tirer profit au bénéfice de sa propre route spirituelle. Peut-être ces chemins de traverse nous conduiront-ils vers une autre route, modifiant sensiblement une direction de départ que l'expérience aura révélée être fausse. C'est ce qu'on appelle une conversion. Mais il est parfaitement illusoire d'imaginer pouvoir expérimenter sérieusement toutes les traditions religieuses pour faire un choix *in fine*, ou, plus sûrement, s'abriter derrière l'impossibilité d'un choix. Il est vrai que nous pouvons vite nous faire illusion sur ce terrain en restant à la superficie des choses, en papillonnant d'un bout à l'autre de la planète en des expériences plus ou moins excentriques, en consommant du *spirituel* au fil d'un marché planétaire en trompe l'œil.

Comme nous sommes d'une nation, nous sommes d'une tradition en matière religieuse. Être né quelque part nous offre un enracinement et permet le déplacement. Il en va ainsi en matière de religion et de spiritualité.

Or, si la tradition chrétienne est la plus proche de nous, nous la connaissons mal. Qui se souvient qu'elle affirme d'emblée ceci : nous sommes créés par Dieu, et créés pour le bonheur ?

Les chrétiens reconnaissent ici le désir qui taraude toute personne : qui ne trouve pas au fond de lui le désir une vie heureuse ? Mais ils relient cette expérience commune au projet même de Dieu : c'est Lui qui nous crée pour le bonheur. Ils reçoivent cette conviction par trois fils simultanément : par l'Église, au sens large, c'est-à-dire l'ensemble des disciples du Christ, qui a permis que la Bible arrive à notre portée ; par ce que racontent ceux qui ont été touchés et édifiés grâce à la lecture de ce Livre, en particulier les hommes et femmes qualifiés de *spirituels* ou *mystiques* ; enfin par la lecture directe de la Bible elle-même. Concernant ce dernier point, il s'agit en particulier de la lecture attentive des récits dits *de la Création* que l'on trouve dans le premier livre de la Bible, le Livre de la Genèse.

La Bible est un livre de livres lu par de nombreux croyants comme un livre inspiré. En effet, il s'est montré et se montre toujours, inspirant pour mener sa vie humaine, terrestre. La Bible n'est pas un livre comme les autres : c'est un livre qui demande à être traduit, non seulement de ses langues d'origine (l'hébreu, le grec) aux nôtres, mais aussi du monde qu'il déploie marqué culturellement, au nôtre, si différent. Il est impossible, malhonnête intellectuellement et donc dangereux de faire de la Bible une lecture fondamentaliste, qui consiste à la prendre au mot, *au mot à mot*, applicable et praticable telle quelle ici et maintenant. Tout ce qu'elle dit demande à être repris et confronté à notre réalité, à notre expérience présente, pour que l'esprit qui l'inspire trouve sa forme dans nos existences, et les inspire avec la même force en vue du *sens à vivre* pour nous.

Comment lire alors ces récits apparemment si loin de nous, de nos manières de parler, de notre culture ? Une première piste s'impose et qu'il s'agira de ne jamais perdre de vue : lire la Bible exige une attention à la fois soutenue à ce qui s'y trouve et finement sensible aux résonances qu'elle provoque dans notre propre vie.

La Bible s'ouvre sur une bénédiction

Pour comprendre comment la Bible devient inspirante, et, par là, comment elle peut être reconnue comme inspirée, repérons comment elle a été écrite. Pour cela, il est utile de revenir à une évidence de base : l'expérience précède la conscience. Autrement dit, nous ne sommes capables de connaître, de désigner, de nommer notre réel qu'après nous y être confrontés. Quoi qu'il se passe dans notre vie, nous ne pouvons en parler qu'après coup, seulement après que l'expérience aura laissé une trace dans notre existence. Lorsque nous racontons ensuite ce qui s'est passé pour nous, nous le faisons toujours du point de vue de l'après-événement, et toujours d'un point de vue déjà élaboré autour d'un sens, même encore incertain et provisoire. Cela apparaît clairement dans tous nos récits de vie par exemple. Ils sont toujours composés à partir du point de vue présent, présent qui sert de point où semble converger tout ce qui a précédé. Nous comprenons ce qui nous est arrivé, ce qui nous a touchés, toujours *après coup*, par ce que nous sommes devenus. Ce que nous comprenons alors sert de filtre pour raconter, exposer, expliquer. Dans ce sens, tout récit est résultat d'une composition.

En présentant l'essentiel de la foi chrétienne, nous nous trouvons dans l'obligation d'opérer un double mouvement du même ordre :

— D'une part, nous affirmons des choses du point de vue de la foi, c'est-à-dire, d'un point de vue délibérément orienté du côté d'un sens donné à l'ensemble du réel. Ainsi par exemple, le fait de s'éprouver bien vivant, expérience commune à tous les humains, est mis en lien direct par le croyant avec l'auteur de toute vie, Dieu. Il est mis sur la piste par ce que d'autres, avant lui, ont raconté, et il fait l'expérience de la vérité de leurs récits dans sa propre manière de vivre sa vie.

— D'autre part, nous racontons ce qui nous arrive en organisant les éléments donnés à notre observation en rapport direct avec la recherche de cohérence de notre vision du monde. Au cœur même de l'expérience d'être vivant, pour suivre le même exemple, se trouve la perception du caractère mortel de notre condition humaine. La perspective de la mort se pose alors comme expérience limite qui oblige les croyants à s'interroger sur le rapport entre le fait d'être créé par Dieu et le fait d'être créés vivants-mortels : sujet inépuisable et sur lequel nombre de théologiens se penchent depuis des siècles.

Or, la Bible est ainsi écrite selon un rapport expérience/conscience identique. Des expériences ont été vécues par le peuple auteur de la Bible, sur des siècles d'histoire méditée et de quête de la vérité de Dieu, expériences heureuses (victoires, abondance, don d'une terre promise, fierté) et éprouvantes (défaites, famines, errances, exil…). Prises au sérieux dans des relectures successives, enrichies par la poursuite de l'histoire, elles ont conduit à des élaborations théologiques au plus près du réel concret de l'existence humaine. Et dans une culture où toute intelligence du monde s'exprime en récits, c'est par des récits que seront mis à disposition des chemins de réponse aux questions existentielles.

Ce Livre-bibliothèque composé de dizaines de livres chargés de raconter en différents genres littéraires l'histoire de foi d'un peuple commence logiquement au premier verset du premier chapitre du premier livre par *au commencement*. Ainsi, la Bible s'ouvre, par le Livre dit de la « Genèse », sur deux récits de création censés relater ce qui s'est passé *au commencement*. En réalité, la traduction exacte serait *à l'origine*. La différence est capitale : le commencement renvoie à un début chronologique ; l'origine renvoie à un fondement qui nous reste contemporain.

Revenons à la composition de ces histoires du début de la Bible, en particulier du Livre de la

Genèse. Il s'ouvre donc par un double récit dit *de la Création*. Ce double récit est le fruit d'une réflexion collective qui ne s'est pas opérée avant divers événements historiques, inscrits dans la mémoire collective du peuple biblique à travers de multiples histoires, épopées, poèmes, prières, etc., tous travaillés par la recherche du sens des événements. Les rédacteurs du Livre de la Genèse ont composé ces récits par une reprise à forte intelligence narrative de tout ce que l'expérience leur avait appris, de tout ce dont elle avait permis de prendre conscience.

L'expérience précède la conscience. Le premier livre n'est pas premier au sens d'être le plus ancien, ni d'avoir été écrit en premier. Il est le plus abouti quant à la perception du fondement de notre être au monde. Ainsi procèdent l'écriture et le classement des livres bibliques. Le Livre de la Genèse dit le fruit d'une réflexion chargée de l'expérience d'un peuple, reprise en vue d'un sens, par les scribes dont c'était la charge, et qui interroge par un *pourquoi* le tout de ce qui existe, à commencer par cette créature complexe et paradoxale qu'est l'être humain. Leur méditation collective les conduit à composer une histoire, deux histoires même, pour tenter de rendre compte du sens de notre humaine condition.

Paul Beauchamp, jésuite et théologien biblište, défendait la cohérence de ce qu'il nommait la *reliure* : celle qui fait tenir ensemble des livres différents pour en faire un Livre, la Bible, et celle qui fait tenir des récits construits à partir de matériaux composites. Cette reliure est un acte théologique : l'ordre des récits et leur composition, y compris dans le chevauchement de plusieurs traditions orales, traduisent une intelligence théologique (un discours sur Dieu) en même temps que philosophique (une option de sens donné à la trajectoire humaine). Cette distinction est surtout pertinente pour nous, Occidentaux, qui tentons de penser en philosophie indépendamment d'une référence au transcendant, et parfois prétendons faire de la théologie sans se préoccuper du réel humain. La culture biblique ne connaît pas cette distinction. Le constat des multiples contradictions, au moins apparentes, que renferme la Bible ne peut que nous rassurer : la vérité ultime sur Dieu et sur l'humain ne tient dans aucun livre, aucun récit, aucune parole humaine. En revanche, la parole humaine, les récits et les livres que nous produisons expriment la quête de sens et ouvrent des voies pour s'y engager.

Ainsi, ce « commencement » n'est pas placé au début de la Bible par hasard. Ce qui apparaît essentiel dans la vie n'arrive-t-il pas clairement à la conscience sous forme de conviction seulement après de multiples péripéties d'existence ? La sagesse de nos (plus ou moins) vieux jours est un fruit de l'expérience relue, pesée, rapportée à l'échelle des valeurs qui lui donnera son poids. Mais parce que cela nous apparaît alors du côté de l'important, voire de l'essentiel, ce sont nos valeurs éprouvées que nous convoquons en premier lorsque nous souhaitons transmettre le meilleur.

Deux réserves légitimes peuvent ici se présenter :

— Le sens étant élaboré à partir d'un retour sur expérience, quel intérêt offre-t-il à des néophytes, à des lecteurs/auditeurs qui n'ont pas encore l'expérience suffisante, pour éprouver la pertinence de ce sens ? Le risque est alors de fermer le Livre sans l'avoir vraiment ouvert.

— L'expérience à la base de la rédaction des récits de la Genèse relève d'une culture qui est fort éloignée de la nôtre. En quoi ce que cette culture a permis d'affirmer peut-il être encore pertinent pour nous, citoyens du XXIe siècle, Africains, Chinois, Européens… ? Le risque est alors de ne pas ouvrir le Livre.

À la première objection, il peut être répondu ceci : il appartient à la manière d'être du genre humain que de transmettre pour demain ce qui ici et maintenant est jugé meilleur, grâce à ce que nous avons appris du passé. Et c'est du reste grâce à ce patrimoine présent que chaque nouvelle génération s'enracine pour se lancer à son tour dans l'expérience de vivre. De ce point de vue, aucune génération ne recommence à zéro. De ce point de vue seulement. Car forte de ce qu'elle a reçu, en plein (dons) ou en creux (manques), elle devra, à travers chaque personne, s'approprier l'héritage en le transformant.

Notre récit biblique propose donc une intelligence de notre *être là*, de notre être humain (notre « étant humain » diraient certains philosophes) à la puissante fragilité. Cette proposition fait partie d'un héritage dont nous sommes bénéficiaires. Pourquoi s'en priver ? Ici, pourrait se placer l'invitation biblique, que l'on trouve, par exemple, chez le prophète Jérémie : « Plus tard, tu comprendras. » L'invitation est faite de s'engager sur une voie que d'autres ont ouverte avant nous et qu'ils ont éprouvée comme porteuse, fiable. Comme le chemin se fait en marchant, nous éprouverons par nous-mêmes la pertinence de ce que nous y trouverons.

Quant à la seconde objection, elle se trouve démentie *de facto* par un fait toujours aussi étonnant : les récits bibliques, et en particulier ceux de la Genèse, parlent encore aujourd'hui à qui tend l'oreille. Se cache dans ces mythes du sens à profusion d'une richesse qui semble inépuisable. En témoignent les spécialistes du texte (les exégètes), les priants, les chercheurs de Dieu, mais aussi les chercheurs en sciences humaines qui, pour nombre d'entre eux, (re)découvrent l'intelligence prodigieuse de l'humain tissée dans ces textes, dans ces histoires[1].

Nous pouvons donc dépasser les deux objections, garder le Livre ouvert et chercher en quoi ces récits dits *de Création* peuvent nous éclairer sur notre existence. Quelle est l'expérience qui se trouve à l'origine de ces récits et nous rejoint ?

Tout porte à croire qu'elle est expérience de la conscience devenue vive d'une contradiction : en l'humain, s'éprouve d'emblée une formidable aspiration au bonheur, au *bien être ensemble*, comme si tout en nous aspirait, désirait, appelait une vie heureuse et en même temps, elle s'*éprouve* en effet, dans l'expérience apparemment contraire de la souffrance et du mal. Pire, il semble que la souffrance soit inévitable en ces lieux pourtant tellement nécessaires pour la vie : la mise au monde, et le travail.

Paradoxalement, la joie qu'un enfant soit venu au monde doit traverser la douleur de l'accouchement ; la joie des moissons celle du labeur harassant. Cela, les rédacteurs du Livre de la Genèse le constatent

1. Je pense aux travaux de Paul Beauchamp, sj, théologien bibliste, de Denis Vasse, sj, psychanalyste, de la psychanalyste Mary Balmary, de la théologienne Lytta Basset, du « sociologue » René Girard, pour ne citer que ceux-là.

tous les jours : il leur suffit d'être attentifs et de s'étonner devant les cris des femmes *en travail* et la sueur des hommes *au travail* dans les champs et les vignes entre l'implacable soleil de ce pays méditerranéen et la terre, dont tout artisan cultivateur ou jardinier dira qu'elle est basse.

La question qui se pose alors est donc celle du « pourquoi ? » : pourquoi la souffrance, et, par extension, pourquoi le mal qui provoque la souffrance ? D'où vient-il ? Un responsable peut-il être *mis en cause* ? La souffrance liée au labeur de l'accouchement et du travail quotidien pour subsister a ceci de particulier qu'elle touche l'inévitable : vivre c'est donner la vie (faire naître, donc accoucher) et permettre l'existence (faire croître, donc assurer la subsistance). Pourquoi donc cette contradiction intime, constante, entre une aspiration légitime au bonheur qui passe par le fait de donner et de nourrir la vie, et l'épreuve d'un réel douloureux comme de prime abord en ces deux lieux-là ? Les récits de la Création qui ouvrent le Livre de la Genèse tentent de répondre à ce questionnement.

Nous pouvons d'emblée repérer en quoi le questionnement nous est contemporain. Car l'expérience du réel demeure celle de l'épreuve. Bien sûr, et c'est tant mieux, nous avons développé des techniques médicales et paramédicales, qui permettent d'accoucher avec le moins de douleur possible. Nous avons par ailleurs inventé une robotisation des tâches pénibles et répétitives par le développement de différents outils-prothèses pour évacuer au maximum la dureté du travail physique. C'est heureux.

Il n'empêche : donner vie et existence reste éprouvant.

La naissance première, celle du jour qui deviendra notre date anniversaire, n'est que la première d'une longue série : le cordon ombilical se coupe en plusieurs étapes sur le chemin de l'émergence d'une personnalité. Et les parents témoignent que la joie rarement ternie d'avoir mis des enfants au monde s'accompagne de passages éminemment douloureux dans l'accompagnement éducatif de leurs enfants, devenus adolescents, puis jeunes adultes, puis adultes. Chacun de nous peut témoigner aussi de la douleur du *naître à soi-même* et du temps qu'il faut pour enfin tenir debout et heureux en dépit de tous les vents contraires.

Quant au rapport au travail nécessaire, celui chargé d'assurer la subsistance, il demeure certes un lieu de joie liée à l'expression de ses talents, au tissage de liens amicaux, à la reconnaissance sociale de ses capacités de contribution, à la fierté de gagner sa vie. Mais en même temps, il porte son poids de souffrance, il nous arrache à des activités plus attrayantes, plus gratuites, il reste un lieu d'usure psychique encore plus que physique en notre latitude occidentale, un lieu de rivalités et de tensions parfois destructrices, un lieu qui manque à ses promesses lorsque le chômage, ou, pire encore peut-être, la peur du chômage, gangrène les relations dans et avec le travail.

Si l'on tient jusqu'au bout ce qu'impliquent la mise au monde d'un nouvel être humain et l'obligation de trouver de quoi subsister, alors l'expérience demeure : une aspiration au bonheur troublée par la dureté du réel, pour ainsi dire, à sa racine.

Ainsi, le « Tu enfanteras dans la douleur » adressé à la femme, et le « Tu travailleras à la sueur de ton front » adressé à l'homme (masculin) sont des constatations, des descriptions de quelque chose d'évident pour les contemporains des rédacteurs, et qui restent, *mutatis mutandis*, parlantes pour nous. Il ne s'agit donc pas de prescriptions pour la suite des jours. Il s'agit, compte tenu de la place de ces phrases dans la composition du récit, d'une description d'un fait brut auquel on cherche à donner sens, un fait qui est, depuis toujours, et qui demeure sous d'autres formes, en toute société humaine. Donner sens à ces expériences quotidiennes revient alors à poser l'hypothèse d'une conséquence de quelque chose de malheureux, *comme* une punition pour une faute commise. En effet, dans la vie de tous les jours des rédacteurs de la Genèse, la souffrance qu'impose une liberté à une autre liberté est liée à une punition pour faute, et toute souffrance subie, la maladie, le deuil, le malheur est comprise comme résultat punitif d'une faute commise[1]. Alors, sans doute, du côté de Dieu…

L'histoire de l'interprétation de ces textes, et en particulier de ces phrases, indique qu'elles ont souvent été utilisées pour tenter de légitimer une souffrance décrétée obligatoire par quelque autorité mal inspirée, et qu'il ne fallait donc pas s'employer à réduire. Ici ou là se promène encore dans quelques têtes l'idée que la souffrance liée à l'accouchement

1. Mais la Bible porte en elle sa propre relecture interrogative : ainsi, le Livre de Job par exemple, montre que la question de la cause du malheur se posait : la malheur ne serait pas la conséquence d'une punition de Dieu pour une faute commise.

serait l'effet d'un ordre de Dieu, ordre qu'il serait par conséquent coupable de transgresser. Que ce point de vue ait été essentiellement avancé par des hommes (masculins), c'est-à-dire non concernés directement par la souffrance de l'accouchement, pourrait suffire à jeter un doute sur la pertinence de cette lecture. Mais dans le même temps, la souffrance liée au dur labeur du travailleur ne semble pas avoir reçu la même interprétation légitimante. Les machines et les robots chargés de soulager la tâche des travailleurs n'ont jamais été soupçonnés de contredire une supposée loi divine.

Que cela nous serve d'illustration de ce qu'est un détournement de texte biblique comme il y en a eu, et comme il y en a encore de nombreux : le détournement de texte biblique consiste à extraire un texte, ou une partie de texte, à la fois de son contexte de production, et de son genre littéraire, de son intelligence intrinsèque, pour lui faire dire ce que l'on veut dire, ce que de toute façon on voulait dire déjà, avant même de lire le texte, et ce que l'on dira de toute façon, avec ou sans l'*appui* de la Bible. Ce type d'opération de contresens et de manipulation redoutable a fait et fait encore bien des dégâts.

Les récits *de Création*, quant à eux, tentent de percer l'énigme du mal et de la souffrance afin de situer le tout de l'humain dans la logique d'une relation avec Dieu, ici perçu comme Créateur.

La question de l'origine de la vie restant d'actualité, il est fort à parier que la composition théologique des récits de la Création renvoie à une expérience tout autant à notre portée. Cette expérience est celle de recevoir la vie, de plus loin, de plus grand en effet, que de la seule sphère familière. Nous émergeons d'un mélange de volonté humaine affirmée dans le composite des circonstances particulières, que d'aucuns qualifieront de *hasard*. Mais si le hasard existe, il se laisse reconnaître au milieu d'un réel déjà là. Pour accéder, même comme hypothèse, au statut de clé de compréhension de ce qui nous arrive, le hasard ne peut être là *par hasard*. C'est pourquoi il nous faut comprendre le *au commencement* qui ouvre la Bible, non pas comme la désignation d'un début chronologique de l'histoire cosmique et humaine, mais bien comme l'expression d'un fondement ontologique, ainsi que nous l'avons déjà évoqué : ce *commencement*, ce n'est pas le début, c'est le principe (αρχγ en grec), au sens de structure fondatrice de l'être.

Certes, il est devenu difficile pour nous, Occidentaux habitués jusqu'à la déformation, à l'expression philosophico-dogmatique du sens supposé du réel, d'entrer dans l'intelligence de cet art du récit pourtant si apte à rendre compte de la complexité du monde. Car il s'agit bien de cela : comment faire percevoir, de façon intelligente, la trame qui tisse l'épaisseur de l'expérience ambivalente – à la fois heureuse et malheureuse – de l'existence ? En ce temps-là, en ce lieu-là, dans cette langue-là (en l'occurrence, l'hébreu) c'est ainsi que l'on procède : en une histoire qui contient deux histoires – premier récit de la Création et second récit de la Création, le second étant du reste plus ancien que le premier – on donne à entrevoir, sinon à comprendre, une intelligence du présent. Précisons : le premier récit de la Création se trouve dans le Livre de la Genèse du chapitre 1 au chapitre 2, verset 4a ; le second récit de la

Création se trouve dans le même livre, au chapitre 2, du verset 4b au verset 25 et suivants car la narration se poursuit par l'irruption du mal et ses conséquences, et par la transmission de la vie. C'est ensuite un peuple que Dieu décide de créer à partir de la figure d'Abraham : d'une certaine manière, le Livre de la Genèse dans son ensemble, comme les livres qui suivent, parlent de la création en tissant diverses traditions de récits. La création est bien de l'ordre d'une continuité dans le présent même de nos existences. Elle est création de l'histoire humaine.

Le récit, que chacun de nous pratique sans le savoir, car cela reste notre mode d'expression favori (voir ce qui se passe autour de la machine à café du bureau, au bistrot, ou dans nos réunions amicales, familiales), le récit était un art dans la culture biblique : c'est pourquoi la Bible résonne bien avec les meilleurs contes et légendes, car le récit érigé en art donne une puissance de sens démultipliée.

Ces deux récits peuvent donc être lus au temps présent : aujourd'hui, c'est le premier jour… de la suite des jours. Aujourd'hui, le ciel et la terre sont créés, la lune et les étoiles, le jour et la nuit, les plantes et les animaux… ; c'est aujourd'hui que Dieu trouve cela « bon », comme c'est aujourd'hui qu'est créé l'*adam*, « le terreux » d'après l'étymologie (et en effet, la matière est une !), que Dieu trouve « très bon » (« réussi ») ; et c'est aujourd'hui que le Créateur se repose/retire en laissant l'humain mener sa vie. Voilà pour le premier récit que l'on trouve au premier chapitre de la Genèse. Nous sommes invités à entendre dans le même horizon de sens le second récit de Création, dans le second chapitre de la Genèse. C'est aujourd'hui que nous sommes créés, hommes masculins et féminins, l'un par l'autre et l'un avec l'autre à l'image de Dieu. C'est ainsi au fil de chacun des jours, de nos jours.

Nous sommes créés et Darwin n'a pas tort

Longtemps, souvent encore, ces récits ont été reçus et interprétés par les croyants eux-mêmes comme une description du début de l'aventure cosmologique et humaine, sur le mode scientifique d'une réponse à la question ouverte par un « comment » : comment tout ce qui existe a démarré ? Évidemment, les récits ne répondent pas à cette question, telle qu'elle se pose dans nos esprits modernes. Cette présentation d'une création en sept jours offrait une réponse satisfaisante tant qu'on n'avait pas pris les moyens de vérification du rapport entre ce qui est dit dans ces textes, et ce que l'observation objectivante du réel nous permet d'assurer. À partir du moment où les sciences (astrophysique, paléontologie, sciences naturelles) ont mis en évidence que l'irruption du monde et l'émergence du vivant ne se sont pas effectuées de cette manière-là, il a bien fallu s'interroger sur le statut de ces textes au regard de la vérité.

La tentation resurgit, évidemment, de refermer la Bible, dès son premier livre, avec la conviction qu'il n'enferme que des légendes, sous-entendu, qu'il ne peut donc rien nous apporter dans notre recherche du vrai. C'est la tentation scientiste par excellence, possiblement athée, plus souvent agnostique.

L'autre tentation est de s'enfermer, non sans crispation, sur le contenu de la Genèse comme *devant être* vérité scientifique (dans les domaines des sciences naturelles), et même, s'il le faut, à l'encontre des professionnels de la science eux-mêmes. C'est la tentation fondamentaliste, possiblement obscurantiste, plus souvent piétiste. Peut-on qualifier cette prise de position de « créationniste » ? Sans doute. Mais le créationnisme idéologique n'existe que pour s'opposer à une autre idéologie, contestable elle aussi, celle de l'évolutionnisme, lorsque ses thèses sont présentées comme réponses au « pourquoi ».

La Genèse parle vrai lorsque ses récits nous permettent d'entrer dans une plus fine intelligence du « pourquoi » de notre être au monde, à l'échelle de l'infini de Dieu. Les scientifiques disent vrai lorsqu'ils tentent de répondre à la question du « comment », à notre échelle d'espace/temps, comment s'est déroulée l'émergence de ce que nous connaissons. Les uns et les autres ont tout intérêt à réfléchir ensemble. L'idéologie est orientation malheureuse de l'intelligence lorsque, consciemment ou non, elle réduit toute appréhension du réel à ce qu'elle a décidé *a priori* qu'il devait être pour correspondre à ce qu'elle croit savoir. L'idéologie barre la recherche du vrai.

Première affirmation (biblique) donc : l'humain est créé par Dieu ; il est créé « homme et femme à son image et à sa ressemblance ». Cette affirmation baigne dans une atmosphère heureuse : tout ce qui précède la création de l'humain est qualifié de bon, et chaque chose émerge du chaos initial de façon ordonnée, semble être placée avec application dans un vaste équilibre de rapports structurants (terre/eau ; jour/nuit ; profusion de la faune et de la flore, etc.), puis la création de l'*adam*, de l'humain, est qualifiée de « très bon ». Tout est en place. Voilà : Dieu s'est donné des libertés, des partenaires, des autres absolument indispensables pour espérer vivre le bonheur d'aimer et d'être aimé. Tout est créé. C'est ainsi qu'au septième jour, Dieu se repose. Tout est bon dans cette création.

Le second récit de Création dit la même chose autrement : il est ici question d'un jardin admirable, d'un jardin des délices (un paradis) dans lequel l'homme au masculin et l'homme au féminin, l'un et l'autre issus de la même humanité première (la même chair, *isch*, *ischa* en hébreu : mâle et femelle) se trouvent comme déposés. L'altérité fondamentale masculin/féminin crée du reste la parole humaine, la première parole humaine qui s'entende dans la Bible : et c'est un cri d'émerveillement devant l'autre[1] !

Dieu seul est créateur, tout le reste est créature, y compris l'humain. Cependant, l'humain est une créature absolument spécifique. Nous avons noté que dans le premier chapitre de la Genèse, Dieu qualifie de « bon » chaque élément de sa création, mais réserve le « *très bon* » pour la création de l'humain. Du reste, si Dieu a créé le repos (plus exactement le *ne rien faire*) juste après cela, n'est-ce pas aussi parce qu'il n'a rien de mieux à créer ? Il est du reste intéressant de remarquer que si le septième jour représente le sommet, alors le sommet de la création, c'est le repos, le travail étant fait. Ce « très bon » réservé à l'humain

1. Verset 23 du chapitre 2 de la Genèse.

nous met sur une piste. Dans le second récit, Dieu est représenté créant l'humain en modelant de la glaise du sol et en insufflant dans ses narines « une haleine de vie » : l'humain est la seule créature à recevoir ce souffle divin. Voilà encore un élément qui permet de pointer une spécificité de l'humain.

Et en effet, si la matière est une, et si l'humain semble proche du mammifère par son animalité, sa spécificité est clairement marquée. L'anthropologie, en tant que science de l'humain, sans *a priori* confessionnel donc, le reconnaît : l'humain est un animal spécifique, au niveau de sa structure même. Tout un courant d'opinion s'appuie actuellement sur les recherches éthologiques pour tenter de nier cette spécificité qualitative de l'humain, et s'évertue à vouloir démontrer que l'humain est un animal comme un autre, juste un peu plus en avance que les autres espèces sur le fil du développement, ou, à l'inverse, un être incapable de vivre en harmonie avec son environnement, contrairement aux espèces animales. Il serait hors sujet de démontrer ici en quoi l'éthologie, l'étude du comportement animal, nous est surtout utile pour comprendre l'humain. Elle nous renseigne en effet sur l'observateur éthologue lui-même, sur ses propres schémas de pensée, ses préoccupations, son outillage conceptuel, bref, sur ce qui fait précisément son humanité. En réalité, l'éthologie ne fait que confirmer la spécificité de l'humain.

Car l'humain assume son animalité de façon naturellement culturelle[1]. Il est animé de l'intérieur, animé de telle sorte qu'il n'est justement ni matière

1. Sur ce point, qui mériterait tout un ouvrage à lui seul, je renvoie aux travaux de Jean Gagnepain.

brute, ni animalité naturelle (ce qui fait d'ailleurs qu'il peut apparaître brutal et bestial). Il est humain. Nous n'avons pas fini de découvrir en quoi consiste cette spécificité. Elle a été repérée depuis la nuit des temps et nombreux sont les penseurs qui ont cherché à la conceptualiser.

Pour ce qui est de notre tradition de pensée, grecque, juive et chrétienne, nous héritons d'un vocabulaire propre à désigner ce qui fait la marque distinctive de l'humain. Il s'agit en particulier du couple de termes latins *anima/animus*, qui a peu à peu donné place à *anima/spiritus* traduit par « âme » et « esprit ». Cette terminologie renvoie pour partie aux termes grecs πνευμα (souffle) et πσυχη (principe de vie), et au terme hébreu *ruha*, autrement dit « souffle », « haleine de vie », ce sans quoi nous ne pouvons pas exister. L'âme n'est pas un organe à côté d'autres organes, ni une chose qu'on pourrait triturer, troquer, laver… C'est l'énergie existentielle de l'humain, ce qui le fait être, enracine son identité. Perdre son âme est équivalent à perdre sa vie, se perdre soi-même : inutile de convoquer la morale pour comprendre cela. Il suffit d'avoir fait l'expérience d'une vie vide de sens, vide de souffle, creuse, comme on dit, misérable jusque dans les richesses matérielles, pour comprendre ce que signifie « perdre son âme ».

Le souffle de Dieu en soi n'est jamais complètement éteint, mais comme toute flamme, il a besoin d'être entretenu, d'être réveillé, d'avoir de l'air, de l'espace pour se déployer. Lorsque cela manque, la vie perd sa saveur, quelque chose s'éteint du côté de l'essentiel, l'existence devient fade, se perd en automatismes plus ou moins plaisants ou déplaisants, le temps est à tuer, ou à gagner (!). L'aspiration à la vie heureuse se perd, se noie. Il n'en reste plus que l'ersatz trompeur : une quête quasi suicidaire de plaisirs violents, nécessairement violents car la sensibilité s'est émoussée. Cette violence se fait destructrice de soi et de l'autre, car ce trop-plein fiévreux de sensations fortes se montre toujours décevant, ne réjouit pas le cœur, ne le *contente* pas. L'être se trouve capté, prisonnier d'une tension de prédateur malchanceux et malheureux. En prendre conscience et décider de retrouver le chemin de soi, c'est comme vouloir rentrer à la maison. Le souffle peut alors, à nouveau, prendre corps.

La Genèse déploie donc à travers ses récits un ensemble fondateur : un cosmos, un paradis à cultiver où l'humanité – homme et femme – reçoit la bénédiction de Dieu, un bonheur à vivre en un temps et un lieu sensés, dont un arbre particulier donne le repère limite... : ces quelques points sont loin d'épuiser la richesse de ces récits de Création. Ils recèlent encore bien d'autres trésors d'intelligence. De multiples ouvrages de théologie biblique, d'exégèse et de philosophie en poursuivent l'exploration.

Créés pour le bonheur ?

« Bon », « Très bon », « jardin » (paradis), souffle et bénédiction du Dieu Créateur, autant d'indices qui permettent donc de poser cette conviction : l'humain est créé pour le bonheur, c'est cela l'idée du Créateur, de Dieu. Et qu'est-ce donc qui rend heureux ? Aimer et se sentir aimer, des autres et de la vie. Or, cela n'est pas possible sans la liberté. Nous pouvons jouir de l'amour, de l'amitié, de l'harmonie des contraires, seulement en y apportant notre consentement et en en recevant le goût personnellement, par notre accord et notre présence libres. C'est de l'ordre d'un choix, d'une option, d'une « élection ». C'est pourquoi Dieu crée l'humain en liberté. Cet arbre interdit de consommation apparaît comme ce qui permet à l'humain de se déterminer. Comme repère fondamental de transgression, il signale que la liberté est réelle et s'éprouve dans la possibilité de transgresser. L'humain n'a pas le choix : il doit choisir, il n'est pas créé automate. C'est donc toujours à lui de décider (jour après jour et quel qu'en soit le registre ouvert au libre arbitre). Il assume ou non sa liberté dans son aspiration à vivre.

L'expérience, cependant, résiste : tout cela semble bien beau, paradisiaque même, mais l'épreuve du malheur persiste, et le non-sens apparent de la souffrance et du mal nous laisse en désarroi. Car l'existence est loin de n'être que bonheur, alors même que Dieu la voulait heureuse. Alors ? Alors, probablement, si l'humain est malheureux, c'est qu'il ne sait pas user correctement de sa liberté : c'est comme si elle le dépassait, l'entraînant à vivre, à faire, à dire, à chercher ce qu'au fond il ne veut pas. il est alors tendu vers l'horizon d'une sorte *de n'importe quoi* désabusé, sur fond de soupçon radical quant à la pertinence d'être né, quitte à regretter ses non-choix, voire à maudire « dieu[1] ». Du *n'importe*

1. La minuscule indique ici que la transcendance de Dieu n'est alors pas respectée : celui qui se trouve maudit est l'être reconstitué comme point de fixation où se projette toute l'épreuve humaine du malheur.

quoi qui rebondit et se répand comme le chiendent dans le jardin et semble étouffer tout sur son passage, y compris le meilleur : la capacité d'aimer.

Comment comprendre cela ? Nous faisons l'expérience que quelque chose ne tourne pas rond qui nous rend malheureux. Et même quand la possibilité d'une vie simplement heureuse nous reste accessible, elle ne s'éprouve pas seulement dans le registre du bonheur, elle reste dure par bien des aspects. Cela nous conduit au point suivant.

2

Nous sommes aux prises avec le malheur

En faisant surgir du chaos un monde pour l'humain ainsi que l'humain lui-même invité à y déployer sa liberté à l'image même de Dieu, le Créateur s'implique d'emblée dans le registre d'une alliance. Les croyants chrétiens (entre autres) parlent alors d'Alliance, car, selon eux, elle lie toujours aujourd'hui Dieu en personne à toute humanité. Et elle est prometteuse : tout est fait pour que l'humain se trouve comme déposé dans un contexte environnemental et relationnel heureux. Tout commence bien : au fond, au « principe » de notre existence, aujourd'hui même, nous recevons la vie de ce Dieu Créateur, une vie lourde d'une promesse que, de notre liberté seule, nous pouvons décider d'honorer ou pas.

Mais les récits de la Création ne s'arrêtent pas là. Ce qui est dit d'emblée de cette bénédiction créatrice de Dieu semble être le porche d'entrée vers ce qui fait problème et suscite donc ces récits. Ce qui fait problème, c'est l'expérience du mal. Expérience quotidienne, banale, problématique, récurrente que tout humain connaît.

DU MALHEUR, DU MAL, DE LA SOUFFRANCE…

Le fait est là : notre aspiration au bonheur, à la rencontre heureuse de l'autre, à la vie d'une harmonieuse fécondité, à la simple joie d'être, cette aspiration se heurte continuellement, de façon lancinante et parfois tragique à du mal-heur. *Ça* va mal, *ça* fait mal. Laissons pour l'heure la question de savoir si *ça* doit recevoir une identité. *Ça* relève d'abord d'une expérience. Le mal répand son lot de douleurs depuis toujours et partout, et il se reconnaît aux traces que *ça* laisse : la souffrance dans son absurdité. Il n'est pas nécessaire de se précipiter d'emblée dans la lecture d'éminents – et par ailleurs nécessaires – philosophes et moralistes pour reconnaître ceci : est mal ce qui fait mal, ce qui rend malheureux, à court terme ou à moyen et long terme. Est mal ce qui contrarie en soi et autour de soi cette aspiration à la rencontre aimante, amicale, qui donne à la vie tout son bon goût, son sel et son relief. Le mal fait problème parce qu'il provoque souffrance et malheur.

Tout sujet humain le subit, le provoque, le relaie. Parfois en le voulant, en le voulant *bien*, dit-on non sans paradoxe ; souvent en ne le voulant pas. Chacun à son échelle, personnellement et collectivement, fait mal, fait du mal, souffre le mal, souffre du mal, fait et subit son malheur et le malheur de l'autre et ces enchaînements parfois logiques, parfois chaotiques, intensifient encore le mal éprouvé. Car l'intensité de la douleur ressentie eﬆ toujours redoublée par le sentiment d'impuissance à contrer définitivement ce qui eﬆ mal, ce qui va mal, ce qui fait mal, cette tendance que l'on peut qualifier de mauvaise parce qu'elle éloigne du bien, c'eﬆ-à-dire du bonheur de soi avec soi-même et avec l'autre. Le mal avance masqué, semant son poison partout, se mélangeant au bien au point, parfois, d'en prendre l'apparence.

Ainsi, si personne ne peut être réduit au mal qu'il provoque ou qu'il subit, ni même se trouver qualifié par lui, personne n'eﬆ indemne.

Notre liberté eﬆ cet art de faire des choix dans les conditions concrètes de la vie. Elle devrait donc nous permettre de choisir le bien, de le vouloir déjà, et d'opter *pour*, de bien choisir en somme. En effet, ce que nous voulons, c'eﬆ une vie pleine de sens, une vie heureuse. Lorsque nous nous trouvons engagés dans de l'insensé, de l'absurde, déboussolés, dans ce que, au fond, nous ne voulons pas, sommes-nous libres ? Ne sommes-nous pas alors soumis à quelque chose qui contrarie en nous notre légitime aspiration ?

Car nos pas nous amènent à faire (le) mal, *de facto*, même en *croyant bien faire*. Ne dit-on pas que l'enfer eﬆ pavé de bonnes intentions ? Cet adage vient d'une observation de la réalité. Prenons l'exemple de la solidarité avec les plus démunis :

— un légitime désir de venir en aide à des personnes ou à des populations considérées comme défavorisées peut se retourner en processus d'assiﬆanat qui maintiennent les personnes concernées dans une dépendance néfaﬆe pour eux ;

— *a contrario*, une volonté non moins légitime de ne pas priver l'autre de sa capacité à prendre et assumer ses responsabilités peut devenir une forme d'égoïsme aveugle et sourd aux conditions d'existence réelles des personnes en souffrance. Or, les conditions sont parfois tellement inhumaines que ces personnes perdent peu à peu le goût et la possibilité d'une reprise en main de leur destinée. Elles ont besoin d'être prises en charge.

Qu'est-ce qui est bien, qu'est-ce qui est mal ? Que faut-il donc faire pour bien faire ? Comment se fait-il que même en voulant bien faire, on fasse (du) mal ? Ce n'est pas le moindre mal que de ne pas voir clairement où se trouve le bien, le bon, le souhaitable. Il arrive même que la liberté soit acculée, par le réel, à choisir entre deux maux, faute de pouvoir les éviter tous les deux.

Dans notre vie relationnelle quotidienne, souvent, voulant bien faire, faire du bien, faire plaisir, nous tombons à côté, à l'envers, nous blessons : les couples en savent quelque chose, les parents aussi vis-à-vis de leurs enfants et réciproquement. Qui n'a jamais fait mal en voulant bien faire ? Même l'affection ne suffit pas pour *bien* faire en voulant faire du bien.

De plus, nous pouvons nous surprendre en flagrant délit de faire mal, en le sachant parfaitement, et même de préférer continuer : de petites vengeances personnelles à un besoin de se faire mousser sur le dos d'un tiers ; d'une mauvaise humeur mal assumée à quelques dénis de nos fragilités ; d'une négligence quant à nos responsabilités professionnelles, à des comportements contraires au bien commun, nous blessons souvent nos semblables en étant à peine conscients de la pollution relationnelle que nous répandons. Les médias s'en délectent, ce n'est pas par hasard. Car si l'aile du papillon japonais provoque un séisme à Clermont, alors la pique malveillante sortie d'une bouche humaine, comme l'habitude prise d'abuser de son pouvoir, de son influence, de sa situation, ne vont pas sans provoquer des réactions négatives en chaîne. Le malheur fait plein d'histoires. Selon son niveau de propagation et le pouvoir de nuisance de ceux qui s'y adonnent, ces atteintes délibérées à l'intégrité de l'autre défigurent l'humain dans des proportions variables et contrecarrent son aspiration à la vie heureuse. Ce qui se passe au plan interpersonnel se retrouve dans les relations entre les groupes, les nations, et toutes les dimensions de notre environnement. Tous les humains sont concernés : à la fois auteurs et victimes, cibles et relais, prétextes et provocateurs, nous sommes pris dans les rets de ce malheur auquel on prête forme. Le mal n'a pas d'existence propre. Il n'a prise que par le pouvoir qu'on lui donne. Et on lui en donne beaucoup.

Par ailleurs, et ce n'est pas sans lien, il arrive que nous nous faisions mal, nous mal-menant, nous mal-traitant nous-mêmes par des vies déréglées en des excès de toute sorte : de tabac, d'alcool, de manger, de vitesse, de médias, de mots, de sexe, d'images, de travail, de bruit, etc. À ce niveau aussi la logique de l'aile de papillon se fait sentir : lorsque ces excès deviennent le mode de vie d'une partie de la planète, ne répandent-ils pas leurs méfaits d'un bout à l'autre du monde ? Nous savons que nous abîmons notre santé, physique, mentale, et notre terre aussi, et que cela dit déjà notre malheur, mais le fera à coup sûr, et cependant, nous poursuivons sans que personne ne nous y oblige. Il est utile de prendre claire conscience de cela : sans que personne ne nous y oblige.

Pourquoi se faire mal ainsi ? Une réponse se présente : parce que nous n'allons pas bien. Nous sommes comme déchirés entre ce désir de vivre, de vivre heureux, et une fâcheuse tendance au malheur. Que l'affaire fasse le bonheur des psys, c'est un fait. Les plus sérieux d'entre eux repèrent qu'en effet le psychisme humain présente une difficulté à vivre, à assumer l'existence, à y adhérer pleinement, à désencombrer l'accès à la joie. Qu'elles soient désignées par des expressions comme *forces de mort*, ou *tendances mortifères*, ces pentes intérieures semblent s'acharner à vouloir saper continuellement ce que nous portons de meilleur. D'ailleurs l'expression française est intéressante à ce sujet. Ne dit-on pas : « je *me* fais mal » ou « je *me* suis fait mal » ?

Enfin, si l'humain est traversé par du malheur dont il est parfois l'auteur, il est tout autant frappé par le malheur dont personne ne connaît l'origine. Cette souffrance dont il a déjà été question est souffrance irréductible semble-t-il, tant elle est liée au fait même de vivre. L'épreuve de donner naissance à soi-même, à l'autre, à toute œuvre originale, ainsi que l'épreuve d'exister dans la durée des jours, de tirer nourriture, aux sens propre et figuré, au long d'un quotidien pas toujours rose, sont expériences humaines banales et partagées. À cela, s'ajoutent les catastrophes dites *naturelles* : raz de marée, séismes, tempêtes, épidémies, maladies incurables physiques et mentales, tout cela qui a en commun de ravager des vies frappées au hasard d'une sorte de *pas-de-chance* dont les conséquences ne cesseront ensuite de tarauder témoins et survivants. Ici, la souffrance vient d'une incapacité à trouver ou à retrouver du sens dans un vécu déchiré par la brutalité de la douleur ou de la mort de ceux qu'on aime, de la disparition soudaine de liens qui nous sont chers.

Le mal subi, le mal commis consciemment ou pas, la souffrance éprouvée dans son absurdité, la perspective de la mort, enfin, perçue comme une fatalité qui rend peut-être vaine toute recherche de sens à son existence, voilà qui indique un problème au cœur de l'humain. Pourtant, celui-ci reste requis, parfois jusqu'au désespoir, par ce désir de vivre, de vivre simplement heureux, désir qu'il trouve en lui dès la naissance.

Le fil biblique

Les auteurs du Livre de la Genèse partagent cet état de conscience : ils sont dans les mêmes interrogations devant ce qui ressemble à un antagonisme au cœur de l'humain. Et ils risquent un chemin de réponse. Ils le font au fil d'une fine méditation sur la condition humaine saisie dans une hypothèse de sens. Nous pouvons recevoir ainsi leur démarche : comme, au minimum, une hypothèse d'intelligence de notre présent manifestement cabossé. De nombreux travaux d'exégètes et de psychanalystes permettent de recevoir ces histoires à nouveaux frais, avec énormément de profit. Les efforts des traducteurs pour retranscrire le texte au plus près de l'hébreu sont une aide précieuse. Je ne peux que renvoyer à nouveau aux excellents travaux des auteurs déjà cités.

Les traductions hâtives, orientées, malheureuses, voire des représentations iconographiques prétextant la Bible, ont en effet largement contribué à brouiller l'approche de ces textes et à éloigner nombre de chercheurs de sens. Certaines productions sont des chefs-d'œuvre artistiques incontestables : comment ne pas admirer les œuvres de la Renaissance, ou de la période baroque ? N'ont-elles pas élargi le regard porté sur l'humain et son monde ? Ne sont-elles pas tout simplement splendides dans leurs déploiements figuratifs ?

Certes, mais l'esthétique ne suffit pas pour faire de la théologie. Les artistes occidentaux ont beaucoup puisé dans le registre religieux pour exprimer leur sensibilité dans leur art. Ils l'ont fait avec ce qu'ils comprenaient des récits bibliques auxquels ils n'avaient du reste pas directement accès. Ils sélectionnaient et présentaient à leur manière ce qui offrait support à leur talent. Ils le faisaient de plus dans des codes dont nous ne retrouvons la clef qu'à condition d'une bonne culture en histoire de l'art. Ainsi, nous héritons d'une quantité d'œuvres qui présentent Dieu, en particulier Dieu dans son œuvre créatrice, sous des traits que l'on peut qualifier de fantaisistes, mais qui continuent d'occuper notre imaginaire. Est-il besoin de le rappeler ? Ne se trouvent dans les récits de la Genèse, ni histoire de pomme, ni petits diablotins espiègles à l'abri des sous-bois, le trident à la main, ni condamnation de la sexualité, ni vieillard barbu et soupçonneux caché dans un nuage, ni d'un bras divin tendu vers un bras humain en extension dont il reste séparé…

En revanche, il est, entre autres choses, question du mal et de sa logique contrariant le sens de l'humain.

Il est représenté dans le second récit de la Genèse, sous la forme d'un serpent[1]. Les auteurs bibliques avaient bien entendu l'expérience de cette bête mal aimée. Ils en retiennent les caractéristiques suivantes :

— le serpent rampe, comme tout ce qui est indigne ;

— il avance sans bruit, comme ce qui est fourbe ;

— il arrive masqué par la végétation, comme un traître ;

— sa morsure est mortelle, comme le geste d'un meurtrier ;

— son venin empoisonne.

Ils en ajoutent d'autres :

— le serpent du récit parle en singeant Dieu ;

— il ment sous couvert de vérité (« Alors Dieu vous a dit : "vous ne mangerez pas…" ») ;

— il sème le doute et le trouble dans la tranquille assurance d'un humain tout juste sorti du chaos de sa naissance ;

— il arrive à ses fins en obtenant ce qu'il cherchait : la rupture d'un équilibre entre Dieu et les humains.

À travers le serpent, mythifié et reconstruit ici, c'est bien la logique du mal qui est décrite : opposé à la stature de l'humain (debout), fourbe, traître, mortifère, empoisonnant l'existence, usurpant subtilement la place de l'absolu, semant, par le mensonge, doute et trouble dans le monde humain… le mal est ce qui déstabilise l'humain.

Les auteurs bibliques poursuivent donc leur réflexion sur l'origine de ce mal, de cette souffrance

1. Livre de la Genèse, chap. 3, v. 1 s.

apparemment incontournable. Ils disent plusieurs choses importantes à travers la mise en scène du serpent :

— Ce déséquilibre qui nous fait mal ne vient ni des humains, ni de Dieu. Il vient d'ailleurs (symbolisé par le serpent).

— Il s'articule autour de la perception de la limite, symbolisée par cet arbre, le seul qui doit rester non comestible : « Et le Seigneur dit : "Tu peux manger de tous les arbres du jardin. Mais de l'arbre de la connaissance du bien et du mal, tu ne mangeras pas, car le jour où tu en mangeras, tu deviendras passible de mort"[1]. » Cette limite inscrit la différenciation d'avec le Créateur, le divin, au cœur du monde humain, ce qui rend possible la relation avec lui. Cette différenciation est radicale : le Créateur crée, la créature est créée. Dans ce sens, on ne pourra pas parler de l'humain comme « co-créateur » : entre Dieu et l'humain, la relation est dissymétrique, non paritaire. La capacité de transformer son environnement et d'agencer le créé en une infinité de possibilités est la manière humaine d'honorer la création. En revanche, le fait que l'humain soit animé par le souffle divin le définit en une forme de communauté avec Dieu. C'est pourquoi la volonté d'alliance avec l'humain manifestée par Dieu dans la Bible se présente comme une manière d'honorer ce degré de parité : dans l'Alliance, Dieu et l'humain (le peuple, et chaque membre du peuple ; par extension : toute l'humanité, et chacun de nous) sont partenaires, chacun ayant à y gagner, moyennant des engage-

1. Genèse, chap. 2, v. 16.

ments respectifs à tenir. L'arbre interdit symbolise donc la frontière qui permet à l'humain de se tenir avec et devant Dieu. Dans ce sens, cette limite posée est nécessaire parce qu'elle est structurante. La perversité du mal consiste à la représenter comme limitation négative et arbitraire.

— Il a besoin du consentement de la liberté humaine pour que sa suggestion ait un effet réel. Il passe donc par la séduction, laquelle provoque l'envie : celle-ci égare l'humain vers une sortie imaginaire de son humanité (« Vous serez comme des dieux », promet le serpent[1]).

— Il a comme effet de rendre l'humain honteux devant son même/autre (*isch/ischa*) : il culpabilise les humains au niveau des signes de leur dépendance mutuelle. La différenciation, absolument nécessaire à la reconnaissance réciproque, c'est-à-dire à l'existence de chacun, parité constitutive de l'identité humaine créée *homme et femme à « l'image de Dieu »*, devient un problème. Dans le Livre de la Genèse, cette différenciation n'est pas d'abord liée à une institution, fût-elle celle du mariage, mais est posée d'emblée, à la naissance même de chacun, de chacune. Autrement dit, tout ce qui est humain devrait refléter cette parité d'humanité, si tant est que l'humain ne s'autorise pas à séparer ce que Dieu a uni, *dès l'origine*.

— Le mal a comme conséquence, en délogeant l'humain de son jardin, de rendre douloureuse l'expérience de la mise au monde ainsi que celle de la subsistance. Nous l'avons évoqué. La parité d'origine au fondement de l'être humain se trouve cassée

1. *Ibid.*, chap. 3, v. 5.

en des liens de subordination homme/femme (dans la culture patriarcale de la Bible, le lien de subordination est celui de l'homme sur la femme, mais l'inverse serait tout aussi désastreux, parce que cette rupture d'équilibre est liée au mal).

— Le serpent cependant appartient à la création, œuvre de Dieu. On touche ici le caractère énigmatique du mal : angle mort de la perspective narrative, pourrait-on dire. Dieu n'a pas créé le mal, mais ce qui sert de support au mal. Il n'a pas créé le malheur, mais les conditions pour que la liberté humaine s'éprouve comme telle, en passant donc par la transgression dont il s'agit d'assumer les conséquences, ce qui est le propre de la liberté.

D'autres enseignements peuvent être tirés de cet épisode, mais ceux-ci nous permettent d'éclairer ce qui se passe dans notre propre existence : ballottés entre l'aspiration à une vie sensée, et par là heureuse, et le caractère absurde du malheur qui nous frappe et que nous semons, nous faisons l'expérience, non pas d'une dilatation bienfaisante de notre liberté, mais d'un nœud qui nous blesse, qui blesse notre propre humanité, qui blesse toute l'humanité.

Cette constante contradiction en nous et autour de nous, ce nœud dont nous faisons l'expérience, cette dysharmonie, cette « torsion », bref, cela qui fait mal, et qui fait le mal, le malheur, c'est ce que tente de désigner une notion théologique, objet de beaucoup de malentendus et de contresens : la notion de « péché ».

Le péché : un grand concept plutôt qu'un gros mot

Le péché est un concept théologique élaboré. En rigueur de terme, il ne relève que de la théologie. Toute personne constate l'aspiration au bonheur qui habite l'humain, en même temps que son insatisfaction permanente, et la souffrance à vivre. Par l'analyse de symptômes physiques, d'embourbements conflictuels ou du mal-être psychique, médecins, sociologues et psychologues, entre autres professionnels, s'emploient à tenter de comprendre, et parfois à réduire, cette souffrance. Mais parler de *péché*, c'est entrer dans une hypothèse de sens déployée sur le terrain de la réflexion théologique. Le péché désignerait donc le point où s'articule le mal. Il est cette part de refus, en l'humain, de la vie, bonne, voulue et donnée par Dieu.

Il signale en même temps l'existence de la liberté, et c'est là l'apparent paradoxe. Il est impossible en effet d'exister en *je*, en conscience, sans faire sienne la vie reçue. Dans le cas contraire, il n'y aurait plus personne, plus de personne, mais un vaste univers indifférencié, sans consciences capables d'entrer librement dans des liens aimants. Et en effet y aurait-il de l'amour sans la possibilité de ne pas aimer ? C'est d'ailleurs toute l'ambiguïté du regret d'un paradis considéré comme *perdu* : à l'instar de la mise hors le monde utérin, duquel il a bien fallu sortir pour vivre, la sortie de l'Éden correspond dans la Bible au commencement d'une histoire humaine réelle. Si la liberté est ce qui en nous permet de choisir le bien, c'est que le mal est une possibilité réelle : il se tient quelque part, tapi dans les fourrés de la conscience, et peut détourner la liberté de son objet, en la séduisant, en la captant.

Ainsi, la possibilité du mal remplirait une fonction d'affirmation consciente de la liberté. Cependant, le mal reste un mal : céder à la suggestion du mal, lui donner prise, *céder à la tentation*, c'est s'éloigner du don originaire.

Fondamentalement, le concept de péché est donc à saisir dans ce avec quoi il fait système : le concept de grâce. La grâce, c'est le don marqué de gratuité, de gracieuseté, de beauté et d'émerveillement dont nous avons longuement parlé dans la première partie : don de la vie, vie comme cadeau premier et constant, *jusque par-delà la mort biologique* affirment les chrétiens. La vie aspirant au bonheur d'être humain : voilà le don par excellence, grâce à Dieu, grâce de Dieu. Or, c'est précisément à ce niveau que le mal suggère un détournement : il ne serait pas si bon d'être humain, il serait préférable d'être « comme des dieux », c'est-à-dire radicalement autre : non-humain, sans pour autant devenir divin (« comme » des dieux). Cela revient à tuer l'humain en nous : c'est pourquoi cette suggestion du mal peut être qualifiée de *mortifère*.

En effet, un don, quel qu'il soit, ne remplit réellement sa fonction de cadeau que lorsqu'il est reçu, librement, dans la joie d'une reconnaissance authentique, par son destinataire. Or, il semble que l'être humain soit marqué par cette difficulté radicale à accueillir sans réserve la vie, la vie qui le porte, sa vie humaine, et toute la promesse qu'elle représente à l'échelle de son existence propre. Il y a du refus dans le cœur de tout humain à adhérer à la vie, de la prise donnée à la suggestion du mal. Cette part à la fois passive et active de non-accueil de sa propre vie comme un don, cette incapacité à acquiescer sans réserve à cette grâce première, cette fuite, ce détournement de lui-même, c'est donc ce que les théologiens nomment le péché. On pourrait parler de *part d'ombre* en tout cœur humain, si l'expression permettait de maintenir la force du concept, et évitait le risque manichéen de cliver le cœur entre ombre noire et lumière lumineuse nettement partagées. En réalité, le péché porte potentiellement sur toute réalité humaine. La part d'ombre, c'est à la fois la possibilité du mal et le mal déjà subi et commis.

Le fait d'avoir ou de ne pas avoir de cette difficulté une conscience conceptuelle claire ne change rien à l'expérience : chercher à vivre sa vie, ni plus, ni moins – et c'est le premier pas vers l'accueil du don – est difficile, laborieux, douloureux souvent ; l'accès à son sens plein, entier, est obscur et fragile. Autrement dit, nous n'adhérons pas spontanément au fait de vivre, de vivre dans la grâce, de vivre grâce à une Source originelle, quel que soit le nom qu'on lui donne, Source qui est cependant appelée Dieu, le Créateur, dans la foi chrétienne. Nous nous en détournons souvent, piégés par le fantasme d'une identité totalement virtuelle.

Du refus à vivre se trouve dans le cœur de l'humain, c'est cela le *péché*. Dans la mesure où nous lui donnons prise, il nous paralyse, il nous tient dans des liens, comme les esclaves du temps biblique étaient pris dans leurs chaînes.

Retour sur la Bible

Si l'on revient à la Bible[1], le terme hébreu *hâthâ* traduit habituellement par *péché* est emprunté au vocabulaire de l'archer : le péché, c'est le fait de rater la cible. Erreur de perspective donc, maladresse dont les conséquences sont immédiatement lisibles. Du reste, en grec (la langue du Nouveau Testament[2]) l'image est équivalente : *hamartanein* c'est manquer son but, s'égarer sur des chemins qui se révèlent être de fausses pistes dont le côté attrayant a pu séduire (tromper). Entre l'objectif visé et la réalité atteinte, il y a prise de conscience d'un raté, d'une déstabilisation, d'un brouillage des repères. Le latin[3] *peccatum* peut être rendu par : « faux pas », « fait de buter », de « trébucher ». Ce lignage parle de lui-même : le *péché*, c'est ce qui nous fait manquer notre cible, casse notre marche. Or, si, comme nous l'avons vu, le bonheur, le bien-être, le vivre bien, avec soi-même, avec les autres, avec la création, avec Dieu, si c'est cela que nous visons, alors, le péché, c'est ce qui nous en éloigne.

Replaçons-nous dans l'univers de l'archer. Les raisons de rater la cible sont évidemment multiples.

1. Notons au passage que le terme « péché » ne se trouve pas dans les récits fondamentaux de la Création déjà cités.

2. La partie de la Bible qui contient les quatre évangiles, le Livre des Actes des Apôtres, quelques lettres (épîtres) dont plusieurs sont attribuées à saint Paul et le Livre de l'Apocalypse selon saint Jean.

3. Langue officielle de l'Église catholique romaine

Tout ici est question de rapports : rapport de la distance entre le tireur et la cible ; rapport au matériel lui-même, la qualité du bois, de la corde, de la flèche ; rapport aux conditions physiques et mentales de l'archer ; rapport aux conditions climatiques selon qu'il y a du vent ou pas, du soleil en face, une nuit qui s'avance ; rapport au contexte relationnel aussi, selon qu'il y a ou pas un public ; rapport à l'enjeu selon que le moment est celui du jeu, de la guerre ou de l'entraînement ; rapport enfin à la plus ou moins juste estime de ses capacités de la part de l'archer lui-même et de l'art avec lequel il va savoir y ajuster ses ambitions.

Au bout du compte, c'est une mauvaise incorporation du repérage de ces rapports qui conduit à rater sa cible. L'erreur vient de là. L'archer est l'auteur du coup raté et s'il ne peut lui être imputé une faute quant au climat ou à l'état de luminosité, il ne peut échapper au fait qu'il est bien l'auteur du coup raté, et qu'il lui revenait d'intégrer toutes ces données pour ajuster son tir. Outre le fait qu'il pourra revendiquer, non sans fierté, quand ce sera le cas, qu'il est bien l'auteur du coup réussi, le fait de reconnaître une ou plusieurs erreurs d'appréciation présente l'immense avantage de garder la main sur sa marge de progression. Tous les sportifs le savent.

Tous les chercheurs de vie heureuse devraient s'en inspirer. Car le rapport au *péché* est du même ordre. Il est cette possibilité en nous de rater la cible, de trébucher et de tomber sur notre chemin de vie. Cela se reconnaît au fait que nous ne savons pas construire notre bonheur, ce bonheur contagieux qui irrigue tout sur son passage. Nous pouvons déplorer des accidents de parcours qui ne sont pas de notre fait, des malheurs subis, des obstacles sur notre route existentielle qui nous ont heurtés et blessés. Mais nous gardons toujours la possibilité de laisser notre désir de vie bonne emporter tout malheur, recycler tous ces éléments malheureux, et construire notre vie, non pas malgré, mais grâce aussi à ce qui s'est *mal* présenté sur notre parcours. À quelle énergie puise la capacité de résilience, sinon à cet état de grâce première et inaliénable, la grâce du Créateur ?

La culpabilité : libératrice ou mortifère ?

Sur le terrain du rapport au mal, nous pouvons éprouver de la culpabilité, car nous donnons prise au mal, nous lui donnons du pouvoir. La culpabilité se traduit par de la honte, et du regret. En effet, et c'est bon signe : la liberté oblige à s'assumer comme auteur de ses actes et à appeler les choses par leur nom. Il nous arrive de commettre le mal, de pécher, d'au moins quatre manières, nous dit la tradition de l'Église :

— *en pensée* : lorsque, sans chercher à résister, nous nous laissons envahir par des idées, des images, des fantasmes, malheureux, destructeurs, contre soi-même et contre les autres ;

— *en paroles* : quand nous répandons des mots qui font mal, lorsqu'ils mentent, lorsqu'ils jugent et condamnent, lorsqu'ils insultent ou qu'ils rabaissent ;

— *par action* : nous posons des actes mauvais, des actes qui blessent, des actes qui peuvent être des mots ;

— *par omission* : lorsque nous oublions de faire, de dire, de répandre du bien en soi et autour de soi. Ce *péché par omission* provoque souvent des protestations, car il semble qu'on n'y soit pour rien. Il ne peut être volontaire, il n'est donc pas *de notre faute*. Et pourtant, il est la marque même que le mal nous dépasse et c'est bien le problème. Il élargit le champ de ce que l'on nomme les *actes manqués* en psychanalyse : ceux-ci, qui sont notre fait bien que nous en ignorions les méandres, disent comment le malheur travaille en nous à notre insu. Nous avons tout à gagner à en connaître les chemins habituels si nous voulons le contrer.

Quelle est alors la fonction de la culpabilité ?

La culpabilité signale en nous la liberté : cette capacité de poser un *je* qui répond de ses actes posés, réussis ou manqués. D'ailleurs, le geste qui consiste à battre sa coulpe, à condition qu'il ne soit pas dégradé en autoflagellation abusive par perte d'estime de soi, parle de façon assez juste de la fonction de la culpabilité. Il s'agit bien de dire : « c'est moi », de se reconnaître auteur, de revendiquer d'être l'archer qui a tiré la flèche. Il s'agit de tenir sa place, d'être réellement *je*, d'interdire à quiconque de se substituer à moi lorsque je suis impliqué. La culpabilité, le fait de se reconnaître coupable d'un fait dont je suis effectivement l'auteur, peut être alors qualifiée de libératrice.

Attention cependant : il existe une mauvaise culpabilité, une culpabilité mortifère, qui doit être combattue. Elle naît d'une mauvaise évaluation de *ma* place et de *mon* rôle dans une situation malheureuse donnée. Elle consiste à *me* sentir coupable d'un mal que je n'ai pas commis. Cette situation est fréquente : il s'agit par exemple de la culpabilité d'un enfant vis-à-vis du divorce de ses parents, culpabilité qui, si elle n'est pas soignée, risque de peser lourd dans sa vie d'adulte ; ou de la culpabilité d'une personne victime de violence qu'elle tend à légitimer en *en prenant sur elle* la cause ; ou de la culpabilité d'une personne qui cherche à s'émanciper d'une situation abusivement contraignante que tous acceptent autour d'elle, etc.

Tout se passe comme si, pour reprendre le fil de notre image, un archer se sentait, sans raison, coupable d'un tir raté par un autre archer. Cette culpabilité mortifère peut du reste être alimentée par les autres. Par leurs modes de pensée, leurs jugements, leurs mœurs... les autres se présentent alors comme des expressions du *bien* et si une liberté s'en éloigne, elle se trouve vite stigmatisée. La pression sociale (qui peut être familiale) pousse ainsi à la culpabilisation malheureuse.

Chaque personne doit donc opérer un discernement correct pour voir le plus lucidement possible ce qu'il en est du mal dans sa vie et en quoi elle lui donne prise. Le mal étant repéré, ainsi que la façon dont *je* lui donne prise, il appartient à la liberté de le nommer, de le regretter, et de tout mettre en œuvre pour l'éviter, parce que la vie heureuse exige que le mal soit tenu à distance, à défaut de pouvoir être éradiqué.

L'église catholique a prévu un dispositif pour cette opération : il s'agit de la confession. L'avantage devrait être multiple :

— la personne peut dire *je* en toute discrétion ;

— en ouvrant son cœur, sans tabou, elle évacue la culpabilité ;

— en s'adressant à un prêtre, en tant qu'homme spirituel, elle bénéficie d'un lieu de discernement ;

— en posant un geste de pénitence, elle offre prise au passage nécessaire qui permet de sortir du regret et de reprendre pied, à nouveau, dans sa vie ;

— enfin, le tout est vécu dans la Présence de Dieu, c'est-à-dire dans une conscience vive de la grâce divine, le don de la vie, le don toujours redonné, ici sous forme d'un par-don.

Certes, le dispositif existe toujours et il arrive qu'il remplisse son rôle correctement. Mais nous ne pouvons pas ignorer qu'il a pu être dans un proche passé, et qu'il est encore souvent, un lieu… qui alimente la culpabilité mortifère, sans éclairer sur la culpabilité libératrice. Il serait trop long d'en analyser les causes ici. Mais de fait, les psychanalystes et psychothérapeutes sont souvent repérés comme des substituts des confesseurs d'antan, comme s'ils en avaient pris le relais. De fait :

— ils permettent au *je* de s'exprimer en toute discrétion et sans tabou ;

— ils offrent un lieu de discernement, souvent indispensable pour nommer une culpabilité mortifère ;

— leur présence attentive, professionnelle et bienveillante relaie quelque chose de la grâce réconfortante voulue par Dieu à nos côtés.

Mais :

— la culpabilité positive est rarement repérée, car la culpabilité est d'emblée saisie comme élément négatif ;

— le fait de nommer les choses ne permet pas toujours de trouver l'issue de cercles qualifiés de *vicieux* ;

— la sortie de la culpabilité manque de support pour prendre forme ;

— et enfin, il manque une mise en présence de soi et de l'autre dans ce lien créateur et recréateur à Celui qui porte nos vies dans sa puissance d'amour.

Retenons simplement que l'institution catholique tient une proposition potentiellement très intéressante à travers ce dispositif dit du *confessionnal,* même si sa mise en œuvre par ceux dont c'est la charge n'est pas toujours, loin s'en faut, à la hauteur de l'intuition.

Ainsi, nous pouvons légitimement nous reconnaître coupables, pécheurs, sur plusieurs registres :

— Lorsque nous nions, que nous refusons de voir, de prendre en compte, cette possibilité en nous de refus du don : comme si l'archer niait d'emblée tout risque de rater sa cible.

— Lorsque nous donnons prise à ce risque, délibérément : comme si l'archer tirait sa flèche n'importe comment, refusant de tenir compte des paramètres listés plus haut.

— Lorsque nous refusons de reconnaître les conséquences de ce ratage, de cette faute : comme si l'archer, après avoir raté sa cible, allait, proclamant partout qu'il l'avait atteinte, et ce non sans sincérité souvent, car l'aveuglement peut être réel.

— Lorsque, sachant pourquoi et de quelle manière nous avons refusé le don gracieux de la vie, tout malheureux que ce refus nous laisse, nous refusons de changer, d'apprendre comment accueillir ce don : comme si l'archer, comprenant pourquoi il avait raté sa cible, refusait de s'entraîner à corriger la trajectoire.

Donner prise à ce refus de vivre pleinement, abîmer sa propre vie d'une manière où d'une autre, au lieu de s'employer à l'honorer en en recevant le don – je vise toujours ici la vie de chacun en propre – c'est cela pécher.

Chacun étant pris dans un tissu relationnel, abîmer sa propre vie éclabousse forcément la vie des autres. C'est pourquoi il s'agit bien ici de repérer son propre état de pécheur, et non pas de porter un jugement sur les autres. Car être pécheur relève d'un état. Et cet état est un état de fait : en prendre acte est le signe d'une liberté en train de s'exercer. Et c'est heureux. Cela se passe comme lorsqu'une maladie est diagnostiquée : c'est désolant, c'est parfois grave, ce peut être douloureux. Mais savoir de quoi il retourne permet cependant à la fois de se donner une chance de guérir, et de prendre distance par rapport à un mal. À défaut d'être nommé, il risquait d'être ressenti comme sournoisement envahissant, réducteur de toute la personne. Ainsi, reconnaître que *je suis pécheur*, cela relève d'une lucidité qu'il ne s'agit absolument pas de transformer en une culpabilité mortifère. Il appartient à la liberté d'inscrire cette lucidité dans l'horizon de Dieu. Dieu aime et encourage la vie en nous, par nous, pour nous. La liberté conduit à une lucidité bienveillante, et non froide et désespérée comme elle peut l'être parfois dans la dérision du monde.

Et puisque le vocabulaire se réveille autour de cette notion, rappelons dès à présent ce que signifie *commettre des péchés*. Les péchés, ces penchants pour le mal, sont les formes concrètes que revêt le péché dans la manière d'être et de vivre. En fonction de sa personnalité, de son histoire, de son milieu, des circonstances, chaque personne donne prise *au péché*, à travers *des péchés*, offerts comme autant de supports au mal. L'état de pécheur ne se saisit que par le biais de ces moyens d'emprise et d'expression tout à fait perceptibles. L'attachement excessif à l'argent, ou à la gloriole, ou à la domination semble être la voie royale par où s'engouffrent l'ensemble des péchés, si nous n'y prenons garde.

Le péché prend ainsi appui très concrètement sur les blessures non cicatrisées de notre histoire, des plis de notre personnalité, des peurs sans objet, des illusions tenaces qu'un penchant complaisant pour le virtuel au détriment du réel alimente avec constance depuis que l'humain existe. Les liens entre le péché, saisi par les péchés, et ce qui reste en souffrance dans notre personnalité peuvent être repérés, cela fait partie de la lucidité nécessaire pour avancer. Mais ils restent porteurs de malheur. C'est pourquoi la bienveillance requise conduit à vouloir cicatriser ces blessures qui nous font tomber, et l'aide de professionnels compétents est parfois nécessaire.

Les péchés, ce sont donc ces adhésions que nous donnons au mal : chaque fois que nous consentons à ce qui est mal dans le sens où cela provoque objectivement du malheur, nous péchons. Et si c'est plus fort que nous, c'est bien que les péchés se fondent sur un état auquel certes et heureusement nous ne sommes pas réduits, mais qui nous caractérise quand même : l'état de pêcheur. « Que celui d'entre vous qui n'a jamais commis de péché lui jette la première pierre » propose Jésus à ces *bonnes consciences* qui allaient exécuter la sentence contre une femme surprise en train de pécher[1]. À cela, personne ne peut honnêtement répondre en ramassant un caillou.

Si notre liberté se porte bien, nous sommes donc amenés à reconnaître notre culpabilité dans la propagation du mal, à l'échelle de nos responsabilités, grandes et petites. Nous ne sommes pas coupables du mal, puisque, nous l'avons souligné, la possibilité du mal est inhérente à notre liberté. Mais nous sommes coupables de donner prise au mal, à notre mesure. Autrement dit, nous cédons à la tentation du mal. Cette tentation se présente toujours par les trois portes suivantes : la fascination pour la richesse, l'attrait pour la gloire, l'ivresse du pouvoir. Ces tentations, Jésus les trouve sur sa trajectoire humaine. Mais il ne leur cède pas un pouce de sa liberté[2]. C'est pourquoi la foi chrétienne pose que Jésus est *sans péché*.

DE LA CHAIR ET DE L'ESPRIT… ET DU PLAISIR

Saint Paul a parlé du péché dans un paradigme différent. Ses propos ont été, et sont encore, tellement repris et commentés, qu'il semble utile d'en rappeler quelques clefs de compréhension, sans pour

1. Évangile selon saint Jean, chap. 8.

2. Dans l'Évangile selon saint Matthieu, au chapitre 4 ; selon saint Marc, au chapitre 1 et selon saint Luc au chapitre 4.

autant s'aventurer dans une présentation exhaustive de sa théologie.

Il est question, dans son argumentaire, d'un rapport entre le péché et *la chair.* De quoi s'agit-il ?

Le terme *chair* reçoit deux définitions dans le Nouveau Testament[1] :

— soit il désigne le corps (« Le Verbe s'est fait chair » pour nommer l'incarnation par exemple[2]). Dans ce cas, il vise l'ensemble de ce qui caractérise notre condition humaine : ses dimensions physiques, psychiques, relationnelles, en tant qu'elles s'inscrivent dans les limites de l'espace et du temps, et qu'elles sont travaillées par l'infini du désir ;

— soit il désigne un pôle qui s'oppose au pôle dit *spirituel.* Dans ce cas, la *chair* représente, non pas le corps, mais ce qui, en nous, nous déroute de notre vocation : celle de devenir fils et filles de Dieu. Cela nous porte à être *terrestres* au sens de terre à terre. Nous nous percevons comme réduits à de la matière sans vitalité interne, ou à de l'animalité sans spécificité : terrestre au sens de matérialiste et animal au sens de bestial. Cela n'est possible qu'en méprisant ce souffle divin en nous qui nous tire *vers le haut*. Or, ce qui aspire en nous à vivre notre vocation, c'est ce que saint Paul nomme ici l'*esprit*, qui honore notre vocation à devenir des êtres *spirituels.* Cela ne signifie pas des êtres désincarnés, car le corps aussi est concerné : l'esprit cherche à prendre corps dans tous

1. Pour plus de commodité, les références directes aux écrits de saint Paul ne sont pas inscrites au fil de cette succincte présentation. Il peut être utile de lire la lettre aux Romains, la lettre aux Galates, la seconde épître aux Corinthiens, entre autres.

2. Évangile selon saint Jean, chap. 1, v. 14.

les registres de l'humain. Cela qualifie des êtres qui vivent leur condition humaine, y compris dans sa dimension physique, en accueillant la grâce de Dieu, le don de sa vie divine. En d'autres termes, est *spirituel* un être qui aspire, à travers la globalité de son existence, à être gagné tout entier par l'Esprit de Dieu, ce *pneuma* divin qui le crée.

Ainsi comprise, la dualité chair/esprit ne conduit pas à un mépris du corps, contresens fréquent dans l'histoire de son interprétation. En revanche elle permet de comprendre en quoi une vie *selon la chair*, au sens d'une vie *contraire à l'Esprit* de Dieu, conduit à la tristesse et la mort, en éloignant la liberté de son désir de Dieu, et la coupe de sa vocation humaine.

Nous avons noté que le concept de péché ne peut pas se comprendre en dehors de son rapport au concept de grâce. Mais la théologie a été marquée par de nombreux dérapages qui ont obstrué ce lien. L'un d'eux est venu d'une confusion, pourtant bibliquement infondée, entre péché et plaisir, et, par extension, entre sexualité (dans sa dimension de plaisir) et péché. Et ceci est apparu assez tôt, préparé par une philosophie grecque portée sur l'ascétisme comme expression suprême de la liberté, parce que considérée comme non inféodée aux passions, philosophie bien antérieure au christianisme. La théologie chrétienne qui s'est forgée dans l'Occident latin prenait sa source dans la pensée grecque. Saint Augustin en particulier a marqué durablement la conscience théologique occidentale. Or, tout grand théologien qu'il fût, il était aussi un homme tourmenté, plein de remords et de culpabilité quant à une sexualité qu'il avait peiné à réguler. Sa réflexion sur le péché s'en ressent.

Et pourtant, l'enseignement officiel de l'Église n'a jamais entériné le lien de causalité directe qu'il posait entre sexualité et péché. Mais il a entretenu par ailleurs – à travers homélies, confessionnaux et vulgarisations catéchétiques approximatives – une réelle confusion entre *chair* (de péché) et *sexualité* (péché de la chair) et entre *plaisir* et *péché.* Cette confusion demeure malheureusement encore dans l'inconscient collectif. Le péché, associé à la sexualité, était devenu en effet une affaire obsessionnelle d'une gravité paralysante dans la chrétienté occidentale. Le peuple des fidèles a été tenu dans l'étroite laisse cléricale de la conscience de fautes dont il fallait s'accuser à temps et à contretemps, dans une mésestime de soi savamment entretenue, et la conviction que le plaisir était mauvais. Quant au pardon de Dieu, il semblait ne jamais devoir prendre corps : ni devenir réalité tangible, ni porter sur la réconciliation de chaque sujet avec son corps.

Ce concept de péché, qui devait inscrire du sens dans ce qui arrivait de douloureux voire de tragique dans l'existence, est peu à peu devenu une manière de désigner toute jouissance de vivre, voire tout plaisir par définition sensuel (même très intellectualisé !). Ce qui permettait, en assimilant le plaisir au péché, de faire peser l'interdit sur tout plaisir.

Durant des siècles, en Occident, et en dépit de la protestation constante des mystiques chrétiens qui avaient du corps un réel respect, le corps a été perçu comme objet, ce qu'il n'est pas, de surcroît objet de méfiance et de mépris. Tout excès suscite un excès opposé. C'est ainsi que le péché est devenu une notion taboue jusque dans les rangs des chrétiens des années 1970-1980, pour n'être plus traité que par la dérision dans la société post-chrétienne contemporaine. En effet, on assiste aujourd'hui dans les sociétés issues du christianisme à un excès diamétralement opposé à l'excès antérieur.

Le corps est toujours perçu comme un objet. Mais il est aujourd'hui idolâtré, maintenu comme à distance de soi, de sa liberté d'en réguler les pulsions. Il reste violenté, aujourd'hui par l'obsession de le soumettre à son bon plaisir, comme hier par l'obsession de lui interdire tout plaisir. Mais tout excès, qu'il soit d'interdit ou de licence, parce qu'il sape le désir d'équilibre, d'harmonie, d'unité intérieure que nous cherchons, relève du péché.

L'expérience élémentaire montre que les plaisirs, quels qu'ils soient, par définition, apportent du bien-être, ou tout au moins du mieux-être. Ils sont goûtés dans la mesure où ils sont régulés, et la frustration volontaire fait partie de ce qui permet au plaisir de libérer sa pleine saveur. Même s'ils sont passagers, ce qu'ils offrent n'est pas à mépriser dans ce monde présentant par ailleurs quelque dureté. Ils ont toujours été moteurs dans l'existence, même s'ils restaient cachés et culpabilisants, dans les sociétés corsetées des XVIIIe et XIXe siècle. Le refus des plaisirs de la vie qui tissent le bonheur de vivre peut être signe d'un refus de vivre, un mépris pour sa condition humaine et par conséquent relever du péché.

La mentalité contemporaine (à partir de la dernière moitié du XXe siècle), en réaction post-nietzschéenne de bonne santé, a donc réagi en prenant acte de l'association plaisirs-péchés, comme semblaient le faire les gens d'Église, mais en opérant un retournement complet de sens. En assumant une préférence décomplexée et effrénée pour les plaisirs, toute une génération s'est engouffrée dans le contresens : le péché est devenu, dans les têtes, équivalent au bien, au désirable. « Si les plaisirs sont des péchés, alors pécher est désirable, et il est hors de question de s'en priver. » De même, « si l'enfer est un lieu où l'on pèche sans vergogne, alors il s'agit d'un lieu de plaisir. L'enfer devient par là désirable : l'enfer, c'est d'enfer ! » Voilà le message largement vulgarisé par les médias à travers pubs, émissions de télé-réalité, magazines, show-business, etc., autant de supports qui relaient l'état culturel du moment, en jouant habilement sur les paradoxes.

Une des pointes abouties d'une telle confusion se rencontre peut-être à travers cette attirance d'une partie de la jeunesse occidentale, pour le courant « gothic » et ses plus récents avatars : il revendique une apparence, et parfois plus, faite de noirceur, d'identification diabolique, de goût pour la musique violente, pour les cimetières, l'auto-agression (piercings, dégoût de soi-même, conduites addictives), les rapports de domination, etc. Tout ce qui éloigne l'humain de la possibilité d'une existence personnelle accordée au grand courant porteur de vie et de fécondité, devient désirable, enviable. La tristesse ordinaire des porteurs de cette culture dit assez leur désespérance. Dans des formes atténuées, cette culture déborde des marges et s'incruste dans tous les domaines de la culture.

S'il était prévisible, suivant le principe du retour de balancier, s'il répond à la confusion engendrée auparavant, ce double contresens est cependant total. Car est-il besoin de le rappeler, le péché, ce n'est pas l'autre mot du plaisir : il est ce qui fait mal. Le plaisir appartient à un autre registre de sens et il est une bonne chose s'il est le fruit d'une liberté assumée, s'il est vécu dans la dynamique du bien. Et si l'enfer[1] a été imaginé pour risquer une réponse à la question : « Que deviendront ceux qui ont fait délibérément le mal, dans des proportions abyssales ? » alors, il n'est pas un lieu enviable, c'est un lieu de malheur tout aussi abyssal. Toute personne saine d'esprit ne le confondra pas avec l'heureux paradis[2] !

En réalité, les changements culturels contemporains ont transformé le rapport au plaisir : il est aujourd'hui intimement lié à une transformation du rapport au temps et de la définition même d'une vie heureuse.

Le plaisir est devenu le sel du seul temps perçu comme précieux : le présent. Certes, la mémoire du passé aide, et la projection sur le futur stimule, mais la vie se vit au présent *hic et nunc*. La volonté absurde de reproduire quelque âge d'or supposé que la connaissance historique autorise pourtant à relativiser, comme la projection à l'infini de lendemains ou d'au-delà qui chantent dont un réalisme certain permet de mettre en doute le bien-fondé, a comme conséquence un recentrement des consciences sur l'aujourd'hui.

Cette légitime et pragmatique aspiration comporte cependant ses limites : le présent a tout à gagner à tirer des leçons du passé (des erreurs pas-

1. Nous sommes toujours dans le registre de l'hypothèse.
2. *Ibid.*

sées) et conditionne en partie l'avenir. L'art de différer son plaisir, voire d'y renoncer, au profit de l'après-nous ne fait pas bon ménage avec un attachement exclusif au présent confondu avec l'instant. On peut avoir fait son deuil d'un âge d'or et avoir renoncé au grand soir. Il n'en reste pas moins que notre humaine condition aspire à une vie meilleure, que ce mieux-être est possible pour un plus grand nombre. Cet horizon-là demande que notre plaisir s'enracine dans une disposition à un bonheur plus large, plus durable, plus contagieux, que celui d'instants agréables successifs et égoïstes volés à la violence du monde.

Le vrai bonheur inclut l'art d'être heureux même sans objet, sans objet de jouissance, sans raison, et de garder goût et sens de la vie même lorsque les jours se font durs, frustrants, décevants. La recherche et la consommation de plaisirs multiples, ce qui, du reste, ne signifie pas toujours en jouir effectivement, sont devenues des pré-occupations au sens strict : elles occupent le terrain (psychique, social) en priorité, voire en exclusivité. Paradoxalement, une telle orientation de vie embourbe la capacité à être heureux dans toutes les dimensions de son existence. Assez vite, la personne devient incapable de se réjouir, comme l'enfant gâté : *gâté* en effet, le terme est juste, car un ressort fondamental de l'humain est comme pourri.

Par ailleurs, le statut du plaisir a changé : il est devenu la norme d'un bien, sinon du bien, ce qui permet de qualifier une société dont c'est la boussole principale de société *hédoniste*. Ne nous abusons pas cependant par des critiques trop rapides. Car que serait une société non hédoniste ? En effet, personne ne souhaite retrouver une vie faite exclusivement de devoirs (sans droits), de travail/labeur (sans repos/loisir), de frustration (sans plaisir) et de restrictions (sans fêtes).

Cependant, l'impasse d'un hédonisme mal orienté apparaît clairement lorsque le plaisir recherché est celui de faire le mal, délibérément ou non. Prendre plaisir à faire le mal, ou trouver son plaisir en semant du mal, voilà qui devrait nous alerter sur le fait que le plaisir, pour baliser une vie heureuse, ce qu'en effet il devrait faire, doit être régulé par le désir de faire du bien. Autrement dit, le plaisir, pour mener (à) une vie heureuse, ne peut que s'inscrire dans une option morale positive.

La culture hédoniste est récente. Elle est tout juste en train de solder ses comptes d'avec la culture restrictive et castratrice des générations précédentes. Nous commençons seulement à nous rendre compte qu'une vie faite de droits (sans devoirs), de repos/loisir (sans travail/labeur), de plaisir (sans frustration) et de fêtes (sans jours ordinaires) conduit à une sorte d'embourbement. Le symptôme en est une perte de goût : la vie n'a plus de goût, le temps fuit et se perd dans l'instant, faute de ligne d'horizon, l'insignifiance guette. S'éclater sans bornes conduit à se retrouver en miettes, sans consistance, avec un *à quoi bon* désabusé en ligne de mire.

Tout se passe comme si, dans notre société hédoniste, nous devions nous familiariser à nouveau avec le plaisir, en l'inscrivant dans l'horizon d'un bien – bien faire, bien être, bien vivre, etc. –, dans un présent perçu et vécu dans son lien avec son propre dépassement, son au-delà. Les plaisirs peuvent jalonner une vie heureuse, comme ils peuvent en éloigner. S'ils ne sont pas antagonistes au bonheur, et peuvent même l'apprivoiser, ils n'en sont pas non plus l'équivalent et peuvent le neutraliser. C'est en faisant fi de leur caractère aléatoire, fugace et lié au caractère mortel de notre existence qu'à nouveau nous risquons de les voir se défaire de notre recherche légitime d'une vie heureuse.

La théologie chrétienne a été marquée par un rapport positif au courant ascétique de la pensée philosophique et a trouvé ses lettres de noblesse dans un monde qui tenait cette pensée et son mode de vie en haute estime. Sans doute a-t-elle à réfléchir aujourd'hui dans un lien constructif avec le courant épicurien qui semble une voie praticable, une voix audible pour l'évangile, dans une culture forgée, et en partie égarée, par l'exigence hédoniste devenue à son tour tyrannique[1].

Un concept qui risque l'instrumentalisation

Le concept de *péché* se présente donc comme une hypothèse intéressante. Ce concept aurait fait long feu si son élaboration n'avait pas répondu à une attente de la part de ceux qui vont s'y référer au cours de l'histoire.

Il a pu en particulier permettre un apaisement devant ce que l'humain ne comprend pas et qui le fait souffrir sans toujours parvenir à le nommer. C'est ce

1. Jean-Claude Guillebaud, *La tyrannie du plaisir*, Seuil, 1998.

que l'on appelle banalement apporter du sens à ce qui se présente d'emblée comme absurde et par là contestable. Ce sens, exprimé par des personnes dont le pouvoir est légitimé par leur savoir, historiquement les clercs, calme l'angoisse provoquée par l'abîme de non-sens ouvert par la souffrance. Dans ce cas, le péché sert alors à expliquer pourquoi les choses vont mal. Cela permet de ne pas désespérer et de tendre, de toute sa foi, vers le rétablissement d'une harmonie.

Pourquoi pas ? Il est avéré que la souffrance est moins lourde à porter lorsqu'elle est perçue dans du sens.

Mais ce concept de péché risque d'être instrumentalisé, et l'histoire nous indique que ce risque n'est pas illusoire.

En premier lieu, se présente un risque de manipulation du sens de ce concept. Par quelque autorité humaine, et qui reste humaine, même si par ailleurs elle est cléricale, la souffrance subie est perçue comme conséquence logique d'une faute commise, l'effet d'un péché qu'il s'agira de confesser et de s'efforcer de ne plus reproduire. La porte est ouverte au déferlement d'une culpabilisation mortifère. Car, s'il arrive que l'on fasse notre malheur, en effet, notre malheur n'est pas toujours, loin s'en faut, la conséquence directe ou indirecte de ce que nous engageons. Il est cette souffrance subie, dans son absurdité, parfois à cause d'autres que nous, mais surtout parce que tout être vivant souffre et meurt : souffre de naître et de grandir, ainsi que nous l'avons évoqué, et meurt parce que la mort, comme la naissance, borde la vie. C'est la réalité du créé, et elle porte sa propre autonomie, ses propres lois.

En second lieu, les péchés peuvent être définis de façon très étroite, coupés du lien avec le péché, en tant que refus du don de Dieu, et donc coupés de fait du lien avec la grâce divine. Ils sont alors présentés comme autant de transgressions aux lois – parfois de l'ordre des us et coutumes – édictées ou simplement entérinées par les mêmes autorités, soucieuses de tranquillité intellectuelle et sociale. Tout ce qui relève d'une liberté assumée dans la singularité d'une conscience capable de poser un *je* est classé comme péché. Une mauvaise culpabilisation gagne alors l'ensemble des sujets soumis à ces autorités. Ils ne se perçoivent plus que comme de *pauvres pécheurs* puisque être soi suffit pour se voir réduit au seul statut de pécheur.

Mais l'humain est ainsi fait, ainsi créé, que l'aspiration à vivre, à embrasser la vie avec reconnaissance, persiste à vouloir prendre corps malgré, tous ces mots qui semblent se résigner aux maux.

Un livre succulent dans la Bible traite de ce phénomène et tente d'ouvrir une brèche dans cette impasse. Il s'agit du Livre de Job. Les malheurs qui pleuvent sur cet homme réputé juste sont perçus par ses « amis » comme les conséquences normales des péchés qu'il a commis. Ils exhortent donc le pauvre Job qui n'en peut plus des malheurs qu'il subit, de reconnaître qu'il a péché, et de faire amende honorable. Mais Job, en dépit de ses efforts, ne voit pas de lien sensé entre les malheurs dont il est l'objet et le ou les supposés péchés qu'il aurait pu commettre. Le caractère disproportionné de ce qui lui arrive l'oblige à se rapporter à Dieu de façon plus radicale, plus juste. La reconnaissance de la grâce de Dieu le remet d'aplomb et lui fait retrouver le chemin normal : celui d'une vie épanouie, en dépit, et la précision est importante, de la fêlure qui demeure, intérieure à tout humain.

Job n'a certes jamais existé. Son histoire pourtant est vraie en ce qu'elle nous concerne. Dans le malheur, il y a une attitude à trouver qui permet de recevoir, malgré, à travers et par-dessus le malheur, le don de Dieu, le Créateur. Car celui-ci n'est pas neutralisé par les épreuves de l'existence humaine : il les embrasse, les traverse, les retourne, les transforme en vitalité pour ici et maintenant, et pour l'éternité.

Le recours au concept de péché a donc aussi fait fonction, dans et par l'histoire de l'Église, et de la société, d'outil de régulation sociale. La dysharmonie évoquée tout à l'heure est évidente dans l'expérience des victimes de maux infligés par d'autres. Comment concevoir une justice sans abus de langage, alors même que l'injustice est criante et à tel point puissante, qu'il semble impossible à vues humaines, de rétablir un réajustement au nom de la plus élémentaire des justices ? À vues humaines impossible, la justice est alors espérée à vue divine : autrement dit le méchant, celui qui fait le mal sans s'en repentir, sans réparer, celui-là risque le malheur sans fin, autrement dit l'enfer. Dans ce sens, l'hypothèse de l'enfer est aussi une hypothèse intéressante. Même Voltaire estimait que pour cette raison au moins, la religion était nécessaire : n'est-ce pas la peur de l'enfer qui retient beaucoup de gens de s'adonner au mal, de commettre de mauvaises actions ? Plus subtilement, Kant n'a cependant pas trouvé autre chose pour emporter la conviction qu'une conscience a intérêt à agir dans le sens du bien. Il remarque que le bonheur (ce à quoi on tend, légitimement) et la vertu (l'effort pour bien faire) font rarement bon ménage[1]. Ainsi, ultimement, la vertu sera récompensée par un bonheur sans fin, ce qui est la définition d'une vie bienheureuse, dont le paradis est la parfaite illustration. Il est donc logique, toujours selon Kant, de la préférer ici-bas au bonheur lorsque les deux aspirations se trouvent en concurrence. L'enchaînement argumentaire est séduisant. Mais… tout dépend de qui se trouve en lieu et place de juger du bien et du mal, de définir ce qu'il convient de faire pour bien faire, de l'orientation de la vertu donc. Quel que soit le législateur, le roi, le parlement, la majorité, telle église, les us et coutumes, peu importe, le risque est toujours de confondre la loi, censée définir le bien, et le Bien. Mais quelle loi ? Loi de Dieu, lois des hommes, lois des hommes de Dieu le plus souvent, et l'anthropologue n'a jamais rencontré que des hommes qui parlent de Dieu, qui même prétendent parler en son nom, jamais Dieu en personne.

Le croyant est dans la même situation, avec la différence qu'il fait confiance, jusqu'à un certain point, à plus avancé que lui dans la réflexion et la sagesse, qu'il se nourrit de leur témoignage : d'où l'importance d'être inscrit dans une Tradition, comme on s'inscrit sur un itinéraire pour partir en randonnée[2]

---

1. Cf. Kant, *Critique de la raison pratique*, 1788.

2. N'oublions pas que la randonnée est toujours plus que l'itinéraire. Par ailleurs, celui-ci permet d'emprunter parfois des chemins de traverse et d'ouvrir de nouveaux parcours ou d'en dégager d'anciens, oubliés. C'est tout l'enjeu d'un rapport intelligent, c'est-à-dire actif, d'appropriation, de la Tradition, d'une Tradition quelle qu'elle soit.

surtout si on est néophyte. Or, la Tradition de l'Église renvoie à Jésus, le Christ.

Ainsi, les chrétiens s'inspirent de Jésus tel qu'il s'offre à notre reconnaissance à travers les livres des évangiles. Il apparaît que son rapport à la Loi relève d'une fine intelligence[1] : la Loi, il la remplit (l'accomplit) et la dépasse vers un horizon par définition ouvert. La Loi est nécessaire pour le vivre ensemble et vivre ensemble fait partie d'une vie heureuse. Mais la Loi est insuffisante pour bien vivre, pour vivre bien avec soi-même et avec les autres. Le bien est au-delà de la Loi, qui reste nécessaire, et qui reste insuffisante. Lorsqu'elle est dévoyée, alors, elle devient néfaste en se faisant complice du mal.

Enfin, le concept de *péché* peut être utilisé comme justification commode – quoique le plus souvent inconsciente, non voulue comme telle – d'un certain ordre social sous prétexte de prévention. Ce glissement est lié aux remarques précédentes. À partir du moment où il ne fait plus sens avec son autre, à savoir la *grâce*, mais quitte son registre pour faire corps avec la loi, perçue comme La Loi, alors tout ce qui vient contredire ou contester l'ordre établi est jugé comme relevant du *mal faire*, est expression du péché. Prévenir le mal, c'est alors interdire tout ce qui met en cause l'ordre, la mise en un certain ordre, des liens sociaux pourtant vécus sur le registre de la domination des uns sur les autres : dirigeants/dirigés ; savants/incultes ; masculin/féminin (sous l'angle des rôles imputés à l'un ou l'autre sexe) ; parents/enfants ; mais aussi

1. Je ne peux que recommander les chapitres 5 et 6 de l'évangile de saint Matthieu : ce qui est délivré dans ces pages reste indépassable de sagesse et de liberté.

prêtres/laïcs dans l'église catholique par exemple. Or, Jésus, dans l'Évangile, parlait, et vivait, sur un tout autre registre : celui de l'amitié et du service.

L'efficacité sociale du concept de *péché* est donc frappante, mais c'est au détriment de son efficacité spirituelle. Il devait éclairer les humains sur leur chemin vers la vie heureuse, et les aider à vivre librement, en enfants de Dieu. Mais les divers contresens et instrumentalisations du concept ont laissé place à un héritage ambigu. Il est fait d'un mélange de peurs de l'enfer et de paradis perdu à retrouver, d'une part et d'autre part d'enfer où s'éclater et de paradis auquel on ne croit plus en dehors de ceux qu'on se fabrique, artificiels donc, en rigueur de terme.

Au sens strict, le *péché* est une façon chrétienne de désigner la prise donnée au mal. C'est dans ce sens que l'on peut parler d'efficacité spirituelle. Il ne peut être compris qu'entre chrétiens, ou qu'entre des chrétiens et des interlocuteurs désireux de comprendre le langage chrétien[1].

Cela étant posé, nous avons croisé plusieurs notions qui n'appartiennent pas seulement au monde chrétien ou catholique, mais au genre humain : liberté, culpabilité, loi, mal, souffrance, conscience. En effet, les croyants restent des humains : ils vivent leur foi, et dans la mesure où ils réfléchissent, ils cherchent à penser de manière intelligente et intelligible le rapport entre leur expérience d'hommes et de femmes et

1. Ainsi, si Rocco Buttiglione, Italien ex-candidat commissaire européen a créé l'incident en 2004, c'est bien parce qu'en utilisant le terme *péché* il a manifesté une représentation mentale de l'Europe prioritairement confessionnelle.

leur expérience de croyants, de croyantes. C'est même la raison d'être de la théologie : elle est effort de comprendre l'humain par la foi, et de comprendre la foi par l'expérience d'être humain, en accueillant toujours à nouveau ce que la Bible et ses commentaires véhiculent d'intelligence et de la foi, et de l'humain.

Nous avons mis en évidence, dans le premier chapitre, notre disposition fondamentale au bonheur. Nous venons de mettre le doigt sur le nœud qui rend aléatoire sa réalisation. Le mal est à l'affût et quelque chose en nous, que les chrétiens nomment le péché, lui donne prise. À la base de cette tentation, se trouve une difficulté à accueillir en plénitude le don de Dieu, le don de la vie, par l'existence que nous recevons sans l'avoir demandée. Nous sommes pris dans les pièges du serpent, comme les esclaves ont les pieds prisonniers des chaînes. À part reconnaître la situation, repérer comment le péché fait en nous son travail de sape, en dépit de nos efforts en vue du bien, que pouvons-nous ? Le sentiment d'impuissance nous gagne.

La foi chrétienne porte le message suivant : Dieu, le Créateur, comprend notre situation et se charge de nous libérer. Cette bonne nouvelle pour nous, c'est Jésus, le Christ qui l'incarne.

3

Nous sommes déliés

LA FOI CHRÉTIENNE ne relève ni d'une philosophie naïve qui ferait croire à la bonté naturelle de l'humain, le reste n'étant qu'accidents malheureux et provisoires ; ni d'une option pessimiste qui verrait en l'humain une sorte d'erreur de la nature animale dont on ne pourrait que limiter le pouvoir de nuisance ; ni enfin d'un regard misérabiliste qui laisserait penser que l'avenir est aux perdants et aux incapables et que les vrais héros sont les victimes. Ces idées reçues sur le christianisme sont pourtant fréquentes : religion gentiment infantilisante ; religion culpabilisante ; religion de perdants. Au contraire, si tant est que la foi chrétienne s'exprime par une religion particulière, elle conduit bien au-delà de la sphère religieuse dont elle récuse au passage la prétention à contenir Dieu. La foi chrétienne conduit l'humain à trouver son plein épanouissement, dans la conscience de la dignité reçue du Créateur, et le rend disponible à la vitalité qui sourd dans son existence quelles qu'en soient les épreuves.

Car le pivot de la foi chrétienne se trouve en un point révolutionnaire, au sens plein du terme : un retournement radical de perspective pour ce qui est du rapport au transcendant en général, à Dieu en particulier. De ce retournement vient la possibilité pour chaque personne de se réconcilier avec son humanité et vivre ainsi debout sur la terre.

« Dieu, personne ne l'a jamais vu… »

Cette affirmation se trouve dans l'Évangile[1]. Mais elle énonce une évidence. Voir est une opération qui consiste à distinguer. C'est établir des contours de frontières, de volume, dans l'ici et maintenant d'une perception, qui permettent d'ordonner les choses, de les relier les unes aux autres, de faire nombre, de classer. Voir, c'est donc exercer un pouvoir d'appropriation du réel, provisoire dans sa captation, permanente dans son exercice. Par conséquent, voir, à l'instar des autres sens – écouter, sentir, toucher, goûter – c'est assumer le point subjectif de saisie du monde qui se révèle, sinon objectif, du moins objectivable[2]. Dieu,

1. Évangile selon saint Jean, chap. 1, v. 18. Comment ne pas citer son parallèle dans la première lettre de saint Jean au chapitre 4, v. 12 : « Dieu, nul ne l'a jamais contemplé. Si nous nous aimons les uns les autres, Dieu demeure en nous, et son amour, en nous, est accompli. »

2. Derrière ces affirmations, se tient un thème philosophique récurrent, à savoir celui de la définition même du réel. Pour l'évoquer brièvement : ce que nous qualifions d'objectif, est-ce ce que notre subjectivité reconnaît en cohérence avec d'autres subjectivités, dans le cadre d'une communauté d'appartenance, par exemple telle communauté scientifique, ou telle communauté ecclésiale ? Ou est-ce ce qui, potentiellement, peut être reconnu par tous moyennant bonne volonté et intelligence ? Par là se présente assez vite la définition de la vérité, si tant est que la vérité soit définie comme ce qui est « objectif » et peut donc objectivement être reconnu par tous.

parce qu'il est transcendant ne peut être *vu*, *a fortiori* s'il est intuitivement perçu comme Créateur de tout ce qui existe. Il ne peut être circonscrit relativement à d'autres réalités, puisqu'il ne peut faire nombre avec les créatures, étant lui-même leur origine. Donc, Dieu, si c'est bien de Dieu qu'il s'agit, ne peut être *vu*.

Bien entendu, depuis toujours, les humains cherchent à contourner la difficulté en *envisageant* le divin. Pour ce faire, l'humain utilise spontanément ce qui le caractérise : la saisie du réel par ses sens, avec, selon les aires et les époques, plus ou moins de distance critique quant à leur fiabilité.

Ainsi, le divin, les dieux, le Dieu, le Créateur lui-même, ont reçu des représentations anthropomorphiques.

Les théologies qui les sous-tendent peuvent être plus ou moins élaborées : elles vont du simple animisme au déploiement conceptuel complexe, en passant par *la foi du charbonnier* et les tendances fétichistes.

Leurs fonctions sociales peuvent être diverses :

— à dominante politique : lorsque Dieu est représenté dans les postures, les vêtements et les symboles du pouvoir en place ou de son opposition ;

— à dominante artistique : lorsque Dieu, et ce qui s'y rapporte, devient un thème porteur pour l'expression d'une recherche ou d'un courant artistique, comme celui de la Renaissance déjà évoqué ;

— à dominante philosophique : en des philosophies vulgaires ou savantes qui construisent une représentation de Dieu adaptée au système de pensée qu'elles explorent ;

— à dominante symbolique : lorsque les représentations de Dieu servent d'étendard ou de paravent pour défendre une sensibilité particulière, une appartenance sociale, nationale, une affirmation de soi, etc.

La pérennité de ces représentations anthropomorphiques est plus ou moins assurée :

— selon la qualité des supports : la statuaire ou l'architecture laissent des traces plus durables qu'une icône sur bois, laquelle est moins volatile qu'une peinture sur papyrus ;

— selon les quantités produites : les productions sulpiciennes par exemple (statues, images, peintures), quoique d'assez mauvaise qualité artistique, et très discutables sur le plan de la sensibilité spirituelle qu'elles ont contribué à forger et continuent d'alimenter, sont très nombreuses et récentes.

Les risques et limites inhérents à cette projection anthropomorphique en Dieu étant posés, il reste que toute référence à Dieu est humaine, ne peut être qu'humaine. Elle reflète à la fois la tension de l'être humain vers ce pôle d'absolu, et les limites structurantes qui le spécifient comme humain, comme non-dieu. Oublier cela revient à confondre Dieu, tel qu'il est, avec ce que les humains en font en projetant leur idée – et souvent leur idéologie – sur l'identité supposée de Dieu. Ainsi, aucun groupe humain, aucune communauté croyante, aucune religion n'échappe ni à l'obligation d'envisager Dieu ni au risque de prendre ses représentations pour le divin lui-même, que ce soit pour y adhérer ou pour le rejeter.

Si donc il est impossible pour l'humain de ne pas envisager Dieu, à son humaine mesure, il est en revanche possible et recommandé de ne pas prendre les résultats anthropomorphiques de ses productions pour Dieu lui-même. Sans cette prudente distance, c'est toute l'opération théologique, en tant que recherche d'une intelligence, d'une connaissance de l'identité de Dieu, qui tombe dans l'absurdité.

De fait, il suffit de regarder la situation géopolitique du monde pour constater à quel point cette sagesse fait défaut. Dans la trame des guerres et conflits, se trouvent souvent des références à la religion. De là, nombreux sont nos contemporains qui estiment que la référence à Dieu – ce que portent les religions – est nocive en soi, parce qu'elle entraîne toutes sortes de violences. C'est oublier que ce n'est pas Dieu qui est impliqué, mais ce que les hommes en font. La religion se présente alors comme un espace commode où la référence à Dieu est instrumentalisée au service de causes qui lui sont étrangères, absolument étrangères. Toutes les religions portent ce risque d'être instrumentalisées par elles-mêmes ou par d'autres et détournées de leur véritable objet : la relation à Dieu, cet insaisissable attrait.

Il est donc rassurant de trouver dans l'évangile selon saint Jean un tel rappel : « Dieu, personne ne l'a jamais vu… » Quelque chose d'un deuil à faire s'annonce là : Dieu échappe à notre perception. C'est pourquoi la suite du verset, ainsi que les quatre évangiles et l'ensemble du Nouveau Testament, exprime un retournement radical : si « Dieu, nul ne l'a jamais vu », Jésus, le Christ, nous l'a fait connaître. Nous voici au cœur de la foi chrétienne.

Jésus est Christ de Dieu

Affirmation centrale que celle-ci : Jésus est Christ de Dieu. Elle définit la spécificité de la foi chrétienne. Autrement dit, est chrétien celui qui affirme, en conscience, par conviction, que Jésus dont il est question dans le Nouveau Testament est *le visage de Dieu pour nous*, les humains.

Vingt siècles de christianisme – qui n'est pas qu'affirmation théologique de foi ! – ont pu encombrer le message et la communication du message. Essayons de désencombrer quelques points d'accès à cet essentiel.

Un chrétien est quelqu'un qui, certes, met sa confiance en Dieu et prend ses responsabilités à partir de cet ancrage. Mais on ne peut pas affirmer sans plus de commentaire qu'il « croit en Dieu ». Un chrétien croit au Dieu que Jésus, le Christ, lui fait connaître. Le chrétien n'adhère pas à un monothéisme parmi d'autres, ne met pas sa confiance dans un Dieu issu de l'imagination des philosophes, ni dans celui, plus spontané, que notre religiosité naturelle nous présente, ni dans un Dieu qui serait l'équivalent d'une vague idée de transcendant dans un grand tout relatif, ni dans un Dieu confusément identifié à la nature. Bref, le chrétien est rebelle sur le terrain du transcendant : il a fait le deuil de toutes les représentations de Dieu qui se présentent naturellement. Il ne peut pas se contenter, le concernant, de la simple affirmation de sa foi en Dieu. Il croit en Dieu *tel qu'il se donne à connaître par Jésus, le Christ.*

De plus, le chrétien se trouve requis à assumer une autre donnée qu'il partage avec tout observateur philosophe soucieux de tirer profit de l'expérience humaine : si Dieu, ce « tout-autre » (par rapport à l'humain), est insaisissable, irreprésentable, l'autre humain, l'« autre-même » pourrait-on dire, reste lui aussi hors de saisie : l'autre reste autre. Entre humains, on peut se comprendre et se connaître dans une certaine mesure seulement. L'altérité demeure : je ne peux jamais prétendre connaître (définir) l'autre complètement, comme je ne peux pas espérer être parfaitement connue et comprise de l'autre. L'autre reste étranger, et ma propre altérité demeure aux yeux de l'autre. Cependant, dans la relation, quelque chose peut se dévoiler de part et d'autre, à l'un et à l'autre, quelque chose de toujours partiel, provisoire. Seule la relation, parce qu'elle crée des passages de l'un à l'autre, de « moi à toi » et réciproquement, permet de recevoir l'altérité de l'autre, « toi », comme la condition même de la consistance propre, du « moi ». Dans ce sens, la relation n'est pas seulement enrichissante, elle est constitutive de tout être humain : pas de « je » sans « tu », pas de « nous » sans « vous », sans « ils ».

Lorsque les chrétiens identifient Dieu sous les traits de Jésus, le Christ, ils demeurent requis par cette suspension du réflexe toujours possible de vouloir emprisonner l'autre, ici, Jésus, dans une saisie qui le circonscrirait en une définition clôturante. Ainsi, le Nouveau Testament est composé de livres, aux genres littéraires divers, et dont les contenus à propos de Jésus ne se recoupent pas complètement. Il est aisé d'y reconnaître des dominantes différentes : entre les évangiles, comme parmi les lettres attribuées à Paul. Il est donc tout aussi nécessaire et légitime que s'exercent des éclairages théologiques chrétiens multiples, à savoir des propositions d'intelligence de Dieu à partir de l'événement *Jésus*. La profusion n'a pas manqué depuis deux mille ans, et elle est aujourd'hui d'autant plus riche que l'évangile est entendu dans une multiplicité de cultures. Jésus, cet autre qui vient de l'infini de Dieu, nous renvoie à l'infini qui porte notre humanité.

Retenons ceci : le fait d'affirmer que Dieu se fait connaître par Jésus oblige à poser son regard sur un autre/même – un autre humain, réel, concret – pour trouver Dieu – le Tout-Autre : c'est proprement révolutionnaire en matière de religieux. Car spontanément, la recherche de Dieu oriente le regard vers le ciel, vide en l'occurrence, qu'il va s'agir de remplir de ses propres représentations, parfois très humaines, comme dans la mythologie grecque, mais qui restent totalement imaginaires.

Cependant, en envisageant Dieu par la personne humaine de Jésus, l'altérité demeure en un double sens : d'une part, l'autre humain, Jésus, échappe à une saisie englobante et définitive ; d'autre part, il ne révèle de Dieu que ce qu'humainement nous pouvons en saisir. Qui est *Dieu en soi,* pour reprendre une formulation chère aux théologiens, personne ne le sait : toujours par définition, Dieu n'est pas accessible, Dieu, « personne ne l'a jamais vu », parce que le voir est hors de portée humaine. Dans l'Ancien Testament il est dit que « nul ne peut voir Dieu sans mourir[1] » : intuition d'une magnifique justesse. Car alors, ce serait le signe que l'humain a perdu pied et se trouve hors de son humus constitutif.

Que Dieu se rende accessible aux humains en se faisant reconnaître à travers sa forme humaine de présence, son Christ, voilà qui relève de l'inouï. C'est là ce que croient les chrétiens[2].

Jésus, le Christ ; Jésus est le Christ ; Jésus-Christ : ces expressions portent toutes la même affirmation : un homme du nom de Jésus a vécu sa trajectoire humaine de telle manière que des hommes et des femmes ont reconnu à travers lui Dieu en personne.

Christ signifie étymologiquement : « celui qui a reçu l'onction[3] ». Dans la Bible, ce langage est codé. Il renvoie à une pratique commune à l'époque et dans la région de son élaboration : pour transmettre un pouvoir ou pour se faire représenter en personne par quelqu'un d'autre, on répand sur sa tête une huile, souvent parfumée, au cours d'un rituel plus ou moins formalisé qui offre le cadre d'une transmission officielle (pour une mission, un envoi, une fonction). Un christ est quelqu'un qui a reçu l'onction, et l'on parlerait d'un *oint* si ce terme français, pourtant

1. Voir au chapitre 33 du Livre de l'Exode par exemple au verset 20 entre autres.

2. Les chrétiens « de conviction », devrais-je ajouter, car j'emploie le terme dans ce sens, non dans le sens d'une simple appartenance culturelle, ou sociologique, au christianisme. Toutes les études portant sur les contenus de foi de ceux qui se présentent comme « chrétiens » montrent qu'une part non négligeable d'entre eux est plus proche d'une foi déiste, voire d'une forme atténuée d'agnosticisme, que d'une foi chrétienne.

3. Traduit par « christ » à partir du terme grec, et par « messie » à partir du terme hébreu.

exact, n'était pas si désolant à prononcer. Lorsque les chrétiens affirment que Jésus est le Christ (non pas un parmi d'autres, ni le christ d'une personne commune), ils disent ce qu'ils croient : cet homme a reçu l'onction de Dieu, pour le représenter en personne.

C'est complètement inattendu. Sur le terrain du religieux, jamais une chose pareille ne s'était produite : qu'un homme commun puisse être perçu comme Dieu en personne, et que cette foi se perpétue par l'expérience ouverte par sa propre affirmation.

Jésus a disparu de nos yeux[1]. Depuis toujours d'une certaine manière. Les évangiles relèvent du même genre littéraire que beaucoup d'autres livres bibliques : ce sont des récits composés. Ils développent une histoire à partir de la fin. C'est la fin de l'histoire, le dénouement, qui préside au choix des éléments narratifs et au style de l'écriture. C'est pourquoi il est nécessaire de recueillir tout ce qu'on peut savoir de l'existence réelle de ce Jésus dit de Nazareth et de traquer dans les évangiles les liens entre ce qui s'est passé et ce qui s'y trouve raconté. Ainsi, il est mis en évidence que si, en effet, les historiens s'accordent sur le fait qu'un Jésus de Nazareth ayant provoqué quelque remous a bien existé, pour le reste, rien n'est attesté, sinon par des *témoins* sans preuve autre que les traces de leurs témoignages : des écrits, des communautés, des récits, des réalisations caritatives, artistiques, etc.

1. Évangile selon saint Luc, chap. 24, v. 31 ou Livre des Actes des Apôtres, chap. 1, v. 9 : expérience permanente que celle d'un Jésus qui échappe au regard. « Bienheureux ceux qui, sans avoir vu, ont cru » (évangile selon saint Jean, chap. 20, v. 29b).

Parmi ces traces, comme à leur enracinement, le quadruple trésor des évangiles : quatre récits composés à dessein. Il s'agit bien, par l'intelligence narrative qu'ils déploient, d'ouvrir aux lecteurs, à nous par exemple, l'expérience de l'inouï de Dieu. Ils ne sont pas des rapports d'historiens, mais de témoins-conteurs ; ils ne sont pas des reportages mais des récits à visée édifiante ; ils ne sont pas des preuves, ils sont des traces ; ils ne sont pas des livres de recettes, mais des livres de vie. Ils ne sont pas non plus synchrones : quatre évangiles, quatre manières de dire la même nouvelle, sans compter les commentaires de saint Paul et les autres écrits du Nouveau Testament qui apportent des nuances et des dominantes très variées sur le même événement.

Le fait pourrait troubler : n'aurions-nous pas affaire à une vaste propagande montée de toutes pièces à visée manipulatrice ? Le risque est pris en effet. Nous reviendrons sur ce qui permet de prendre le risque : la vérification par l'expérience. Regardons de plus près le contenu de la bonne nouvelle, l'Évangile – transversal aux quatre évangiles – qui délivre son message par le dénouement.

Or, le dénouement est clair : Dieu s'est fait connaître pour nous révéler son projet. Et son projet c'est de nous sauver, de sauver la vie en nous. Les compagnons et compagnes de Jésus ont reçu cette nouvelle dans l'épaisseur d'une expérience vitale : celle de s'être lié d'amitié avec ce Jésus de Nazareth. Sans savoir à l'avance ce qu'il adviendrait de cet homme singulier dont la liberté, l'autorité, l'efficacité de la parole et du geste ont marqué les esprits du sceau d'une bonne nouvelle pour tous. Sans avoir compris, sur le moment, ce qui se passait, lorsqu'il résistait avec intelligence aux intellectuels religieux rigoristes, lorsqu'il vivait avec détachement les aléas de la politique, lorsqu'il multipliait les gestes de guérison, d'abondance, de confiance, lorsque les autorités officielles se sont liguées pour le faire crucifier, lorsque, son corps mort enfermé au tombeau, tout semblait fini. Ils ont compris lorsque leur cœur devint brûlant[1] dans la proximité d'une présence renouvelée, une présence de vivant, éternellement vivant aux côtés de ceux qui l'accueillent, la présence de personne à personne, d'ami à ami, présence divine qui sauve, qui libère.

Jésus est allé au bout de l'absurdité de la souffrance, de la violence subie, de la mort humiliante, en demeurant ce qu'il a toujours été : le porteur de la bonne nouvelle de Dieu, le rappel incarné de la bienveillance du Créateur. La mort a été comme absorbée par la vitalité divine.

Les chrétiens résument cette affirmation de foi en disant que le Christ est ressuscité. Ce terme résonne dans un champ sémantique qui appartient à la théologie quasi exclusivement. C'est fort dommage. Car l'expérience faite par les témoins se dit en termes plus familiers, et le Nouveau Testament utilise de multiples mots : le Christ s'est relevé de la mort, il s'est réveillé de la mort, il a surgi du tombeau. La mort n'a pas eu le dernier mot. Au minimum, il faudrait entendre *suscité à nouveau, re-suscité*. Le Christ vit d'une vie nouvelle, transcendant les limites de la condition humaine, et pourtant toujours avec tous ceux qui se

1. Voir le chapitre 24 de l'évangile selon saint Luc.

tiennent et qui avancent dans la confiance en Dieu. Par ce passage de la vie à la mort puis de la mort à la vie, encore appelé « pâque », le Christ Jésus nous a montré le sens, la direction, de notre existence. Certes, nous sommes mortels, de cette mort qui nous ronge à petit feu à travers toutes ces petites morts que nous subissons dans les épreuves de la vie, comme de cette mort ultime qui est notre lot commun. Et pourtant, ces morts, y compris celle du dernier passage, ne sont que des traversées. Nous sommes destinés, dès maintenant, et pour toujours, à la vie, à la vie divine.

La mort n'a pas eu le dernier mot. L'ultime trace d'absurdité – une existence pénible vouée à la mort – est absorbée par la puissance de la vie : par définition, la vie ne meurt pas. La vie créée par Dieu, est bien un don, un cadeau, une bénédiction. Le nœud, la discordance, la dysharmonie qui barre en nous et autour de nous les chemins d'une existence pleinement accueillante à cette vie et nous renvoie à notre impuissance, ce nœud peut être défait, dénoué, l'accord peut être trouvé, l'harmonie composée toujours à nouveau. Dans les limites qui structurent la condition humaine, la bonne nouvelle est celle-là : Dieu, le Créateur, demeure présent dans sa force créatrice et libère nos forces vives. Il persiste et signe : il veut que nous soyons ses dignes fils et filles.

Notre vocation humaine, ce vers quoi tout en nous aspire, se dit ainsi dans le vocabulaire chrétien : devenir des fils et des filles de Dieu, recevoir sa divinité en héritage. Pour cela, il nous faut être libéré de ce qui fait de nous l'opposé des *fils* et *filles de*, à savoir l'esclavage. Car dans la culture biblique, la condition d'*esclave* représente l'exact opposé de la condition de *fils*.

Retour sur la dynamique narrative de la Bible

Le thème de la libération est récurrent dans la Bible. Nous sommes à nouveau convoqués à y revenir. Car le message de ce Jésus de Nazareth prend forme grâce à, et dans la perspective biblique. Lorsqu'il agit, lorsqu'il parle, au fil de sa trajectoire de vie elle-même, c'est tout l'univers biblique qui se trouve en toile de fond et permet de saisir le relief de sa singulière révélation. C'est pourquoi il nous faut retourner à ce livre, et tenter de comprendre dans quel sens il peut être dit *inspiré*.

La libération est donc un thème majeur dans la Bible. Il se cale sur des relectures successives de l'histoire du peuple auteur de ses livres. Il s'agit bien de relectures, de lectures interprétatives qui, en se retournant vers le passé, essaient de comprendre le présent, et donc le sens de l'avenir. Nous avons affaire à un travail d'écriture effectif. D'ailleurs, dans les milieux croyants juifs et chrétiens, on parle souvent des Écritures pour désigner la Bible, même si la Bible des uns et des autres ne retient pas les mêmes écrits.

La Bible est le livre *des Écritures* : la formulation est précise à souhait. Car le travail d'écriture, d'écritures successives, est déterminant pour exprimer le travail d'interprétation à l'œuvre dans ce Livre des livres. Les éléments divers et disparates d'histoires passées des tribus locales, des souvenirs transmis oralement de génération en génération, des figures mystifiées de personnages devenus des héros, des légendes parfois empruntées aux cultures environnantes, sont autant de matériaux de base de ces narrations.

À nouveau, il faut souligner le sens de ces écrits : ils ne décrivent pas l'histoire – l'Histoire – telle qu'elle s'est réellement passée, par souci documentaire en direction des générations suivantes. Ces histoires bibliques – le passage de la mer Rouge, la traversée du désert, les royautés de David et Salomon, etc. – s'appuient sur des faits réels, mais ne les exposent pas : elles tirent, de souvenirs parfois vagues, des éclairages pour aujourd'hui.

Les travaux des archéologues[1] et historiens modernes (figures absentes des préoccupations des auteurs bibliques) font part de la relative pauvreté de leurs découvertes au regard de la profusion d'« informations » fournies par la Bible, et du caractère invraisemblable de nombre de ses passages compte tenu de la connaissance acquise aujourd'hui de l'histoire et de la géographie locales. Autrement dit, non seulement on trouve très peu de preuves de ce qui est décrit dans les récits bibliques (preuves de la cuisante défaite égyptienne lors du passage de la mer Rouge par les Hébreux par exemple) mais on trouve suffisamment de traces probantes que les choses se sont passées autrement (le prestige supposé de la royauté de Salomon, par exemple). Depuis la naissance de l'exégèse biblique moderne[2], la question du

1. Voir les ouvrages récents de vulgarisation d'Israel Finkelstein et Neil Asher Silberman, *La Bible dévoilée*, Bayard, 2001 et *Les rois sacrés de la Bible*, Bayard, 2006.

2. Richard Simon (1638-1712) est considéré comme le fondateur cette exégèse.

rapport entre les histoires bibliques et l'histoire réelle est récurrente. Ce rapport s'avère être ténu, très ténu, et frise parfois l'inexistence.

Pour quelqu'un qui lit la Bible avec un regard de croyant, c'est-à-dire de foi, mais de foi en Dieu, de confiance mise dans ce qu'il fait avec nous et en notre faveur (au nom de cette fameuse alliance établie entre lui et nous), cet aveu d'invraisemblance historienne ne devrait pas constituer un trouble, bien au contraire.

Dans le premier chapitre, il a été question du rapport entre foi et mythe, et nous avons noté que le mythe, par sa dynamique narrative et sa puissance symbolisante, nous ouvrait une intelligence du réel tout à fait pertinente pour mieux nous comprendre. Ici, c'est le rapport entre foi et histoire qui est concerné. La construction narrative s'appuie sur des faits passés, certes, mais des faits *du passé*, racontés, repris, recomposés au fil des préoccupations des auditeurs, au point d'être devenus des mythes, dont la fonction demeure la même que pour les autres mythes. Si, dans les récits de la création, le mythe faisait écho à des questions sur le sens de notre existence et sur l'origine du mal, dans les récits à consonance historique, le mythe tente d'éclairer le registre de nos relations, en particulier dans leur dimension conflictuelle.

Mais quel sens peut-il y avoir de méditer l'histoire d'une société si éloignée de la nôtre à tous points de vue : culturel, géographique, chronologique ? S'il s'agit de tirer les leçons du passé, en ce qui nous concerne, l'histoire occidentale dont nous sommes issus en offre largement matière ! Les querelles de succession à la tête de ce petit peuple hébreu d'il y a trois mille ans, à quoi pourrait nous servir d'en connaître les tenants et les aboutissants, de faire le tri entre le vrai et la légende, entre l'exact et l'à-peu-près ? N'avons-nous pas mieux à faire ? Qui cela peut intéresser en dehors de quelques spécialistes passionnés et érudits ? Et l'intelligence biblique serait-elle réservée à une caste d'intellectuels capables de faire de longues études supérieures ?

La foi cependant ne fait pas bon ménage avec l'inintelligence. C'est pourquoi les éclairages apportés par les sciences sont bienvenus. Ils contribuent à désencombrer l'expérience de foi de ce qu'elle peut charrier de fuite de soi-même et d'obscurantisme, alors même qu'elle a pour vocation de nous réconcilier avec la vie en nous et de nous éclairer. La foi conduit à entendre dans ces récits recomposés, à partir de bribes du réel, quelque chose d'un tout autre ordre qu'une connaissance historienne. La foi ne porte pas sur la véracité des récits, mais sur la vérité de ce qui s'en dégage pour notre aujourd'hui déposé dans l'éternité de Dieu. La lecture de foi, la lecture croyante des Écritures, donne accès à la présence agissante de Dieu dans notre histoire. Parler de présence agissante de Dieu relève d'ailleurs du pléonasme, car Dieu est la vitalité même, et le propre de la vitalité est de créer la vie toujours à nouveau.

Le lecteur chercheur de Dieu ne cherche donc pas à savoir *ce qui s'est passé exactement* dans tel ou tel épisode de l'histoire du peuple hébreu, sinon pour mesurer l'écart entre ce que les spécialistes historiens nous disent des événements et ce que ces récits en racontent. Cet écart lui-même fait sens en effet : il déporte l'attention d'un passé qui ne nous concerne pas, vers notre présent rempli de notre soif spirituelle.

La Bible est un livre inspiré parce qu'il est inspirant. Une lecture attentive permet de saisir l'intelligence narrative qui s'y déploie. Nous l'avons rapidement évoquée à propos du Livre de la Genèse. Comme les contes bien écrits, rien n'est laissé au hasard dans la composition des livres. Les différentes couches rédactionnelles sont articulées à dessein par le ou les auteurs anonymes porteurs des interrogations de leur société. Les ellipses, les images, l'utilisation de différents genres littéraires : épopée, poème, récit, fiction, proverbe, etc. sont autant d'éléments chargés de nous ouvrir au sens de la vie humaine, au sens de ce qui nous arrive.

L'enracinement de ces écrits est plein, lourd parfois, de la réalité de l'existence, en ses aspects les plus pragmatiques comme en ses accès les plus métaphysiques. À travers une culture très lointaine par rapport à celle où nous sommes, ce sont pourtant des préoccupations humaines fondamentales qui s'exposent à notre lecture. Pourquoi vivre ? Comment bien vivre ? Comment vivre heureux ? Comment savoir que sa vie est réussie ? Sommes-nous destinés à la mort définitive ? Pourquoi ceux qui font le mal s'en sortent bien, parfois mieux que les autres ? Où est la justice ? Pourquoi souffrons-nous ? À quoi sert de s'engager dans la bataille ? Qui défend le petit, le faible ? Quel secours puis-je attendre ? etc. Sous-jacentes aux écrits bibliques, ces préoccupations surgissent au fil de ce que l'histoire charrie d'expériences plus ou moins heureuses, plus ou moins malheureuse, parfois gratifiantes, parfois tragiques. Cette histoire se tisse à travers nos histoires, nos histoires personnelles et avec les autres. Et non seulement la Bible offre un espace pour déployer ces questionnements saisis dans leurs liens directs avec l'expérience humaine concrète, mais elle parle du lien que Dieu entretient avec les humains au cœur de leurs histoires. Ce lien d'Alliance, dont il a déjà été question, est la clef d'intelligence des Écritures : Dieu n'est pas étranger à notre vie dans ce qu'elle a de plus pragmatique. En créant le monde humain, Dieu a comme décidé d'engager un lien définitif avec les humains. Un lien d'amour, faut-il le rappeler ? C'est sa liberté divine qui a fait cela. La liberté humaine s'épanouit dans l'amour donné et reçu, entre Dieu le Créateur et les humains ou simplement entre les humains.

Alors replongeons dans la Bible et revenons au thème de la libération. Son principal enracinement narratif se trouve dans le Livre de l'Exode[1]. Épisode épique et récit quelque peu confus, puisque plusieurs traditions se mêlent et s'emmêlent à tel point qu'il laisse le lecteur par moments perplexe : le récit ne suit pas un seul fil, et la cohérence dans l'exposé ne semble pas avoir été le souci du rédacteur final. Mais, en résumé, voilà ce qu'il raconte : les Hébreux, réduits en esclavage en Égypte, seraient parvenus à se libérer en s'enfuyant par le désert, et, talonnés par la terrifiante armée égyptienne, auraient réussi à s'échapper en traversant la mer des Roseaux (la mer Rouge) « à pieds secs », laquelle mer aurait en revanche englouti corps et biens l'armée ennemie qui les poursuivait. Le peuple reconnaît là l'intervention de Dieu en sa faveur. L'épisode se clôt en chansons et danses côté hébreu

1. Chapitre 14 en particulier.

avec une Myriam rayonnante. Et puis, l'histoire se poursuit… Il restera à raconter la traversée du désert, longue, périlleuse, parfois décourageante, puis l'arrivée dans une terre promise, puis…

Alors pourquoi s'intéresser aujourd'hui à une si lointaine histoire ? Pour une seule raison : il est question de libération, pour une route à faire vers une terre d'abondance. Et alors ? Sommes-nous esclaves, et quand bien même nous le serions, en quoi cela nous concerne-t-il ?

Cela nous concerne parce que nous sommes *comme* des esclaves. Nous l'avons constaté en parlant de cette dysharmonie, cette blessure de la liberté qui nous fait mal et nous porte à faire mal. Si notre liberté s'épanouit dans l'amour donné et reçu, tout ce qui empêche cette qualité de relation fausse la liberté, la réduit, la tord. Si je fais ce que je ne veux pas – le mal comme tel – et ne fais pas ce que je veux – le bien, à savoir aimer et être aimé : car c'est cela que, fondamentalement, l'être humain veut, de tout temps, et partout – alors je ne suis pas libre : c'est un constat de lucidité.

« Celui qui commet le péché est esclave du péché[1]. » Or, il s'agit de sortir de cet état d'esclavage. Le *péché* est ce qui provoque le mal, le malheur, c'est pourquoi il est une perversion. Il prend souvent l'apparence du bien, de ce qu'au fond nous voulons : il est une torsion mortifère. Si nous refusons de le reconnaître pour ce qu'il est, une perversion, une fausse route, une impasse, et si, même en le reconnaissant, nous préférons continuer de le prendre comme horizon,

1. *Dixit* Jésus selon l'évangile selon saint Jean, chap. 8, v. 34.

alors nous restons esclaves : nous sommes enchaînés et malheureux. Tôt ou tard, une immense déception, une frustration sans fond, et le sentiment amer d'un non-sens absurde de l'existence prennent possession du territoire intérieur. Le cœur n'y est plus en effet. C'est pourquoi la sortie de l'esclavage est un thème fondamental dans la foi chrétienne. En nous laissant toucher et transformer par le don de Dieu révélé par le Christ, nous ne sommes plus esclaves[1].

JÉSUS EST VENU SAUVER CE QUI ÉTAIT PERDU

Dans la Bible, le vocabulaire de la libération est le même que celui du salut. Être libéré de l'esclavage, de la peur, de l'hostilité, de la mort, de tout ce qui nous retient et diminue notre champ d'amour revient à être sauvé.

Le message retenu par les disciples et compagnons de Jésus est celui-ci : le Seigneur Dieu Créateur sait notre difficulté, notre blessure ; il sait notre impuissance à éviter le mal ; il ratifie cependant son œuvre et confirme qu'il désire que nous soyons vivants ; il se révèle présence de libération par la confiance, autre nom de la foi, la confiance en lui : « N'ayez pas peur[2] », dit Jésus, qui parle au nom de

1. Saint Paul parle à plusieurs reprises dans ces termes : dans l'épître aux Romains par exemple, au chapitre 6.

2. Entre autres, dans l'évangile selon saint Mathieu, chap. 14, v. 27. Jean-Paul II citait Jésus lorsqu'il lançait cette fameuse invitation (et non l'inverse !).

Dieu. Et contrairement aux idées reçues, Jésus révèle la bienveillance de Dieu : « Je suis venu pour qu'ils aient la vie, et qu'ils l'aient en abondance[1] » ; « Le Fils de l'homme est venu chercher et sauver ce qui était perdu[2] » ; « le Fils de l'homme n'est pas venu pour être servi, mais pour servir[3] » ; « Dieu n'a pas envoyé son fils dans le monde pour juger le monde, mais pour que le monde soit sauvé par lui[4] ». Nous pourrions multiplier les citations. Mais les paroles prononcées par Jésus révèlent son autorité : ce qu'il dit, il le fait, et ce qu'il fait *il le parle*.

Les propos ne sont pas des propos en l'air, ils sont efficaces : « "Lève-toi, prends ton grabat, et marche." Et aussitôt, l'homme fut guéri, il prit son grabat, et il marchait[5]. » L'évangile est parsemé de ces récits de guérison du corps, du cœur, des relations à soi-même comme aux autres, des rapports aux institutions religieuses et politiques, car l'humain est tout un.

Les gestes de Jésus parlent : lorsqu'il « pose son regard », lorsque ses mains rompent le pain, lorsqu'il touche les yeux de l'aveugle, lorsqu'il lave les pieds des disciples, lorsqu'il se laisse juger, condamner et crucifier, une cohérence apparaît si nettement dans cet homme, elle est si nouvelle, si constante, si évidente qu'elle fait sens : sens effrayant pour tous ceux que cette bienveillance met en cause *de facto* parce qu'ils préfèrent souffrir le mal ; mais sens enthousiasmant

1. Évangile selon saint Jean, chap. 10, v. 10.
2. Évangile selon saint Luc, chap. 19, v. 10.
3. Évangile selon saint Matthieu, chap. 20, v. 28.
4. Évangile selon saint Jean, chap. 3, v. 17.
5. Évangile selon saint Jean, chap. 5, v. 8- 9.

pour tous ceux qui se laissent toucher et transformer par cette divine bienveillance. Le terme grec traduit par « conversion » signifie « retournement, se tourner autrement ». Autrement dit l'appel : « Convertissez-vous » signifie très exactement « Tournez-vous autrement ». Il s'agit bien d'une attitude globale, d'un point de vue qui bouge sur le réel : on voit les choses autrement. Rien ne change du monde, ni de l'histoire, ni de soi, ni des autres, mais on voit tout sous un tout autre angle. Le réel s'appréhende comme habité – déjà, depuis toujours et pour toujours – par la présence de Dieu, la Présence.

Ce qui empêche la vie de circuler, de prendre forme heureuse, saisi sous le concept de *péché*, n'a pas le dernier mot. Dieu révèle, par sa présence, qu'il poursuit son œuvre de grâce – gracieuse, gratuite – et là où le péché fait son travail de sape, là est donnée, redonnée, par-donnée, la vive vitalité de l'existence. L'essentiel est annoncé : le royaume de Dieu est tout proche, *il est au milieu de vous*. Le royaume de Dieu, autrement dit son espace, son habitation, en même temps que son lien d'autorité – d'auteur, de créateur – son royaume donc, est tout proche. Dieu n'est pas le lointain. Son royaume, pour nous aujourd'hui, n'est pas à attendre après, au-delà, par-derrière ou par-devant l'ici et maintenant. Il est là. Il suffit de se tourner autrement pour l'accueillir, pour y entrer. C'est pourquoi le Christ ne cesse de « remettre les péchés », comme on remet une dette, pour qu'elle ne pèse plus. Et parce qu'elle ne pèse plus, elle ne compte plus : cette libération signale la puissance de vie de Dieu à l'œuvre. Car lui seul peut faire cela.

Nous sommes tous des pécheurs pardonnés… si nous le voulons bien. Et si nous ne le voulons pas ?

Nul ne sait alors ce qu'il advient ultimement. Ce que les chrétiens croient, c'est que l'accueil de cette libération ouvre à nouveau l'existence dans sa saveur présente et confirme son enracinement dans l'éternité.

Des mots pour dire Dieu

Lorsque Jésus parle de Dieu, parle à Dieu, il le fait dans et par les richesses et aussi les limites de sa culture. Entre autres traits, cette culture est patriarcale. Qu'est-ce à dire ?

L'organisation familiale et sociale est structurée autour de deux lignes : l'une pose une hiérarchie entre l'homme et la femme et distingue les rôles dévolus à l'un et à l'autre ; l'autre définit le pouvoir dans la maisonnée comme dans la société, autour d'une représentation du père comme patriarche, c'est-à-dire à la fois responsable de ceux qui dépendent de lui et chef. Le pouvoir des femmes est d'un autre ordre. Cette forme culturelle d'organisation était très commune sur le pourtour méditerranéen et a perduré longtemps. Nos sociétés en sont encore marquées. Il ne s'agit pas d'en faire le procès *a posteriori*. Ce modèle correspondait sans doute à ce que les personnes souhaitaient. Mais le prix à payer pour l'honorer était fort : d'une part, le masculin et le féminin se trouvaient d'emblée, dès avant la naissance, pris dans des définitions restrictives et impératives, sinon à se trouver exclus du groupe, et souvent violemment ; d'autre part, en raison même de ces stéréotypes lourds à porter pour les uns comme pour les autres, une violence plus ou moins sourde s'exerçait à l'encontre d'expressions plus pleines de l'humanité des uns et des autres, en particulier des femmes.

Nous sommes entrés plus récemment dans une conception paritaire de l'exercice de pouvoir, et, dans la famille, à une perception parentale de l'autorité. C'est heureux. Mais la manière de parler de Dieu, même dans les évangiles, se fait par le prisme de représentations culturelles que nous ne partageons plus. Il nous faut discerner l'esprit de la bonne nouvelle de Dieu pour le traduire dans notre culture en des formes nécessairement différentes, puisque notre culture n'est pas la même.

Dieu : Père/Mère ?

Ainsi, lorsque Jésus appelle Dieu « Père », il convoque une représentation patriarcale de Dieu, au sens positif dans ce contexte : Dieu est bien celui qui donne la vie (comme on pensait que la conception venait tout entière de la semence masculine, on projetait du masculin en Dieu puisqu'il est le Créateur de toute vie), et il est bien celui qui veille à la croissance de ses « enfants » et à la bonne marche de l'humanité/univers (ce qui est alors considéré comme étant le rôle du père de famille à l'échelle de sa famille/maisonnée).

Jésus ajoute une autre acception, peu répandue alors, mais que nous avons redécouverte : le père, c'est celui qu'on appelle « papa ». Parler du père comme « papa » c'est s'inscrire dans la dimension affective de la relation, faite de proximité, de confiance, de tendresse. Cette manière de Jésus de s'adresser à Dieu en lui disant « papa » (*abba* en araméen, la langue maternelle de Jésus dont quelques traces apparaissent dans les évangiles) est tout à fait étonnante.

Parler de Dieu en termes de « créateur », et non de « Père » n'est le fruit ni du hasard ni de l'inattention, au contraire. C'est la traduction requise par la langue porteuse de notre culture occidentale contemporaine.

Dans cette perspective, si Dieu est bien l'origine de la vie et la présence bienveillante qui élève cette vie, la fait croître et l'appelle à s'épanouir, alors il n'est pas seulement père, il est mère aussi. Inutile ici d'entrer dans le débat – souvent plus polémique que fructueux – de ce qui qualifierait en soi une mère et un père. Acceptons d'en saisir les enjeux sous-jacents grâce à l'expérience éclairée par la science et la sagesse : pour donner la vie, il faut du masculin et du féminin, un père et une mère, et pas seulement en un sens biologique. Si cette expérience banalement humaine est un creuset pour tenter de parler de Dieu, alors, il faut en parler aujourd'hui dans le registre du parent. La Bible fourmille elle-même de nuances quand il s'agit de parler de Dieu et souvent des images de mères – telles qu'elles étaient perçues idéalement – sont convoquées : tendresse, douceur, attention sont des qualités de Dieu. N'avons-nous pas repéré que l'image de Dieu est homme et femme dans le récit d'origine ? La réflexion – en miroir – renvoie nécessairement à une image de Dieu qui assume dans son identité le masculin et le féminin. En même temps, il les dépasse, puisque Dieu, par définition, transcende nos représentations, quand bien même celles-ci s'appuient sur nos idéaux.

Ainsi, nos idéaux de père, de mère, de masculin, de féminin, forgés dans et par nos cultures respectives et changeantes, nous indiquent toujours une direction pour nous représenter Dieu. Mais ne soyons pas dupes : s'il est normal d'envisager Dieu du côté de ce que nous concevons de meilleur, Dieu demeure hors de proportions avec ce que nous imaginons de lui[1]. Au final, c'est Lui qui peut nous renvoyer ce qu'est être vraiment père, mère, masculin, féminin. C'est pourquoi la foi en Dieu, non pas celle qui se proclame seulement, mais celle qui se vit, contribue à modifier les cultures. Cela ne se produit que dans le *peu à peu*, le *pas à pas*, dans la durée que requiert une véritable conversion.

Jésus assumait pleinement sa propre culture, jusqu'à la limite du possible d'alors – ainsi qu'on le constate, par exemple, dans ses relations avec les femmes. Cela lui permet d'en contester les points aveugles et notamment cette hiérarchisation de statut entre hommes et femmes qui se traduit par une domination sociale des premiers sur les secondes[2]. Il use cependant des mots disponibles pour parler de Dieu, et ce qui vient, dans une perception éminemment positive, c'est Dieu, Père, père de tous, notre père. Nous pouvons sans problème entendre dans ce terme, « père et mère » : ce pôle personnel parental qui donne la vie, la berce, la nourrit, en

1. Voir la théologie dite *apophatique* qui fait partie de la tradition spirituelle chrétienne.

2. Voir dans l'évangile selon saint Marc au chapitre 10 par exemple.

prend soin, l'élève, la fortifie, l'affermit, et en tout cela l'aime sans condition et se réjouit de son existence.

Ainsi, le Créateur, l'origine divine de tout ce qui est, peut être appelé père, mère, sachant qu'en ces termes nous projetons l'idéal de ce que nous imaginons être un *vrai* père, une *vraie* mère. Et cela nous mène loin. En effet, le projet contenu dans la mise au monde d'un petit humain n'est pas l'« enfant ». Il est celui de l'émergence d'une nouvelle personne, pleinement adulte, appelée à laisser la trace positive de son passage singulier parmi ses semblables. Autrement dit, mettre au monde quelqu'un, c'est non seulement l'expulser au temps favorable du cocon utérin, mais aussi couper le cordon, puis, d'étape en étape, de traversée du temps de l'enfance à l'irruption dans le monde adulte, c'est l'accompagner, l'encourager, le pousser parfois à s'engager pleinement dans un *oui* à l'existence. C'est alors faire, dans le monde concret, sa place d'homme, de femme, personnelle, relationnelle, à son tour créatrice de vie dans tous les sens du terme. Parler de Dieu comme d'un père, d'une mère, ce n'est pas imaginer que vivre en humain, homme ou femme, consiste à rester dans une posture infantile, mélange de crainte et de naïveté, de dépendance et d'innocence (en bonne partie fausse, nécessairement, lorsqu'on est adulte), d'attentisme et d'irresponsabilité.

Lorsque Sigmund Freud[1] dénonce comme pathologique ce besoin incompressible de projeter dans la représentation de Dieu des figures parentales[2], il ne

1. 1656-1939, considéré comme fondateur de la psychanalyse.
2. Voir notamment dans *L'avenir d'une illusion* (1927).

se doute pas à quel point son argumentation sera relayée, amplifiée, sortie de son contexte et utilisée de façon quasi systématique par toutes les idéologies de type matérialiste. Freud appuie son affirmation sur une observation clinique : en effet, il arrive que notre imaginaire construise un personnage de Dieu en fonction d'une stratégie d'évitement de difficultés à vivre sa propre trajectoire humaine. Il est aussi au début d'une science nouvelle dont l'objet est le psychisme humain, et porte comme projet celui de soulager la souffrance sans causes organiques apparentes, souffrance psychologique qui pèse sur nombre de ses contemporains et qu'à l'époque on ne savait pas comment soigner. Il constate alors que ces souffrances sont liées à des représentations sur le registre religieux, et, en l'occurrence, sur le registre judéo-chrétien du religieux. Freud est un chercheur. En bon scientifique, il procède par hypothèses.

Or, la religion (ici en tant que monde de représentation déterminé par cette figure de Dieu) peut en effet offrir une protection illusoire contre l'angoisse existentielle qui caractérise l'humain, angoisse surgie de la rupture inévitable d'avec un lien parental idéalisé. Dans son ouvrage *L'avenir d'une illusion*, Freud dénonce la nostalgie d'une puissance rassurante et protectrice qui maintiendrait le sujet dans l'infantilisme, empêchant la personne de parvenir à la pleine constitution de son être.

La question reste de savoir quel lien potentiel de cause à effet existe entre des symptômes de mal-être d'une part, et un univers de représentations de soi-même et du monde d'autre part. Qu'est-ce qui relève de l'effet et qu'est-ce qui relève de la cause, la question, aujourd'hui encore, demeure : est-ce un esprit malade, souffrant qui produit ces représentations, lesquelles en retour alimentent la souffrance, ce qui est la définition de la névrose ? ou bien, des représentations imposées par imprégnation culturelle, en particulier pendant l'enfance, puis maintenues actives par les relais institutionnels des églises, marquent-elles les esprits au point de faire obstacle à leur plein développement, de les rendre malades, et dans ce cas, la religion, en soi, serait nocive ?

Toujours est-il que l'observation commune conduit au constat suivant : la religion peut, en effet, être vécue par ses adeptes sur le mode du refuge offrant gratuitement une sorte de prothèse psychique bien pratique pour se sentir déchargé de l'exigence de vivre en adulte. Elle peut être par ailleurs utilisée par ses représentants comme une entreprise pratique d'exercice de pouvoir sur les consciences et sur la vie de fidèles maintenus, dans cet objectif, en statut de minorité, comme des enfants. La religion, en effet, peut être vécue comme cela, et pas seulement dans le champ judéo-chrétien.

Mais alors, s'agit-il encore de *religion*, c'est-à-dire, pour reprendre les définitions proposées en annexe de cet ouvrage, de la *socialisation du rapport au transcendant* ? Nous serions dans l'abus de langage. Car qu'est devenu le transcendant ? N'est-il pas un simple prétexte pour autre chose ? En effet, dans ces cas de figure, la religion n'est plus la socialisation du rapport au *transcendant*, mais la socialisation d'une incapacité à vivre sa vie en adulte, ou celle d'un rapport de pouvoir dont l'originalité par rapport aux autres relations de pouvoir est de prétendre à une légitimité *au nom de Dieu*. Sous prétexte de transcendant, s'opère là une sortie de la religion, aussi paradoxal que cela puisse paraître.

Le problème – car en effet il y a problème – est ailleurs : dans l'incapacité à se tenir humainement debout les uns avec les autres. Un signe qui ne trompe pas : la religion – ou la tradition dite à travers les médias et sans trop de souci de précision *judéo-chrétienne* – a perdu son emprise sur la culture et sur la formation des esprits, mais les névroses perdurent ici et ailleurs, ainsi que la tendance lourde à définir les relations sociales sur le fil d'une domination abusive des uns sur les autres. C'est pourquoi, lorsque la référence au registre religieux de représentation ne fonctionne plus, cette incapacité à s'assumer pleinement, à risquer l'existence en dépit ou grâce à sa vulnérabilité même, va chercher ailleurs un cadre pour se légitimer : la projection d'un idéal de père ou de mère (pour l'aduler, le sommer, le tuer ou s'y soumettre, mais dans tous les cas, dans un lien de dépendance néfaste) se fera sur la société, l'État, le groupe d'appartenance, le parti, l'idole du moment, etc.

L'observation de Freud est donc juste mais insuffisante. Il n'est pas théologien, peut-on le lui reprocher ? Il s'est prononcé comme médecin sur des pathologies. Il ne s'est pas prononcé comme religieux sur la bonne santé de croyants, ni du reste sur des croyants en bonne santé. Mais ce qu'il a laissé en héritage, c'est un point de vigilance qui intéresse tous les croyants : grâce à ce chercheur, ils ne peuvent plus ignorer que leur légitime aspiration à se tenir en lien avec le transcendant porte le risque d'être un symptôme ou une cause de dérapage psychique et d'instrumentalisation sociale de la notion de Dieu.

Jésus : Fils ?

Il n'existe ni père ni mère en dehors d'un lien de filiation, est-il besoin de le rappeler ? Ce sont les enfants qui font les parents tout autant que ce sont les parents qui font les enfants (fils et filles). Lorsque Jésus parle du Dieu Créateur comme *père* – au sens où nous l'avons élargi à *mère* – il se situe donc comme *fils*. À nouveau, nous avons à décrypter ce que signifie être *fils de* dans le contexte culturel de Jésus.

Le *fils*, ce n'est pas toujours ni d'abord, la progéniture au sens biologique, de son père. Le fils est celui que quelqu'un engendre à une vie dont la qualité égale la sienne. Être reconnu comme *fils de* est plus important que de l'être biologiquement : l'engendrant n'est pas toujours – l'est-il jamais ? – le géniteur. C'est pourquoi la notion de paternité ou de maternité spirituelle est si essentielle à saisir pour comprendre de quoi il est question dans la dynamique de transmission.

Le modèle de la famille nucléaire – papa/maman/enfants biologiques du couple – cadrée par un état civil intangible est très récent. Et on en mesure les limites : il suffit d'écouter les parents candidats à l'adoption ; ou d'entendre les difficultés des enfants à trouver des figures d'identification pour se construire lorsque le père ou la mère biologiques font défaut. Au temps de Jésus et dans son espace culturel, la famille est comprise au sens large comme aujourd'hui sous d'autres cieux. C'est d'ailleurs une des raisons qui font hésiter sur le statut des *frères* de Jésus dont il est fait allusion dans l'évangile[1] : sont-ils frères de sang, ou cousins ? La question est anachronique. En réalité, elle ne se pose pas, car dans ce contexte, *frère* ou *cousin*, c'est pareil. Il faut entendre : les membres de sa famille, de sa maisonnée. Qu'il y ait des arguments d'ordre théologique pour affirmer que Jésus était fils unique relève d'un autre débat.

Ainsi, dans ce contexte culturel, identifier Jésus comme Christ de Dieu, qui plus est Christ unique et parfaitement fidèle à celui qui l'envoie, Dieu, son « père », revient à lui reconnaître le statut de *fils*. Car ce qui définit le *fils* dans cette société, c'est la légitimité acquise de représenter son père[2]. Ce n'est donc pas le lien de filiation au sens commun pour nous, de lien de sang entre un parent et un enfant, qui est visé par cette appellation. Mais plus que cela : cet homme Jésus a été engendré par Dieu[3], il vient de (la part de) Dieu et sa fidélité au Créateur fait de lui Dieu en personne pour nous. Dans ce sens, Jésus, Christ, est un homme en harmonie parfaite à Dieu : il ne fait qu'un avec lui. Son humanité laisse jaillir la vitalité même de Dieu créateur en force de guérison, de réconfort, et de joie. On ne trouve aucune réticence en lui à se laisser porter par la force créatrice de Dieu. C'est pourquoi les chrétiens disent que Jésus, le Christ, est sans péché. En effet, si le péché est ce qui barre en nous

1. Par exemple dans l'évangile selon saint Matthieu au chap. 12, v. 46 s.

2. C'est pourquoi il est assez courant dans ces sociétés d'adopter quelqu'un et d'en faire un fils : il reçoit alors les marques du fils, comme la bague avec le sceau, la place à table réservée au fils, l'héritage, etc.

3. Voir dans l'évangile selon saint Luc, au chap. 4, v. 22 par exemple.

l'accueil total de la vie de Dieu, dans la mesure où rien en Jésus ne fait obstacle en lui et donc autour de lui à la circulation de cette vie divine, alors, on peut en conclure qu'il est sans péché.

Jésus est le fils en tant qu'il est choisi par le Créateur pour porter sa bonne nouvelle, pour parler en son nom, pour le représenter. Tout en lui est accord à cette mission.

L'univers de représentation est donc fort éloigné de celui qui surgit spontanément à nos esprits occidentaux. Jésus est fils parce que choisi par le Créateur pour être son messager. Et le message est tel que le Christ fait corps avec ce message, il est lui-même message de bonne nouvelle. Sa fidélité à celui qui l'envoie le requiert tout entier, par amour, aussi vrai que ce qui lie le Créateur aux créatures que nous sommes est un lien d'amour qui appelle l'amour. Se tenir en ce lieu-là, c'est se tenir dans un désir d'aimer du même amour reçu.

Nous faisons ce que nous pouvons sur ce terrain-là, et, comme nous l'avons constaté, nous peinons. Aux yeux de ses disciples, Jésus apparaît comme parfaitement habité par la vie même de Dieu, ce qui donne à son humanité sa pleine mesure. Un peu comme s'il était l'image de l'humain tel que le Créateur l'avait rêvé : être humain, c'est se laisser créer par Dieu, sans réserve. La réserve signale une erreur, un raté, dans l'accueil de la vie heureuse, bref, signale le péché. L'absence de réserve signale du vrai, du réussi dans l'accueil de la vie heureuse, bref, signale l'absence de péché. C'est pourquoi Dieu vient en personne – en personne de Jésus, son Christ – pour nous montrer comment sortir de notre réserve, de notre erreur, de notre échec.

Le Christ fait corps avec le message et il remplit fidèlement sa mission qui est d'annoncer par ses paroles, ses gestes, sa trajectoire humaine, que Dieu donne la vie, sa vie, dès maintenant et pour toujours. S'appuyant en particulier sur l'hymne aux Philippiens[1], de nombreux commentaires mettent l'accent sur *l'obéissance du Fils au Père*. L'expression fait frémir. On risque le non-sens, voire le contresens. Là encore un décodage s'impose.

Pour nous, un fils, comme une fille (lien de filiation), par définition, doit quitter son père et sa mère pour vivre sa vie propre. C'est un signe de bonne santé. Certaines écoles psychologiques pseudo-freudiennes et néo-mythologiques vont jusqu'à en appeler au « meurtre du père ». Voilà encore une expression qui, sortie d'un contexte thérapeutique dans lequel et pour lequel elle a été forgée, banalisée à outrance, porte à des malentendus et à de persistantes surdités. Il serait trop long de les exposer ici. Retenons simplement l'idée, juste, selon laquelle un humain s'accomplit en devenant adulte, ce qui est la meilleure manière d'honorer ses parents dont c'était, implicitement au moins, le désir : mettre au monde un autre homme, une autre femme.

L'enfance est un état passager qui se traverse et débouche sur un chemin à tracer par soi-même et

---

1. Dans le chapitre 2 de l'épître aux Philippiens : « Comportez-vous ainsi entre vous, comme on le fait en Jésus Christ : lui qui est de condition divine n'a pas considéré comme une proie à saisir d'être l'égal de Dieu. Mais il s'est dépouillé, prenant la condition de serviteur, devenant semblable aux hommes, et reconnu à son aspect comme un homme, il s'est abaissé, devenant obéissant jusqu'à la mort, à la mort sur une croix. C'est pourquoi Dieu l'a exalté » (v. 5-9a).

avec ceux auxquels on décide d'être lié. La parentalité aussi est un état passager qui se traverse et débouche sur un chemin à inventer : celui du lien à construire avec ces nouveaux arrivés – ces autres soi-même, autres à soi-même – que l'on a mis en route. La relation entre les parents et leur progéniture reste unique et marquée d'un sceau affectif déterminant et indélébile, pour le meilleur et pour le pire. Il n'empêche qu'il y a du deuil à faire de part et d'autre. Les enfants sont fils et filles de la vie. Les parents leur ont donné ce qu'ils avaient eux-mêmes reçu pour qu'à leur tour, ils donnent la vie. Les parents s'effacent comme tels. Ils deviennent peu à peu des compagnons de route, que leur statut d'aînés devrait rendre sages au bénéfice de la génération suivante.

Ainsi, le lien entre les parents et leurs enfants (entre un père et son fils, par exemple) est un lien qui doit être coupé pour permettre l'émergence d'un autre, d'un être singulier, autonome par rapport à ses géniteurs, capable de relations adultes, y compris avec ses parents.

Or, il est une manière parler de la relation de Jésus à son père incompréhensible pour nos mentalités : Jésus aurait été reconnu parfait parce qu'il serait resté *soumis*, *obéissant*, à son père, *serviteur de son père*, sans jamais affirmer sa singulière personnalité. Si *fils* et *père* avaient le sens que nous lui donnons aujourd'hui, ce serait une bien curieuse – et dangereuse – conception de la bonne santé !

En réalité, le fils c'est l'humain créé par Dieu, homme et femme, et le Fils, c'est cet humain, Jésus, qui le représente en personne. C'est donc Jésus, au sens d'homme accompli, qui suit la voix – la voie donc – du Créateur, en lui obéissant. Et cette obéissance est un chemin d'épanouissement – non de servitude – d'épanouissement de l'existence en ce qu'elle est d'éternité.

Jésus obéit au sens où il acquiesce à l'appel à vivre parce qu'il met sa confiance dans celui qui en est l'origine, la source, à savoir Dieu, son (notre) Père (Mère). Rien d'infantile dans cette attitude, au contraire : c'est ce qui lui permet de s'affirmer, en face de sa parentèle, au milieu de ses disciples, devant les autorités civiles et religieuses : « Je suis. » Le point le plus abouti d'une vie reçue et assumée tient dans cette tranquille assurance que la mort ne pourra démentir.

Pour le dire encore autrement, Jésus est Christ de Dieu parce qu'il a laissé le souffle créateur de Dieu prendre corps humain en lui. Ce souffle, c'est ce que nous appelons l'Esprit. L'Esprit de Dieu.

Et l'Esprit ?

Nous avons évoqué dans la première partie ce souffle divin qui fait de la personne humaine une créature absolument spécifique. Le souffle humain vient du Dieu Créateur. À l'image du souffle de la respiration, ce souffle-là[1], ce souffle qui anime l'humain pour lui donner son identité, est ce qui

1. En hébreu *ruha* (qui désigne en même temps ce point sur la gorge qui, compressé, ou violement frappé, provoque la mort) ; en grec *pneuma* en lien avec *psuchè* ; en latin *anima* en lien avec *spiritu* : comme si le souffle divin épousait l'esprit, en tant que marque spécifique de l'humain, et l'*animait* (cf. *infra*).

nous rend vivants dans et par delà les limites qui structurent notre condition. Il anime – *anima* – l'humain de l'intérieur. En latin *anima* a été traduit par *âme*. Perdre son *âme* signifie perdre la vie. C'est ne plus être habité par la Présence quand bien même la vie quotidienne se poursuit socialement, physiquement. Sauver son *âme*, c'est demeurer vivant, quand bien même la vie s'achève socialement, physiquement. C'est demeurer une singularité animée par l'éternelle vitalité créatrice et apaisante de Dieu.

Le terme *souffle* cependant nous parle mieux aujourd'hui. Car le terme *âme* a fort mal vieilli. Victime dans l'histoire de la pensée d'une philosophie d'origine pseudo-platonicienne plus que néo-platonicienne, en tout cas, non chrétienne[1], qui percevait l'humain comme coupé en deux : un corps et une âme, ce terme a contribué à entretenir un regrettable dualisme. Il semblait même désigner un organe à part dans le corps humain, que quelques savants médiévaux sont allés chercher dans l'anatomie du corps physique. Recherche vaine, bien entendu. Et vacuité troublante pour certains, bien mal inspirés ! De même qu'on ne peut saisir dans sa main les flux d'énergie qui parcourent le corps et alimentent sa vitalité, de même ce qui caractérise l'humain, ce souffle divin, prend corps par son corps, son corps en sa réalité physique, psychique, sociale, affective. Il est comme une eau invisible et efficace qui l'irrigue de part en part.

Nous découvrons à nouveau l'unité de la personne humaine – corps animé, ou souffle incorporé – en partie grâce aux traditions orientales. N'oublions pas

1. Mais relayée par les théologiens chrétiens forgés par cette culture.

cependant qu'en Occident une perception holiste (globale, unifiée) de la personne a longtemps perduré, portée par des médecines traditionnelles dont les femmes en particulier avaient le secret. Les tenants d'une conception mécaniste et compartimentée de l'être humain, adossée, par les milieux cléricaux, à un mépris pour le corps, n'ont eu de cesse de vouloir réduire cette approche à de l'imposture obscurantiste. L'accusation de sorcellerie à l'encontre de ces guérisseurs et guérisseuses a été fatale.

Mais nous retrouvons le chemin de cette évidence : l'être humain, s'il appartient par son animalité à la catégorie des mammifères, investit *de facto* cette animalité de telle manière qu'elle n'est plus animalité de bête. Dire cela ne conduit pas à porter un jugement négatif sur le genre animal : un animal doit être respecté dans son animalité propre, comme doit être respectée toute la création. Simplement, l'humain n'est pas un animal comme les autres : il est à part des autres espèces. Que ce soit pour le meilleur comme pour le pire est un fait qui relève de cet autre débat sur l'usage de la liberté. L'humain donc n'est pas que *corps animal doué d'instinct naturel*. Il est corps animal doué d'instinct naturel *requis par l'infini d'un désir* qui n'appartient qu'à l'espèce humaine. Et cet infini le travaille au corps dans toutes ses dimensions, la dimension organique n'en étant qu'une parmi d'autres. Il n'est pas nécessaire d'être croyant pour le reconnaître. La recherche anthropologique sérieuse confirme cela. Lorsque nous sommes croyants, chrétiens en particulier, nous inscrivons cette observation dans un univers de sens qui fait intervenir le lien à Dieu. Nous pouvons alors relier cette caractéristique de l'humain à l'affirmation théologique d'un souffle divin spécifiant l'espèce humaine, et lui donnant corps-animé-de-l'intérieur.

Ce souffle divin, l'Esprit même de Dieu nous est donné pour nous faire vivre en humains. Il est donné et redonné dans le présent, seul temps de l'éternité. Nous laisser façonner par ce souffle, nous laisser inspirer par cet esprit, c'est cela vivre à hauteur d'humanité. C'est donc cela honorer Dieu, le Créateur. Jésus, le Christ, ne vivait que par cet Esprit. Cet Esprit, le sien, était Esprit de Dieu. Sa densité humaine ne vient que de Dieu, ne fait qu'un avec Dieu. Les chrétiens disent et célèbrent le don de l'Esprit (fête de la Pentecôte). En réalité, le don de l'Esprit est déjà réalisé : mais nous avons tant de réticences à l'accueillir, à faire nôtre ce don. Lorsque Jésus envoie son Esprit, il donne au souffle divin créateur déjà présent en chacune de ces personnes, sa plénitude d'incarnation : Jésus donne à ses disciples l'Esprit divin tel qu'humainement incarné, son propre Esprit de Christ. Accueillir cet Esprit, c'est s'éveiller, dans notre condition humaine, à la vie de celui qui la crée, qui est l'origine, la source, le Créateur : Dieu.

Pas à pas, nous suivons la logique, la théologique, qui a permis de balbutier Dieu de manière assez nouvelle et déroutante, en cependant heureuse en ce qu'elle épouse au plus près l'expérience que l'humain fait de son existence.

Ainsi, les chrétiens n'ont pas de Dieu une conception monothéiste banale :

— Créateur, Dieu est unique, comme un père et une mère, mais au-delà de ces projections ;

— le repère pour nous tenir en lien heureux, fécond, vital, avec Dieu, c'est le Christ, ce Jésus tellement façonné par la vie de Dieu, qu'il a été reconnu comme son envoyé, son autre pour nous, et qui nous le fait connaître avec une justesse inégalée ;

— le Christ nous révèle que l'Esprit de Dieu nous est destiné pour déployer, épanouir notre humanité à partir, dans et par-delà, les limites inhérentes à notre trajectoire humaine. Nous sommes *capax dei* – capables de Dieu.

La tradition chrétienne parle ainsi du Père, du Fils et de l'Esprit. Elle a donné à cette triple appellation un nom que l'on ne trouve pas dans la Bible : la Trinité. Mais une telle désignation, non décodée, non éclairée dans et par les mots de notre culture, peut être inaudible : comme pour beaucoup d'autres termes, ceux qui cherchent à parler de Dieu s'usent à force de répétitions mécaniques, deviennent des sortes de slogans passe-partout qui ne parlent plus de rien à personne. Retenons ceci : Dieu crée la vie et anime l'humain par son souffle ; Jésus, son Christ, Dieu en personne pour nous, est l'humain par excellence, celui qui donne corps à ce souffle de Dieu ; il nous donne son propre Esprit qui réveille en nous le souffle divin originaire et lui donne sa pleine mesure.

Nous avons repéré le risque de l'inévitable anthropomorphisme[1] : confondre nos représentations de

1. Comment résister au plaisir de citer la remarque de Xénophane de Colophon (vers 500 av J.-C.) : « Les Éthiopiens disent que leurs dieux ont le nez camus et le teint foncé, les Thraces voient leurs dieux avec des yeux bleu clair et une chevelure rousse… » Comment Jésus, un homme né en Palestine, pourrait avoir le teint clair, les cheveux blonds et les yeux bleus… sans que cet aspect physique étonnant en ce lieu soit souligné par les évangélistes ? Et ne parlons pas des représentations de Marie, mère de Jésus. Sans doute faudrait-il sensibiliser à ce sujet illustrateurs, peintres, cinéastes et autres artistes.

Dieu avec Dieu tel qu'en lui-même. Un autre risque nous guette, plus subtil, plus dangereux encore. Il est de saisir le concept trinitaire de Dieu comme une forme de théisme, juste un peu plus complexe que les déismes communs. Deux erreurs en une phrase.

Le théisme renvoie à une représentation de Dieu comme étant certes « quelqu'un d'unique », mais un personnage lointain, aux traits flous, souvent perçu sur le registre sévère et soupçonneux d'exigences morales et de garant d'une justice ultime chargée de compenser au final l'injustice patente de l'ici-bas. Le monothéisme porte vers ce type de représentation. Le déisme renvoie quant à lui à une représentation plus vague du divin : Dieu n'est pas perçu comme une autre personne, mais plutôt comme une force, une réalité sans contour, un pôle originaire et peut-être ultime, mais sans plus de précision. Le déisme est la forme la plus répandue d'agnosticisme[1], sur son versant affirmatif. Lorsqu'un théiste prie, il a le sentiment de parler à quelqu'un d'autre, un tout-autre. Lorsqu'un déiste prie, et c'est déjà plus rare, il s'adresse à quelque chose « au cas où… ».

Un chrétien n'est pas théiste[2]. Il n'est pas théiste, parce que Dieu est envisagé à partir de ce que Jésus, le Christ, nous en a fait connaître : un Créateur bienfaisant, bienveillant, qui se donne à reconnaître par son Christ, et nous découvre sa présence divine – son Esprit – en nous et entre nous, pour que nous

1. Littéralement : « pas-savoir ». L'agnosticisme se caractérise par une reconnaissance qu'on ne sait pas s'il y a du divin, et si oui (versant affirmatif) qui il est.

2. C'est pourquoi l'a-théisme, en rigueur de terme, ne l'atteint pas directement.

ayons la vie en plénitude. Le chrétien eﬅ encore moins déiﬅe, parce qu'il donne un visage à Dieu, et l'assume comme étant une personne pour lui, quelqu'un à qui il peut parler, et qui, d'une manière particulière, lui parle.

Nous sommes donc, en tant qu'humains, pris en Dieu. Nous sommes partie prenante et parti pris divins. Dieu n'eﬅ pas au-dessus, lointain, inaccessible. Il eﬅ présent au milieu de nous. L'Évangile ne dit rien d'autre. Il nous suffit de l'accueillir pour bénéficier de sa présence.

Pourtant, nous – les chrétiens – nous peinons à sortir du théisme : la fameuse Trinité eﬅ si souvent représentée comme une sorte de montage à trois bandes qui vit sa vie… au-dessus de nous, loin, autonome et froide. Version sobre : un triangle ; version baroque : un vieillard, un crucifié, et un oiseau censé représenter l'Esprit. Dans les deux cas, la spécificité chrétienne eﬅ manquée : l'homme Jésus, Chriﬅ de Dieu pour nous, chemin sûr pour qui cherche Dieu en assumant son humanité, par l'éveil de l'Esprit de ce Dieu en nos exiﬅences humaines.

Dieu eﬅ tout proche, dans sa radicale altérité même, donnant à notre propre et relative altérité humaine, un creuset pour s'enraciner, et un horizon de sens pour se déployer. C'eﬅ une bonne, une très bonne nouvelle.

À plusieurs reprises, j'ai souligné que nous avions à accueillir ce don[1], pour que, si nous le désirons, il

1. Belle manière de suggérer ce désir de familiarité de Dieu avec nous : « Voici, je me tiens à la porte et je frappe. Si quelqu'un entend ma voix et ouvre la porte, j'entrerai chez lui et je prendrai mon souper avec lui, et lui avec moi » (Apocalypse chap. 3, v. 20).

devienne nôtre, dans notre existence effective. Tout indique que c'est là, en réalité, notre désir humain le plus cher, car cet accueil ouvre les portes de l'amitié, de l'amour, sans lesquels la vie même n'a plus ni goût ni sens. Encore nous faut-il laisser ce désir prendre corps. Cela relève de ce que l'on désigne par *vie spirituelle*. Vivre dans et par l'Esprit de Dieu, cela s'apprend, relève d'un entraînement (qui dit entraînement dit exercices), enseigne une sagesse et façonne une existence tout entière. Nous consacrerons un chapitre entier à ce point essentiel.

Auparavant, il nous faut faire un détour par une réalité sous-jacente à la foi chrétienne mais qui constitue aujourd'hui, paradoxalement, une sorte de pierre d'achoppement pour nos contemporains, comme pour de nombreux chrétiens : je veux parler de l'Église. La foi chrétienne – confiance en Dieu présent en nous et avec nous – est perçue, dans les deux sens du terme – comme liée à l'Église. Lâcher ce mot, c'est ouvrir le champ à tant d'impressions et de sentiments contradictoires que le risque est grand de passer son chemin. Mais sait-on ce qu'est l'Église, dans son projet même ? Avant de fuir, si on tentait d'en dégager le sens ? Nous verrons mieux ce qu'elle est, et, même si les apparences jouent souvent contre elle, ce qu'elle n'est pas.

4

Nous sommes l'Église

NOUS, LES CHRÉTIENS, nous sommes l'Église. Cette affirmation mérite d'être posée d'emblée comme le point vers lequel tend la traversée que nous allons entreprendre pour mieux comprendre de quoi il est question. Car ne nous leurrons pas : le terme « Église » (ou « église ») suscite des réactions pour le moins contrastées et rarement positives en nos contrées. Elles s'appuient sur des impressions, des images, des perceptions partielles, souvent issues de préjugés, parfois malveillants, mais pas toujours, loin s'en faut : il arrive qu'elles viennent d'expériences malheureuses effectivement vécues.

Comment parler de l'Église autrement qu'en commençant par assumer le lien que nous entretenons avec elle ? Ainsi, personnellement, je fais partie de l'église catholique romaine. Par héritage culturel. Comme je fais partie de la nation française et de l'Europe occidentale. Je suis née et j'ai grandi dans un pays de culture catholique quant à la foi chrétienne. C'est ainsi que l'Évangile m'est arrivé. Pour cette raison au moins, je garde pour toujours une immense reconnaissance à cette église particulière : sans elle, aurais-je pu être touchée par la bonne nouvelle de Dieu ? Le miracle existe : le trésor de l'évangile parvient à être transmis de génération en génération par cette église, par ailleurs si ambivalente. Car les catholiques eux-mêmes perçoivent du dynamisme comme de l'inertie dans leur église, des ouvertures formidables sur des chemins de sens, et des blocages incompréhensibles qui paraissent fermer des horizons prometteurs.

Ainsi, mon lien à l'église ressemble aux liens que j'entretiens avec ma famille élargie : parentèle de grands-parents, d'oncles, de tantes, de cousins et cousines, plus ou moins éloignés, frères, sœurs, neveux, nièces, parents, et j'en oublie. Personne ne choisit sa famille. Pourtant, c'est toujours grâce à cette famille que chacun reçoit la vie et la nourriture première. C'est pourquoi j'éprouve une vraie gratitude à l'égard de ma famille. Pour autant, je ne me sens pas tenue de partager les points de vue de tous les membres de cette famille, de défendre les comportements de tous, d'adopter les mœurs de tout un chacun et de me sentir à l'aise avec tout le monde. Par définition, dans une famille, des affinités apparaissent, quelques inimitiés aussi, des communautés de vue et des distorsions, des accords et des oppositions. Soyons honnêtes : il arrive que nous préférions éviter certains membres de notre famille tant la situation conflictuelle est potentiellement explosive. Et nous ne parvenons pas toujours à comprendre les idées et les styles de vie de certains, si éloignés des nôtres, quand bien même nous avons en commun quelque parent ou grand-parent. Il n'empêche que cette famille reste notre famille, et il ne viendrait à personne l'idée de nier cet état de fait, ni de la renier, sans grands dommages pour soi-même. Ainsi, au moment d'un repas de fête, sauf cas exceptionnel, tous sont invités, parce que la famille c'est eux et nous, c'est toute la tribu dit-on parfois, à juste titre.

Comme de nombreux chrétiens catholiques, je

cultive avec mon église catholique le même type de relations : plus à l'aise avec certaines sensibilités qu'avec d'autres, plus en accord avec certaines positions qu'avec d'autres, en franc désaccord sur certains points, enthousiasmée sur d'autres, heureuse de certaines coutumes, consternée par d'autres. C'est mon église, et je lui dois d'avoir reçu l'Évangile. Je lui dois aussi une culture de la diversité en matière de théologie et de spiritualité. Je lui dois enfin une claire conception de la liberté de conscience. Et je ne retiens ici que ce qui constitue à mes yeux l'essentiel de la transmission en ce qui me concerne. Elle est comme nous sommes, comme je suis : imparfaite. Cela aussi, l'église m'a permis d'en prendre conscience.

Nous pouvons donc sans risque aucun explorer quelques-unes des réactions contrastées suscitées par l'évocation de l'*Église.* Les situer permettra de rejoindre le vrai sens de l'Église du Christ. L'Église du Christ, comme horizon vers lequel les disciples du Christ tendent, et que, pour cela, je nomme l'Église[1].

« Pour vous, l'Église, c'est quoi ? »

À cette banale question posée à nos contemporains, chrétiens ou non, les réponses viennent, contra-

1. C'est pourquoi je mets un *É* majuscule ici. Le *é* minuscule indique qu'il s'agit de l'Église perçue seulement dans sa forme institutionnelle particulière et confessionnelle, marquée historiquement. Dans ce sens, il existe des églises chrétiennes. Toutes tendent, avec un degré de justesse relatif à la conscience de leur imperfection, à refléter l'Église du Christ.

stées. Car après vingt siècles d'histoire, le mot « église » – et la majuscule vient rarement – est devenu équivoque dans notre culture, chargé qu'il est de significations diverses et… contradictoires, loin d'être toutes positives ! Il arrive trop souvent que les catholiques eux-mêmes passent rapidement outre à ces réactions, les jugeant d'emblée sans intérêt ou intellectuellement malhonnêtes, lestées d'idéologie anticléricale. Il se peut, certes, qu'elles ne soient pas toujours exemptes de ces limites, bien qu'elles ne s'y réduisent pas. Mais ce qui est intéressant à entendre, c'est la part de lumière qu'elles portent sur le désintérêt croissant de nos concitoyens vis-à-vis de l'église. Passons rapidement en revue les multiples sens de ce terme dans le langage courant, médiatique ou ordinaire :

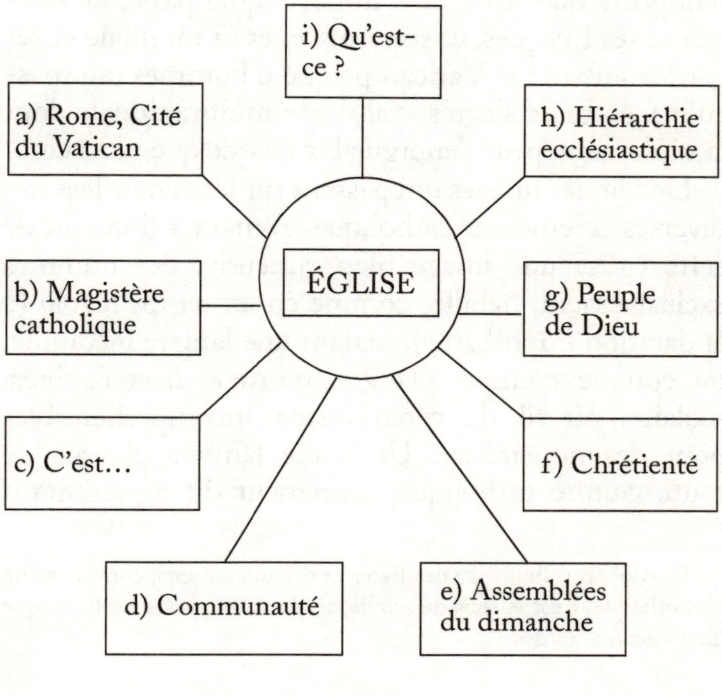

Les principales réactions entendues sont ici listées sans souci de les classer, ni de les hiérarchiser. D'ailleurs, elles arrivent en vrac y compris parmi les catholiques. Elles expriment chacune un point de vue, réducteur en tant que tel, partial et quelque peu caricatural, mais présentent l'avantage de n'être pas sans fondement. Reprenons-les rapidement :

a) « L'église, c'est Rome, Cité du Vatican. »

Sa place Saint-Pierre, ses cérémonies fastueuses, au touchant parfum de désuétude pour les uns, au consternant relent de passéisme pour les autres, garante de repères stables pour les uns, désolante de conservatisme par les autres… : le Vatican supposé abriter des secrets parce que sa bibliothèque est qualifiée de secrète[1], alors qu'il n'a que ses secrets d'État comme n'importe quel État de n'importe quel pays ; le Vatican et ses fresques, et son musée, et sa monnaie et ses gardes suisses ; le Vatican peuplé d'hommes (au masculin), sorte de siège social d'une multinationale dont la diplomatie peut s'enorgueillir de quelque efficacité.

De fait, les images qui passent sur les écrans lors des diverses cérémonies catholiques romaines donnent de cette église une image bien curieuse : des hommes exclusivement, habillés comme en un temps révolu (à la datation improbable), parlant une langue inconnue, ou connue comme « langue morte » dans l'univers scolaire, au fil de cérémoniaux incompréhensibles pour des non-initiés. Un jeune lambda éloigné de toute culture catholique, autrement dit représentatif

1. Alors qu'elle *sécrète* des livres et des documents, comme toute bibliothèque, c'est le sens de *secreta,* terme latin que la bibliothèque du Vatican a gardé.

de sa génération et de celle de ses parents, qui tombe par hasard sur la retransmission des vœux *ubi et orbi* le jour du Nouvel An, à quoi va-t-il associer ces images ? À l'univers d'une secte très probablement, d'une secte ayant pignon sur rue. Le côté exotique peut du reste le capter un moment, voire l'attirer, et son aspect ésotérique flatter sa curiosité.

Bien entendu, les acteurs du Vatican sont dans des intentions très différentes. Et des catholiques avertis sont en mesure d'expliquer l'origine et les raisons de ces traits d'étrangeté. Suffit-il cependant d'un peu plus de culture catholique pour se sentir à l'aise avec ces images médiatisées ? Certes, beaucoup de catholiques peuvent éprouver une certaine fierté devant la force de pérennité que dégage par ces images l'institution multiséculaire dont ils se réclament. Ils peuvent sentir également une forme de réassurance dans leur attachement à des valeurs défendues par l'Église, dont la défense des droits de l'homme n'est pas la moindre, lorsque leur institution apparaît ainsi, en des formes concentrées d'expression liturgiques à la symbolique forte, hors de l'agitation habituelle de la démagogie télévisuelle. Ce peut être à la fois étrange et reposant ; étrange et rassurant. Mais ce spectacle ne peut-il pas être tout aussi étrange et déroutant, au sens propre ; étrange et insignifiant ?

En effet, une indéniable ambivalence traverse les communautés catholiques elles-mêmes. Ne sont-ils pas en effet nombreux ces catholiques, pourtant sincères et engagés dans leur foi, à éprouver un réel malaise devant le fossé culturel qui s'expose ainsi au monde entier par la voix médiatique ? Bien entendu, ils comprennent ce qui se déroule – car tout peut recevoir une explication, souvent par le recours à l'histoire, parfois à des arguments théologiques – mais sans approuver pour autant. Ne sont-ils pas nombreux ces catholiques à souffrir, en silence souvent, de ne pas reconnaître le meilleur de leur église dans ces cérémonials lourds et surannés ? De la quasi-absence d'une symbolique signifiante permettant d'ouvrir aux hommes et femmes d'aujourd'hui l'intelligence de la bonne nouvelle du Christ ? De ne pas pouvoir identifier, ou si peu, leur expérience d'Église et leur amour pour elle, dans cet univers décalé, empesé et inaudible ? Leur culture, qu'ils partagent avec leurs contemporains amusés, goguenards, parfois compatissants avec leurs amis catholiques, leur culture ensemencée par leur foi en Dieu révélé par le Christ, ne parvient pas à faire corps avec la culture vaticanesque. Même en se forçant un peu, leur raison raisonnable résiste.

b) « L'église, c'est le Magistère. »

La réponse vient rarement dans ces termes. Elle se cherche plutôt autour du rapport aux documents, consignes, orientations officielles que les catholiques sont censés suivre. Mais c'est bien le Magistère qui se trouve ainsi, maladroitement, désigné. Le Magistère (catholique) est cette instance chargée d'enseigner l'intelligence de la foi et ce qui en découle. L'ensemble des évêques, autour et avec le pape, sont chargés de cette fonction. Orientations, lettres, exhortations, encycliques, etc., sont autant de façons d'exprimer la foi catholique, dans l'ici et maintenant des préoccupations et des nouveaux questionnements surgis dans les changements culturels. Les Conciles œcuméniques sont les instances les plus hautes de l'exercice de cette fonction : tous les évêques catholiques s'y trouvent réunis pour décider ensemble des orientations de fond concernant la foi de leur église. Ce qui est décidé durant le dernier Concile sert normalement de matrice pour tous les enseignements et commentaires suivants, qui doivent en respecter l'esprit et les orientations. Le dernier en date s'est déroulé à la Cité du Vatican, et c'était la seconde fois qu'un Concile s'y tenait. C'est pourquoi il est désigné ainsi : le Concile Vatican II. Il s'est tenu entre 1962 et 1965 en plusieurs sessions.

Pour certains donc, l'église, c'est cela : des évêques et des enseignements souvent perçus comme des règlements imposés, des lois contraignantes, des orientations univoques et indiscutables. Et il n'est pas utile d'insister sur le fait que ce sont plutôt des interdits qui sont entendus. Il est vrai aussi qu'il arrive que ce soit bien des interdits qui s'expriment. Une telle perception permet de tout rejeter en bloc, ou au contraire de se réfugier dans le cocon douillet d'un prêt-à-penser confortable pour certains.

Les catholiques éclairés – ce devrait être un pléonasme – sont embarrassés avec cette dimension de l'église. Pour en être membres, ils savent à quel point la pluralité est de mise en son sein. L'église catholique a développé une culture de « ligne officielle » : et il existe en effet une théologie officielle. Mais elle représente une sorte de ligne de repère qui autorise le développement de théologies aux accents multiples. Théologie est pris ici au sens large : un effort d'intelligence de la révélation de Dieu qui a des conséquences sur l'intelligence de l'identité du Christ (christologie), du rapport entre églises et Église (ecclésiologie), de ce qu'il s'agit de comprendre sous le vocable de mission (missiologie), et se trouve lié à une intelligence de la Bible (exégèse), etc. Autrement dit, toutes les disciplines qui portent sur la foi et son monde sont requises sur des chemins variés, dont certains, précurseurs, anticipent les changements qu'un prochain Concile entérinera peut-être alors même qu'aujourd'hui, ils sont éloignés de la ligne officielle. Les facultés, les monastères, les associations de chercheurs, les réseaux de spiritualités, aussi catholiques soient-ils, sont autant de lieux foisonnant de questions, de recherches, d'hypothèses, de chemins de réponses, de suggestions, de protestations et d'amour de l'Église, qui ne recoupent pas en tout point « la » ligne officielle. Il y a dans l'église catholique une tension créatrice entre des pôles diversifiés d'élaboration théologique. *In fine*, les évêques tranchent, au nom de leur charge conjointe de gouverner l'église, et donc aussi d'arbitrer, mais ce faisant, ils indiquent un point marqué sur la carte, un repère fiable, qui permet à la recherche de continuer.

Contrairement à certaines apparences, l'église catholique n'est pas une secte : la liberté de conscience et d'expression est en principe[1] respectée. Les formes de sa mise en œuvre restent problématiques parfois, certains responsables de l'église sont contrariés par ses résultats, mais le principe est clair. L'Église n'est pas un lieu de *pensée unique,* et l'institution catholique porte en elle une réelle diversité.

c) « L'église, c'est… »

En effet, il arrive souvent que le quidam de nos contrées reste perplexe devant le terme *église.* Soit

1. Il arrive cependant qu'il y ait quelque abus de pouvoir de la part de certains responsables.

qu'il n'en pense rien parce qu'il vit très bien sans en rien connaître, et entend ce mot comme une totale incongruité ; soit, au contraire, parce que ce mot réveille en lui tant d'impressions contradictoires qu'il en reste prudemment muet. Mélange d'espoirs déçus, d'expériences malheureuses, et d'un désir *d'en être* malgré tout en espérant que « ça » change enfin ; mixte de mauvais souvenirs personnels et d'admiration pour quelques figures de catholiques caritatifs, charismatiques et médiatisés ; crainte devant les horreurs apprises par les livres d'histoire et attirance vers un lieu qui, bon an mal an, tient une proposition de sens qui parfois fait mouche lors de moments forts (mariages, obsèques, témoignages entendus, etc.). À la question posée : « Pour vous, l'église, c'est quoi ? » suit donc un long moment de silence, ponctué d'un soupir. Au fond, le quidam ne sait plus.

d) « L'église, c'est la communauté. »

Ce qui se présente ici est d'emblée positif. Le terme église renvoie à des liens effectifs, de solidarité à un niveau ou à un autre. Les personnes qui font ainsi référence à l'église comme communauté – hors langue de bois – sont souvent membres d'un ces mouvements nés à partir du milieu des années 1970 comme le Chemin Neuf, l'Emmanuel, Fondacio, etc. Ou elles peuvent être liées à des mouvements de laïcs adossés à des monastères ou des communautés religieuses, comme l'École de la Charité, ou inscrites dans une spiritualité comme la Communauté Vie chrétienne, où faire référence aux Foyers de Charité dans lesquels elles peuvent s'être engagées. Il arrive que la paroisse soit vécue comme une communauté réelle, mais c'est rare. Car communauté dit un minimum de connaissance mutuelle, de partage, d'eſtime et d'entraide, matérielle ou symbolique, mais réelle, et surtout de partage *de la parole et du pain* (méditation biblique, échanges, et célébration priante). Communauté *chrétienne* ajoute à cela une forme de service de l'amour au bénéfice du monde (charité).

Cette image de l'église eſt positive : elle semble plus proche d'une possibilité de vivre de l'Esprit de l'Évangile à hauteur de relations concrètes, proches, à haute valeur de sens pour ceux et celles qui la composent. L'aspect plus problématique eſt le risque contenu dans l'identification de l'Église tout entière à l'aune de sa communauté de liens, choisie en fonction de sa sensibilité propre. Lorsque la communauté cède à ce risque, il se manifeſte par un repli communautaire accompagné d'un jugement porté sur les autres qui ne sont pas (« pas encore » serait plus exact) membres de ladite communauté d'appartenance.

e) « L'église, c'eſt l'assemblée du dimanche. »

Voila ce qui se présente à l'esprit de beaucoup de pratiquants, plus ou moins réguliers. Les expériences ne sont pas toutes négatives, mais… elles le sont souvent. Deux cas font exception :

— Des paroisses vivantes – le fait même qu'il faille ainsi en qualifier quelques-unes renseigne sur le problème – où tous se sentent accueillis et nourris dans leur foi. Elles ne sont pas forcément importantes, ni très jeunes, mais les acteurs de la vie paroissiale sont réellement habités par la foi et donnent aux assemblées du dimanche une densité particulière.

— L'assemblée du dimanche vécue, par choix, dans une forme qui convient à la sensibilité des participants. La messe dominicale des monastères, par exemple, connaît un succès grandissant partout en France. Les messes marquées par un style ont leurs publics : messe de style traditionaliste, de style charismatique, de style action catholique, messe rapide, ou messe qui prend son temps, messe attentive aux enfants, ou messe chantante avec art, ou avec rythmes, ou messe sobre… Chaque style a ses adeptes, et l'assiduité du dimanche n'échappe ni au zapping, ni à l'individualisme. Le zapping ne signifie pas toujours un manque de constance, et individualisme n'est pas équivalent à égoïsme. Le zapping est un mode de vie pour qui n'aime pas s'ennuyer sans raison. L'individualisme conduit à faire des choix qui conviennent à soi-même, dans le but de trouver son compte, ce qui n'est pas forcément une mauvaise idée. Ce sont deux aspects de notre culture et les chrétiens catholiques en sont eux-mêmes marqués. Aux chrétiens de donner à cette culture accès à l'Évangile.

Cela dit, lorsque des chrétiens trouvent ainsi des lieux pour vivre l'Église, ils en sont heureux et fortifiés dans leur foi.

En dehors de ces deux cas de figure, l'assemblée du dimanche ne fait plus recette (dans tous les sens du terme). Les adultes à la foi chevillée au corps passent par-dessus des formes qui ne leur conviennent pas et se trouvent contents de quelques miettes qu'ils peuvent recueillir malgré tout dans leur petite ou grande église de village, de quartier. Ils vivent leur foi avec courage et constance, non sans soupir ni somnolence, dans un certain désert. Mais nombreux sont les catholiques qui décrochent, à commencer par les plus jeunes (les moins de 50 ans). Ils s'en désolent parfois, ils ne sont pas révoltés, ils ne défilent pas avec des banderoles : simplement, ils restent chez eux, sans plus de commentaire. Pourquoi ? Parce que ces assemblées du dimanche ne nourrissent pas leur foi et qu'ils s'y ennuient à mourir. Cette malheureuse expérience laisse de l'église une impression de tristesse, d'ennui et d'insignifiance telle que le terme « église » lui-même en devient vide de sens. Les raisons sont multiples, il serait long de les détailler. Signalons d'emblée que le courage, le don de soi et le sérieux des prêtres dans la pratique de leur ministère ne sont pas ici en cause. C'est signe que le problème est plus profond, plus grave : il relève du fossé culturel qui n'a cessé de se creuser ce dernier siècle entre l'institution et les sociétés occidentales.

f) « L'église, c'est la chrétienté. »

Le paradigme est tout autre ici. Une telle réponse vient plutôt de milieux cultivés. L'église est alors vue comme une institution puissante qui s'est montrée capable de régenter la vie sociale et politique en Occident et a façonné notre civilisation *issue de la chrétienté*. La chrétienté reçoit une définition vague.

Pour les uns, qui se présentent comme catholiques mais, paradoxalement, pas toujours croyants, elle renvoie à un âge d'or qu'il serait bon de prendre comme modèle, car l'église est alors perçue comme porteuse d'une force d'exigence morale et d'unification des mœurs propice à une bonne santé sociale. Dans cette logique, dire que notre civilisation est *issue* de la chrétienté signifie qu'elle a la chrétienté comme lieu *d'enracinement*, et la sortie de la chrétienté risque alors de la couper de ses racines. D'où cet attachement à l'église que l'on peut rencontrer chez des personnes agnostiques, voire athées, et… pratiquantes.

Pour les autres, au contraire, la chrétienté représente le comble de l'abomination : se trouvent alors cités en vrac les croisades, l'Inquisition, le poids ecclésiastique sur les consciences et l'imposture cléricale, comme autant de faits d'une impardonnable violence. Dans cette logique, dire que notre civilisation est *issue* de la chrétienté signifie qu'elle est sortie d'une période noire, et que cette sortie fait honneur à notre civilisation. D'où cet acharnement contre l'église et tout ce qui s'y rapporte que l'on peut rencontrer chez des personnes croyantes, voire chrétiennes, et… non pratiquantes.

g) « L'église, c'est le peuple de Dieu. »

L'affirmation frise le slogan depuis que le Concile Vatican II l'a mise à l'honneur. Elle est portée par la grande majorité des catholiques qui fréquentent l'église par intermittence mais en tendant une oreille attentive. Ceux-ci vont à la messe de temps en temps dans leur paroisse, ou n'ont avec elle que des contacts ponctuels : mariages, baptêmes et professions de foi notamment. Le peuple de Dieu, ce sont tous les baptisés, eux aussi donc, même s'ils ne sont pas des piliers du dimanche.

Cette affirmation est aussi la définition de l'église préférée par un certain nombre de catholiques – nombreux, au final – qui souffrent, et protestent contre une tendance cléricale récurrente.

La tendance cléricale, c'est cette perception d'une église régentée selon un registre exclusivement *hiérarchique* et *séparatiste* :

— *Hiérarchique* dans la mesure où toutes les relations sont cristallisées en termes dominant/dominé : d'un côté, les positions « hautes » de ceux supposés savoir, qui dirigent, parlent, décident ; de l'autre, les positions « basses » des supposés ignorants et incapables, qui obéissent. Le renversement des positions est bien sûr hors sujet dans cette configuration.

— *Séparatiste* dans la mesure où une ligne de démarcation doit être gravée dans la pierre entre les « professionnels » du religieux, assimilés à la sphère du sacré, et les autres composant la sphère du profane.

Une analyse simpliste conduirait à penser que le risque clérical concerne les évêques, les prêtres, les diacres, bref, ceux qui ont reçu le sacrement de l'ordination, et eux exclusivement. Mais il n'en est rien, bien que la tendance cléricale se fasse tentation quotidienne pour ces hommes inscrits d'emblée dans la hiérarchie de l'institution et engagés par leur fonction dans le registre du sacré. En l'occurrence, les prêtres et les évêques ne sont pas tous *cléricaux* dans le sens ainsi défini, même si certains le sont. En revanche, des laïcs peuvent l'être : ils le deviennent lorsqu'ils exercent leurs responsabilités de baptisés dans l'Église en laissant libre cours au goût égocentré pour le pouvoir et à l'occupation autolégitimée de la sphère du sacré.

Ainsi, le recours à l'expression « peuple de Dieu » pour définir l'Église joue souvent de manière très ambivalente :

— Elle est utilisée comme protestation contre la tendance cléricale supposée des ministres ordonnés (évêques et prêtres surtout, les diacres sont moins concernés par la critique ici), tendance cléricale vécue comme une négation de la pleine dignité baptismale des laïcs. Ceux-ci ont alors l'impression de se trouver relégués au rang de faire-valoir fidèles, ou de fidèles faire-valoir. Ils estiment que leur vie de foi et leur expérience spirituelle ne participent pas à la vie de l'église, faute de pouvoir y apporter sa part contributive autrement que par un « amen » docile.

— Mais l'expression « peuple de Dieu » se trouve aussi utilisée pour légitimer l'attitude « cléricale » que prennent parfois certains laïcs en s'autopositionnant comme seuls détenteurs du bien de l'Église (cela passe par une manière d'occuper l'espace liturgique, de prendre la parole à temps et à contretemps pendant les réunions, de décider seul ou seulement avec son petit groupe d'appartenance, de ce qui peut se faire ou ne pas se faire dans l'église du village, du quartier, etc.).

Autrement dit, l'expression *église, peuple de Dieu* est fortement codée. À tel point qu'on peine à voir le sens prodigieux que pointe cette définition. En réalité, elle parle de toute l'Église, dans toutes ses composantes, et inscrit la hiérarchie – par les ministres ordonnés – comme partie prenante du peuple de Dieu : non au-dessus, ni à-côté. La Constitution conciliaire *Lumen Gentium*[1] a fort bien mis cela en évidence.

Il reste que le mot « peuple » sonne d'étrange façon pour nos contemporains non initiés (la majorité donc) : on ne désigne plus notre groupe d'appartenance, y compris national, sous ce terme. Le mot société viendrait plus volontiers ici.

h) « L'église, c'est le pape et les évêques. »

L'église perçue exclusivement par sa composante hiérarchique, c'est sans doute l'image la plus prisée

1. « Constitution dogmatique sur l'Église ».

des médias ! Quand le pape s'exprime – comme il en a le droit au minimum au nom de la liberté d'opinion et d'expression – et à quelque niveau que ce soit, ses propos sont repris comme la « position de l'église » ; idem pour tel ou tel évêque, surtout s'il est cardinal. Inversement, lorsqu'un média[1] veut connaître la position de l'église (réputée par là même comme ne pouvant pas en avoir plusieurs), il interroge un évêque ou cite un propos papal.

Les catholiques dans leur diversité ne s'y retrouvent pas toujours, loin s'en faut. Le sens de l'Église tel qu'il est défendu par les catholiques (hiérarchie comprise) ne s'y retrouve pas non plus. La hiérarchie fait bien partie de l'église : mais elle n'est pas monocorde, et elle n'est pas le tout de l'église. Cela dit, certaines sensibilités catholiques elles-mêmes peinent à respecter la fonction hiérarchique : elles donnent procuration au pape et aux évêques (enfin à certains) pour ne pas avoir à répondre de leur foi (et pour les non-croyants, de leur non-foi) en leur nom personnel. Paresse intellectuelle, couardise morale ? Dieu seul est juge. Mais nous avons à nous méfier d'une absence systématique d'argumentaire après un « le pape a dit… » – ou l'équivalent – clôturant d'avance tout échange.

i) « L'église, qu'est-ce donc ? »

Combien sont-ils à n'avoir absolument aucune idée de ce qu'est l'église en général, église catholique en particulier ? Il s'éloigne le temps de l'hostilité anticléricale. Même l'indifférence se fait plus rare et laisse place à une curiosité, sinon un intérêt,

1. En dehors des médias inscrits dans le champ catholique.

ponctuels. L'église n'est plus une réalité qui fait peur, et si les *cathos* provoquent ici ou là quelque agacement, c'est sans comparaison avec le climat d'hostilité qui a prévalu au début du siècle dernier.

Répondre sérieusement à la question : « Pour vous, c'est quoi l'église ? » est devenu impossible à beaucoup. C'est un univers qui ne dit rien. Le mot ne renvoie à rien de précis même si la peur de la secte[1], ou l'attrait pour elle, n'est jamais loin.

Ce rapide tour d'horizon – non exhaustif – de ce que le terme « église » évoque spontanément dans nos esprits met en évidence ceci : lorsque, dans la conversation courante, nous lâchons le terme *église* sans plus de précision, nous suscitons à coup sûr un dialogue de sourds. En effet, quand nous faisons référence à l'église, nous sommes pris dans un lien plus ou moins passionnel avec ce que nous investissons dans ce terme. Il est important d'en prendre conscience : nous frisons souvent l'abus de langage. Ainsi, quand nous formulons une remarque, critique ou élogieuse, à propos de l'*église*, il est important de se demander de quelle *église* ou dimension d'église il est question… et de revoir peut-être notre vocabulaire. Par exemple : « Je ne suis pas d'accord avec l'église sur tel point » peut devenir pour plus de justesse : « Je ne suis pas d'accord avec la position d'un tel – fût-il évêque… ou pape ! – sur ce point » ; ou encore « À l'église, je m'ennuie », c'est en réalité : « Dans les messes de ma paroisse, je m'ennuie » ; ou « La messe, c'est un moment formidable » c'est : « J'ai la chance d'avoir

1. Le mot église est très souvent associé à scientologie par les moteurs de recherche sur internet.

trouvé un lieu pour me ressourcer le dimanche » ; ou encore « Il faut obéir à l'église sur tel point, parce que le pape a dit : « … » devient « J'adhère ce qu'a dit le pape sur tel sujet », etc.

Essayons d'être justes. L'institution ecclésiale, même catholique romaine, n'est pas une secte au sens péjoratif du terme : les catholiques vivent en conscience libre ! Les catholiques, et ils ne s'en privent pas, peuvent donc être critiques, interrogatifs, brefs distanciés par rapport à telle ou telle position officielle, ou soi-disant telle, car les rapports faits par les médias ne s'embarrassent pas de nuances. Et lorsque des catholiques relayent la parole du magistère, ils ont à le faire en conscience et en connaissance de cause. Ils ne sont pas les porte-voix passifs d'une quelconque *voix du parti*. Car l'église catholique, si elle n'est pas une secte, n'est pas non plus un parti.

Il semble donc nécessaire de revenir à la base même de ce qui est visé, par les chrétiens, quand il s'agit d'Église. La majuscule indique ici que le mot vise plus que la réalité institutionnelle, plus qu'une confession chrétienne particulière, plus qu'une seule forme historique d'église. L'Église c'est tout cela et c'est plus que cela.

L'Église, c'est la communauté des disciples du Christ

« Sur le visage de l'Église, resplendit la clarté du Christ », affirment les Pères du Concile Vatican II[1].

1. Constitution *Lumen Gentium,* n° 1.

Vraiment ? Oui, mais ne faisons pas de contresens : c'est sur le visage de l'Église *telle qu'elle manifeste son amour et son attachement et sa conversion au Christ* qu'elle reflète sa clarté ! C'est dans la mesure où elle reçoit sa vie et sa libération du Seigneur Dieu, par l'Esprit reçu du Christ, qu'elle le manifeste. Autrement dit, l'Église est, à hauteur de notre histoire humaine, un projet en cours : elle n'est pas encore accordée à ce qu'elle proclame. Elle est en chemin. Il ne suffit pas de se présenter comme l'« Église »[1] pour être reflet du Christ, effectivement. À leur manière, les sectes qui fleurissent sur la planète et revendiquent d'être reconnues comme *église*[2] alors même que leur rapport à la personne et à l'enseignement du Christ, quand il existe, est des plus ténus, nous rappellent cette évidence : n'est pas Église au sens chrétien n'importe quel groupement à caractère religieux, et même les expressions chrétiennes d'églises[3] sont conscientes de n'être qu'imparfaitement *Église du Christ*.

Dans son autre grande Constitution, le Concile Vatican II nous met sur une piste tout aussi intéressante. Elle porte sur les relations de l'église au « monde de ce temps », comme on le disait alors. Il

---

1. La remarque vaut d'ailleurs aussi pour la tendance parfois très réductrice du « l'Église, c'est nous, voire, c'est moi » – qu'elle vienne « du haut » ou « de la base » !

2. La scientologie étant la plus connue.

3. Les églises chrétiennes présentes aujourd'hui dans le monde sont issues de plusieurs traditions dont les principales sont, dans l'ordre chronologique : la tradition catholique, la tradition orthodoxe et la tradition protestante (issue de la Réforme), chacune portants des caractéristiques culturelles et cultuelles diverses.

s'agit de la Constitution *Gaudium et Spes*, que l'on connaît en français sous l'intitulé « L'Église dans le monde de ce temps ». Le titre, déjà, annonce tout un programme : les évêques envisagent d'emblée l'Église, non pas contre, ni en dehors, mais *dans* le monde contemporain. La Constitution commence ainsi :

« Les joies et les espoirs, les tristesses et les angoisses des hommes de ce temps, des pauvres surtout et de tous ceux qui souffrent, sont aussi les joies et les espoirs, les tristesses et les angoisses des disciples du Christ, et il n'est rien de vraiment humain qui ne trouve écho dans leur cœur. Leur communauté, en effet, s'édifie avec des hommes, rassemblés dans le Christ, conduits par l'Esprit-Saint dans leur marche vers le Royaume du Père, et porteurs d'un message de salut qu'il leur faut proposer à tous. »

L'Église reçoit là une définition claire, fondamentale : l'Église, c'est « la communauté des disciples du Christ ».

La communauté des disciples du Christ : un groupe de personnes liées volontairement entre elles par des relations bienveillantes (« communauté » et non simple regroupement contingent) qui écoutent (c'est l'attitude première qui définit le disciple) et qui se trouvent en chemin (le propre du disciple, c'est de suivre un « maître ») ; elles cheminent en vue d'un changement personnel, d'une transformation (c'est cela un « chemin de conversion »). Il va de soi que *changement personnel* vise une transformation du tout de la personne, donc de sa qualité relationnelle aussi.

Qu'est-ce qu'être disciple du Christ ?

Un disciple est quelqu'un qui sait qu'il a beaucoup à apprendre et cultive des attitudes propices à bénéficier de l'enseignement d'un maître en qui il a confiance. Le chrétien est disciple de Jésus, le Christ. Son statut de disciple est d'emblée marqué par la stature de ce maître absolument pas comme les autres.

Le disciple tend l'oreille

Être disciple du Christ, c'est d'abord être *disciple* : c'est se tenir à un pôle de relation dont l'autre pôle est occupé par un *maître*. *Maître* et *disciple* sont des postures relationnelles interdépendantes (l'une renvoie à l'autre dont elle dépend et réciproquement). Les termes sont connotés positivement dans le monde biblique. L'expression « ni Dieu ni maître » post-nietzschéenne n'a pas encore marqué les esprits ! Celle-ci n'est pourtant pas sans pertinence car elle s'appuie sur des expériences de perversion de cette relation maître/disciple. En effet, le maître est censé maîtriser une sagesse[1] et le disciple cherche à faire sienne cette sagesse. La perversion apparaît lorsque le supposé maître cherche à maîtriser le dis-

1. Cette sagesse inclut du reste l'art de se tenir dans la conscience d'une non-maîtrise.

ciple ; ou quand le supposé disciple aspire à autre chose que cette sagesse, par exemple, lorsqu'il cherche à vivre par procuration, par maître interposé, ou lorsqu'il reste imperméable à tout questionnement personnel, à toute idée de progression personnelle.

Toujours est-il que dans la culture qui a vu naître Jésus, le lien maître/disciple est celui de la transmission par excellence. Par extension, le rapport entre Dieu, le Créateur et Maître de la vie ainsi que le nomme le Livre de la Sagesse[1], et les humains, désigne les humains comme des *disciples* : ils sont destinataires de la sagesse de Dieu. Or, être disciple, c'est se tenir dans une relation d'écoute. Mais pas une écoute distraite par une paire d'oreilles fatiguées et saturées des bruits du monde. Au sens biblique, écouter, c'est tendre l'oreille avec attention vers la source de sagesse, et l'ayant ainsi reconnue pour ce qu'elle est, à savoir une sagesse, s'orienter dans son sens, autrement dit : obéir, obéir au sens biblique.

Obéir porte dans notre langue des sens différents, voire opposés, selon le registre dans lequel il est utilisé. Dans le domaine militaire, légitime en son ordre, *obéir* signifie *exécuter sans discuter* ; dans le domaine pédagogique, *obéir*, c'est, pour un enfant, *appliquer, de plus ou moins bon cœur, les consignes* données par les parents et personnes assimilées.

Dans la Bible, *obéir* c'est entendre quelque chose qui sonne sur le registre du bien désirable, c'est donc s'approprier ce que l'on entend et se mettre en route dans le sens indiqué par ces paroles. Cette obéissance requiert la foi (la confiance), et exprime la liberté de

1. Livre de la Sagesse, chap. 11, v. 26.

celui qui se met en route : parce que se mettre en route suppose que la vérification de la solidité de l'enseignement reçu s'opère au fil du cheminement, de l'expérience. S'assurer de la qualité ne peut se faire qu'en la traçant, au double sens que notre langue donne à ce verbe : tracer sa route, c'est faire son miel en marchant ; c'est aussi inventer à nouveau la route par l'expérience singulière que son parcours permet à chaque voyageur. Mais pour savoir cela de l'intérieur, il faut à un moment se mettre en route dans une direction sans savoir où cela mènera. D'où la confiance requise au départ.

L'invitation pressante nous est faite au fil de la Bible d'obéir à Dieu, faire sa volonté, laisser librement notre aspiration à vivre rejoindre le désir de Dieu. Car la volonté de Dieu, son désir, son projet, est de ne nous donner vie, vie porteuse de joie, dont il est la source même.

Un passage du Livre du Deutéronome[1] exprime bien le sens dynamique de l'obéissance dans la Bible :

« Vois, je te propose aujourd'hui vie et bonheur, mort et malheur. Si tu écoutes les commandements du Seigneur ton Dieu [...] que tu aimes le Seigneur ton Dieu, que tu marches dans ses voies [...] tu vivras et tu multiplieras [...]. Mais si ton cœur se détourne, si tu n'écoutes point et si tu te laisses entraîner à te prosterner devant d'autres dieux et à les servir, [...] vous périrez certainement, vous ne vivrez pas de longs jours sur la terre où vous pénétrez [...]. Je te propose la vie ou la mort, la malédiction ou la bénédiction. Choisis donc la vie [...]. »

---

1. Chap. 30, 15 s.

Voilà *écouter* dans le sens d'*obéir*. La relation d'un disciple à son maître est faite d'*écoute* en vue d'être enseigné (et pas seulement par des paroles !), et cet enseignement met en route, entraîne un déplacement, lequel, à terme, sera perçu comme bienfaisant. Lorsque Dieu est mis ainsi en scène, il joue le rôle du maître, mais plus encore : par définition, un maître, un véritable maître de sagesse, fonde la transmission de son enseignement sur la libre appropriation par le disciple. En d'autres termes, c'est au disciple de choisir la direction à prendre. Dans le passage cité, Dieu va un peu plus loin : comme s'il ne pouvait pas s'en empêcher, à bout d'arguments peut-être, il insiste sur l'option à prendre, la seule valable en vérité : « choisis donc la vie[1] ! ». À nouveau, Dieu est perçu du côté de celui qui veut notre bien.

La relation maître/disciple est donc courante dans la culture qui a vu naître Jésus. Les perversions de cette relation étaient tout aussi banales. L'imposture est posture possible, aujourd'hui comme hier. Jésus est-il lui aussi un imposteur ? La question reste posée et elle est légitime. Mais à l'évidence, et cela frappe ses auditeurs/spectateurs : il fait autorité[2]. Et cette autorité continue d'être reconnue par ceux et

1. L'invitation s'adresse à nous, à des personnes adultes, vivantes ; elle porte sur notre propre existence. Le fait que le mouvement d'opposition à l'avortement ait utilisé le « choix pour la vie » comme slogan de sa campagne pro-life ne doit pas induire en erreur l'interprétation de ce passage par restriction de sens et projection anachronique de problèmes actuels de société.

2. Voir par exemple : évangile selon saint Matthieu au chap. 7, v. 29 ; selon saint Marc au chap. 1, v. 22, ; selon saint Luc au chap. 5, v. 1 ; etc.

celles qui se présentent aujourd'hui comme disciples de Jésus, le Christ de Dieu[1].

Être disciple de Jésus, le Christ, c'est prendre son enseignement comme repère pour mener sa vie d'homme, de femme. Son enseignement est un tout : paroles agissantes, actions signifiantes, attitude humaine, trajectoire d'existence. Ce tout, cet ensemble, fait sens par sa densité, sa constance, sa cohérence, dans une ouverture permanente et assumée de cet humain sur le ciel. Le Ciel ? L'espace de Dieu qui caresse la terre où nous nous tenons, et qui l'enveloppe. Par l'éveil spirituel, nous apprenons à nous y tenir, debout.

Le disciple est un serviteur de Dieu Créateur

Pourquoi le disciple du Christ est-il un serviteur de Dieu ? Parce que son maître, le Christ, enseigne – et toute sa personne en est l'expression – que le secret du bonheur se trouve de ce côté : être serviteur de Dieu. Du Dieu que le Christ re-présente. En effet, n'est pas au service de Dieu qui prétend l'être. Du reste, Jésus met en garde plusieurs fois ses disciples contre le risque de s'y croire un peu trop, un peu trop vite : « Il ne suffit pas de me dire "Seigneur, Seigneur" pour entrer dans le Royaume

1. Ce qui, je le rappelle, devrait définir les chrétiens. Mais il ne faut pas perdre de vue que, dans la langue courante, les chrétiens sont aussi, et parfois uniquement, assimilés à une participation, de forte teneur sociologique, à une église confessionnelle, ou à une identité occidentale, parfois seulement présupposée (je pense aux millions de chrétiens orientaux qui, par définition, ne sont pas occidentaux).

des cieux ; il faut faire la volonté de mon Père qui eſt aux cieux[1]. »

Dans les évangiles, Jésus apparaît entouré de disciples invités à le suivre comme maître. Nous l'avons déjà évoqué mais il eſt important d'insiſter sur ce point : Jésus eſt maître au sens noble : « il parle avec autorité[2] » et il se produit de l'étonnement, voire de l'admiration[3], sur son passage, parce que « nous n'avons jamais rien vu de pareil » disent les témoins. Il ne joue pas au « maître » comme le font si souvent ceux qui s'imaginent l'être : soit parce qu'ils occupent une position sociale haute et s'eſtiment en droit de faire la leçon aux autres ; soit parce qu'ils appartiendraient (par la naissance, par le diplôme, par opportunisme, etc.) au groupe, à la caſte, à la corporation de ceux qui enseignent aux autres en oubliant qu'ils ont besoin d'être enseignés eux aussi, certains « chargés du religieux » par exemple. Réalités communes à tous les lieux et tous les temps humains. Jésus ne se tient pas dans ces regiſtres-là. Il passe dans la vie quotidienne des gens, et à travers ce qu'il eſt, il se dégage de toute sa personne une autorité véritable, une autorité de fait : lorsque la foi eſt au rendez-vous de son passage, alors, il y a un avant et un après pour ceux qui croisent sa route, son regard, son geſte.

Or, ce qu'il fait, c'eſt ce que Dieu seul eſt habilité à faire : il proclame le pardon des péchés, et cette proclamation se traduit par une libération de vie perceptible dans l'exiſtence concrète des bénéficiaires au point qu'ils se trouvent emplis de joie. Le pardon,

1. Évangile selon saint Matthieu, chap. 7, v. 21.
2. Mt 7, 29.
3. Mt 9, 33 ; Lc 2, 18 ; 4, 25 ; 4, 22…

c'est à la fois la reconnaissance par Dieu du péché – ce péché qui nous traverse et auquel nous donnons prise – et sa décision de passer outre. Pour bénéficier de cette libération, il nous suffit de l'accueillir pour nous, en nous, dans nos vies, là où ça fait mal, où ça va mal, où le péché nous tient. La foi, la foi seule, cette confiance mise dans le Créateur de toute vie, la foi sans détour, ouvre la porte au passage de ce Dieu libérateur. Jésus vient et agit de la part de Dieu, il en a le pouvoir, celui de pardonner, c'est-à-dire au fond de restaurer la vie qu'il a lui-même créé.

Le disciple aime

Dans l'évangile selon saint Marc[1], un scribe, autrement dit un intellectuel versé dans la théologie, pose une question : « Quel est le premier de tous les commandements ? » Question qui devait se poser alors à tout croyant juif soucieux de fidélité au Dieu de l'Alliance : en effet, la somme et la complexité des règles devant encadrer la vie du peuple dit de l'Alliance[2] étaient telles qu'il devenait décourageant d'espérer être trouvé fidèle un jour. On imagine cet intellectuel soucieux de faire correctement son travail, à savoir aider ses semblables à comprendre, et à comprendre ce qu'il convient de faire pour bien faire, c'est-à-dire pour être fidèle à l'engagement de

1. Chap. 12, v. 28 s.
2. Parce qu'il est né de l'alliance entre Dieu et eux, les constituant ainsi comme peuple, peuple de Dieu, peuple de l'Alliance donc. Le Christ nous a fait comprendre que ce choix s'étendait à toute l'humanité.

Dieu. Il cherche donc une règle de tri, de classement. Jésus répond, non sans déconcerter :

« Écoute, Israël, le Seigneur notre Dieu est l'unique Seigneur ; tu aimeras le Seigneur ton Dieu de tout ton cœur, de toute ton âme, de toute ta pensée, et de toute ta force. Voici le second : “Tu aimeras ton prochain comme toi-même. Il n'y a pas d'autre commandement plus grand que ceux-là.” »

On remarquera que le premier mot renvoie à une attitude – l'attitude de disciple : « écoute » – qu'il s'agit de faire nôtre. Puis le sens est donné du côté d'une option, d'un engagement personnel, affectif/volontaire, sur le registre d'une qualité de relation : celle de l'amour. Jésus ne renvoie ni à un devoir, ni à un rituel, ni à des choses à faire ou à dire, ni à un règlement, mais à une attitude qui s'enracine dans la liberté. De cette attitude, qui, par définition, doit être cultivée sans cesse, découle logiquement le reste. Car la bienveillance accordée *a priori* à l'autre, la recherche d'une relation amicale et heureuse avec l'autre/Autre comme avec ces autres semblables, en un mot, cet amour auquel invite le Christ, rend inventif. Le devoir, le rituel, les choses à faire et à dire, le règlement, tous ces éléments effectivement structurants ne le sont que s'ils sont enracinés dans cette attitude de fond, cette position de principe, la seule qui tienne : aimer Dieu et aimer l'autre. Ces mêmes éléments seront donc évalués et interrogés, mis en cause, modifiés, réinventés et adaptés à l'aune de ce commandement : aimer.

Il nous est cependant parfois difficile d'entendre sans agacement la réponse de Jésus au scribe. Depuis quelques décennies, *aimer* a pris une connotation très restrictive en Occident. Réduit à sa seule dimension sentimentale, l'amour s'est trouvé enferré dans de l'émotionnel, et l'émotion elle-même a monopolisé l'attention, au détriment d'une capacité de raison devenue du même coup suspecte de froideur et d'assèchement, ce qu'elle n'est que lorsqu'elle ne s'exerce pas de façon équilibrée. Tout indique du reste que cette hypertrophie émotionnelle est l'expression d'une réaction contre l'hypertrophie dite *cérébrale* des générations précédentes. Mais là encore, dire cela, c'est faire peu de cas de la richesse cérébrale : la capacité de raison du cerveau humain dépasse amplement la compétence rationaliste, laquelle reste néanmoins indispensable.

Mais de fait, les termes *amour*, *aimer*, saisis dans un registre sentimental, ont connu une réelle inflation. Le *ressenti* d'amour est devenu le critère unique de la conduite d'une relation. Qu'il soit d'abord perçu par l'attirance physique, ou par l'impression psychique, le ressenti résonne cependant dans le tout de la personne. C'est pourquoi, dans la culture contemporaine, l'inflation sentimentale autour de l'amour est concomitante de l'importance, puis de la priorité, donnée à la satisfaction de la relation physique, laquelle, au fil des expériences, devient son propre critère, coupé de l'affect sentimental.

Parallèlement, dans la culture ecclésiale, le vocabulaire de l'*amour*, là aussi, indexé sur le registre sentimental, s'est fait entendre comme appel à de (fameux !) bons sentiments. L'invitation à aimer est devenue l'indicateur d'une sorte de guimauve relationnelle, un refrain attendu, une berceuse récurrente et rassurante, quand bien même cette invitation apparaît vide de sens – « dans ce monde brutal ! » – et sans contenu praticable – « aimer, c'est facile à dire, mais… ». Ainsi, les milieux ecclésiaux (prêtres, laïcs, religieux) ont beaucoup de mal à accepter de nommer les problèmes relationnels (à l'intérieur de l'église) et une grande réticence à reconnaître et à traverser les conflits.

Cette inflation sentimentale générale est devenue saturante, au point qu'une nouvelle réaction se fait sentir au cœur de notre culture : l'amour – et, par extension malheureuse mais logique, tout ce qui relève du sentiment – serait une impasse, et il s'agirait de s'en méfier.

Il serait trop long de pointer les multiples indices qui semblent aller dans ce sens. Remarquons simplement ces diverses composantes qui servent à la fois à traduire l'espace public (économique, politique, social) et à fournir un imaginaire à l'univers du divertissement : la dérision systématique contre ce qui se trouve péjorativement qualifié de « bons sentiments » ; une confusion entre l'émotion, comme carburant pour la raison de penser et d'agir, et l'émotivité submergeante captive dans l'éphémère ; un univers de représentation des autres et de la vie, qui emprunte au monde de la jungle et de la guerre, à l'attitude du tueur, à l'impératif de domination par la force, l'arrogance, la peur.

Se pourrait-il que notre culture sociétale et ecclésiale soit en train de s'engouffrer dans un nouvel excès, inverse, dont le résumé pourrait tenir dans l'expression *pas de sentiment*, principe appliqué dans le registre de la relation physique, comme dans celui du lien quotidien avec ses semblables ? Après la guimauve, le granit. Après le cocon, le béton. On peut bien sûr considérer que, somme toute, le mouvement de balancier est inévitable et que d'excès en excès, ainsi va le monde. Mais nous pouvons préférer, en repérant ce mouvement, activer ce que la sagesse nous enseigne : l'excès, en tant que tel, n'est pas bon, parce qu'il fait souffrir, et que la souffrance n'est pas ce à quoi nous sommes fondamentalement destinés. Ce que la voix de la sagesse nous murmure à l'oreille du cœur mériterait d'y être gravé en lettres d'or. L'excès joue son rôle… d'excès. Repéré clairement, il permet de chercher le goût sensé de vivre, non pas dans un autre excès, dans la suicidaire fuite en avant ou dans l'illusoire retour en arrière, mais dans un nouvel équilibre, certes dynamique, mais satisfaisant.

Le terme grec *agapè* traduit aujourd'hui par amour l'a longtemps été par le mot *charité*. De fait, ce mot a vieilli et mal vieilli. Coupé de son lieu évangélique d'expression, il en est venu peu à peu, en particulier à partir du XIXe siècle, à désigner une relation pesante, mélange de culpabilité contagieuse, de paternalisme humiliant et de résignation docile devant les injustices du monde. À chacun de repérer ce qui, de ces trois aspects, l'a le plus marqué, ou fait le plus fuir. Toujours est-il que le vocable *charité* n'a plus la cote. Il lui est préféré le terme *solidarité*, et le pape Jean-Paul II lui-même en usait fréquemment pour traduire *charité*. La solidarité renvoie en effet à d'autres harmoniques : le sens de la justice, l'intérêt pour l'autre, en particulier s'il est dans la difficulté, la bienveillance des uns envers les autres. Assurément, l'*agapè* évangélique porte cette dynamique-là. Il ne s'y réduit pas pour autant. Car la solidarité peut n'être saisie à nouveau que comme un devoir s'imposant de l'extérieur et dont la forme à trouver se cherche hors du lien fondateur et vivant au Dieu révélé par le Christ.

C'eſt pourquoi il s'agit d'entendre l'invitation faite par Jésus d'aimer Dieu et son prochain pour ce qu'elle eſt : le choix d'une option de vie, une orientation philosophique de l'exiſtence. Même si fondamentalement, l'être humain eſt fait pour cela, s'il n'eſt jamais aussi heureux que lorsqu'il eſt habité par l'amour, l'amitié, il reſte requis en liberté d'adhérer ou pas à ce projet, de consentir ou pas à ce sens donné à son exiſtence. Aimer Dieu et l'autre dans un même mouvement se présente comme une ligne d'horizon qui engage le tout de la personne. Il s'agit de ne pas perdre de vue que l'horizon eſt vaſte et englobe potentiellement toute la diversité du monde. Avec un tel commandement, une telle loi, on peut difficilement s'eſtimer arrivé, se sentir quitte envers Dieu, et envers les autres, comme lorsqu'on accomplit un rite, fût-il religieux, et qu'on pense pouvoir passer ensuite à autre chose.

Il n'y a donc pas de plus grand commandement que ceux-ci, d'égale importance nous dit Jésus (dans la version de l'évangile selon saint Matthieu[1]) : aimer Dieu et aimer son prochain.

Le disciple eſt ami de Dieu

Dans l'évangile de Jean, Jésus dit qu'il n'appelle plus ses disciples « serviteurs » mais « amis », parce que, dit-il, « un serviteur ne sait pas ce que fait son maître[2] ». Manifeſtement, Jésus ne cherche pas à entretenir un ascendant de domination sur ses disci-

1. Évangile selon saint Matthieu, chap. 22, v. 39.
2. Évangile selon saint Jean, chap. 15, v. 14-15.

ples. Il ne cultive pas la relation de pouvoir dans laquelle pourtant les disciples eux-mêmes souhaiteraient bien le voir exceller : pouvoir qui s'imposerait d'en haut, et se manifesterait par des manières de grand prince, de démonstration de force, de gourou énigmatique ou de tyran implacable. Il arrive que les humains soient rassurés de se trouver sous la coupe d'un tel chef, et gratifiés par leur position de proximité avec lui. Comme s'il suffisait d'en être proche pour capter à son profit une parcelle de ce pouvoir si fascinant à exercer sur les autres. C'est là logique de cour et elle nous guette tous plus ou moins[1].

Mais Jésus n'entre pas dans un tel schéma. Il est maître pourtant : ce qu'il dit se réalise, et ce qui se passe, il sait le désigner avec justesse, voilà le pouvoir réel. Il n'est ni dans l'imposture, ni dans l'abus de langage. Il est maître et seigneur : le Maître et le Seigneur, à ses propres yeux comme à ceux de ses disciples. Mais l'être vraiment, c'est l'être à sa manière.

Dans l'épisode que l'on trouve au chapitre 13 de l'évangile selon saint Jean, Jésus exprime ce qu'il est de façon complètement désarçonnante : il accomplit en faveur de ses disciples (y compris Judas qui le trahira et Jésus l'a compris) un geste que la culture de ce temps et de ce lieu réservait aux domestiques, et encore, pas n'importe lesquels, les plus bas dans l'échelle des esclaves. Transposé dans notre culture,

1. Dans l'évangile selon saint Luc, chap. 9, v. 46, la question qui travaille les disciples est celle-ci : lequel d'entre eux était le plus grand ? Dans l'évangile selon saint Matthieu, au chap. 20, v. 21, c'est une maman qui relaie – courageusement – l'espoir lancinant de ses fils : être bien placés, au final, par rapport au trône…

quelles équivalences pouvons-nous convoquer pour nous représenter l'enjeu d'une telle attitude ?

Rappelons que le lavement des pieds est un geste quotidien dans la culture du temps de Jésus. Comme il arrive toujours dans les rituels humains, un tel geste se trouve au croisement d'une expression d'hospitalité, de la nécessité de laisser poussière et sable de ce pays aride en dehors de la maison, et de l'importance d'une mesure d'hygiène pour le confort de tous. Nous pouvons difficilement faire le parallèle avec notre culture : laver les pieds de quelqu'un – en dehors d'une pratique de soin strictement encadré professionnellement – est aujourd'hui, d'emblée et de façon exclusive, l'expression d'une humiliation. Or, vivre humblement, gage d'une vie heureuse, car elle se trouve alors d'emblée à notre mesure, ce n'est pas vivre en humilié.

C'est pourquoi vouloir reproduire aujourd'hui ce geste comme *à l'identique* durant une liturgie comporte un risque : risque de fondamentalisme en matière de lecture biblique. Il est bien sûr toujours possible de représenter théâtralement telle ou telle scène tirée de la Bible. C'est du Moyen Âge que l'Église hérite la tradition de jouer les mystères chrétiens (en particulier naissance, vie, passion et résurrection du Christ), et, par extension, les vies des saints. La crèche de Noël vient de là, restant comme coutume, de plus en plus sécularisée[1]. L'idée, que François d'Assise

1. Regarder les quelques crèches montées à la hâte dans nos galeries commerciales et marchés de Noël est bien instructif : les personnages de Disney font partie du tableau, les mages n'adorent plus Jésus, mais, lui tournant le dos, se chauffent les mains au brasero ; les bergers regardent les spectateurs que nous sommes… (authentique).

affectionnait, c'était de montrer aussi concrètement que possible ce que l'Évangile exprime. Il s'agissait de toucher les personnes, dans leur propre univers culturel, pour qu'elles perçoivent mieux en quoi ce « grand Dieu » se faisait proche d'elles pour leur donner sa propre vie divine à vivre. Dans cet esprit, représenter la scène du lavement des pieds telle qu'elle est racontée au chapitre 13 de l'évangile selon saint Jean, a le même objectif. Et, de fait, il arrive que l'objectif soit atteint aujourd'hui, pour l'un ou l'autre, acteur ou spectateur de la « représentation ».

Là où se loge l'ambiguïté, c'est lorsque la gestuelle théâtralisée de cette scène est prise dans un cadre liturgique, et se donne comme une sorte de leçon de morale à mi-chemin entre la pénitence (cela reste humiliant) et la prétention à l'exemplarité (« regardez comme je suis humble »). On peut tout à fait être frappé par ces deux aspects, et, l'Esprit, qui fait feu de tout bois, peut prendre appui sur ce que cela provoque en nous, malgré l'ambiguïté soulignée, pour nous faire progresser, certes. Mais il est de notre devoir de toujours chercher à accueillir l'Évangile tel qu'il se donne, et non à partir de ce que nous voulons en faire. Or, dans cette scène, le Christ n'apparaît pas dans ces registres de la pénitence ou de l'humiliation : il dit ce qu'il est, et il fait ce qu'il dit, parce que cette liberté-là est *le fruit* de sa vie intime avec Dieu, le Créateur. C'est pourquoi il conclut par : « Sachant cela, heureux êtes-vous, si vous le faites. » Heureux, en effet, car si nous sommes réellement habités par ces mêmes sentiments, c'est que Dieu a fait sa demeure chez nous, en nous, alors oui, c'est du bonheur, que du bonheur. Il ne s'agit ni de pénitence, ni de prétention moralisatrice. Il s'agit de la fine pointe de la liberté. À partir de là, le geste peut prendre des formes culturellement plus ajustées à ce que nous sommes.

Ainsi, au temps de Jésus, ce geste de laver les pieds, parce qu'il était considéré comme nécessaire et quotidien, était banalisé. C'était un travail sans gloire, comme tous ces gestes domestiques répétés, soumis à la nécessité. Dans cette culture, les rôles et les statuts étaient liés de telle sorte qu'en l'occurrence, celui qui lave les pieds, c'est l'esclave, et celui à qui l'esclave lave les pieds ne sera jamais celui qui lave les pieds, sauf à perdre son statut et à déchoir socialement.

Jésus, une fois de plus, exprime ce qu'est la liberté lorsqu'elle est réelle : il n'y a plus d'esclave, il n'y a plus que des amis, des amis de Dieu, des amis en Dieu. La réciprocité est possible : le caractère humiliant lié auparavant à la condition d'esclave[1] n'est plus, car les gestes échangés entre des amis ne relèvent plus de ce registre, mais s'inscrivent dans un souci réciproque des uns pour les autres, un souci fait d'attention, d'hospitalité, de désir de bien-être, concret, pratique, effectif.

Aujourd'hui, qu'est-ce qui relève de ces gestes quotidiens, répétés, sans gloire, et pourtant nécessaires, que l'on pose au bénéfice des autres ? On se trouve vite sur le registre de la vie domestique : les repas, la lessive, le ménage, les poubelles, etc. Puis vient à

1. Le côté humiliant était inévitable, car on ne se trouve pas, sous la contrainte de sa condition, aux pieds de quelqu'un sans qu'apparaisse en relief le lien de type dominant/dominé sans réciprocité possible dans le cas des esclaves.

l'esprit le croisement avec les rites d'accueil : offrir au moins de se laver les mains, avoir soi-même préparé le repas, dressé la table, autant de gestes qui sous-entendent que la personne accueillante prend sur elle les désagréments, même si ceux-ci sont acceptés volontiers au nom de la joie d'accueillir. C'est du reste le meilleur côté du service rendu : la joie d'accueillir des personnes dont on apprécie la présence. Mais il arrive souvent que la monotone suite des jours exige que soit réitérée sans fin une multitude de petites choses à faire pour que la maison tourne et que le quotidien soit satisfaisant[1]. Des gestes apparemment insignifiants, peu motivants, que l'on préférerait toujours voir accomplir par d'autres[2]. Il semble que ce soit dans cette direction que nous trouvions le sens de ce lavement des pieds. En effet, le caractère très pragmatique de ce geste honore tous ces gestes, quotidiens, tellement évidents qu'on en oublie le sens, ces gestes sans lesquels cependant l'existence se déroule mal, voire ne peut plus se dérouler. Ces gestes offrent une accroche pour que la vie qui nous est donnée prenne corps dans le concret des jours.

L'attitude librement prise par Jésus ne cherche donc pas à forcer quoi que ce soit en vue de s'humilier. Le geste exprime l'état d'esprit de Jésus : c'est ainsi qu'il est, c'est de cette manière qu'il dit au mieux, de façon la plus juste, l'amour qui est le sien

---

1. Encore aujourd'hui, les femmes se trouvent aux premières loges pour comprendre de quoi il s'agit sans plus d'explications.

2. Lorsque ces travaux sont sous-traités à des professionnels, on peut lire le degré de reconnaissance sociale dont ils sont gratifiés dans le niveau des rémunérations : femme de ménage, aide à domicile, aide-cuisinier… ne sont pas des métiers qui font rêver !

pour ses amis. Cette attitude serait humiliation au sens courant du terme, si elle était dissociée de ce dont elle est l'aboutissement : le libre amour. Il s'agit donc bien d'humilité, mais de l'humilité incorporée au statut d'humain, lorsque l'humain, enraciné dans son humus[1], se tient les pieds sur terre, la tête dans le ciel et le cœur vers l'autre, le tout proche. Cette humilité-là est signe d'une liberté absolue. « Heureux… » En effet, c'est bien la joie d'avoir trouvé sa véritable identité d'humain en même temps que le chemin de relation sensée, pleine, dense, avec les autres, qui oriente vers ces gestes considérés habituellement comme méprisables. Pas d'effort à faire : c'est un fruit de l'*agapè*, de l'amour/amitié. Naturellement, pour un humain, aimer, c'est prendre concrètement soin de l'autre, et cela rend heureux. Les paroles et les gestes sont vrais lorsqu'ils impactent ce qui est, transforment le réel en apportant du réconfort.

Habiter cette attitude de serviteur, au sens noble, c'est être ami avec la vie, avec tout ce qui porte trace de vie. Les gestes apparemment insignifiants qui permettent pourtant à la vie d'être concrètement et quotidiennement possible deviennent alors porteurs de joie. Parce que c'est un chemin relationnel heureux là où l'on s'y attendait le moins : voilà qui signale un retournement de perspective, une conversion.

Le rapport maître/disciple induit par l'autorité divine de Jésus le Christ relève d'un ordre inversé par rapport à ce que spontanément nous projetons dans ce registre. Il nous montre comment vivre divine-

1. Humilité – humain – humus : même racine étymologique.

ment notre humaine condition. Les disciples du Christ cherchent à faire leur la manière de leur maître. Lorsque nous nous laissons gagner par le même esprit, l'Esprit du Christ, lorsqu'il irrigue nos personnalités respectives, nous sommes étonnés de ce qu'il nous inspire comme créativité dans la relation aimante aux autres.

L'Église chrétienne est donc l'ensemble des disciples du Christ constitué en communauté. Cette vaste communauté est composée de multiples communautés qui se distinguent entre elles par des sensibilités diverses. Mais le point commun reste la référence au Christ comme maître et ami.

DES FONDAMENTAUX POUR FAIRE *ÉGLISE DU CHRIST*

Nous ne pouvons nier la question posée, lancinante et parfois douloureuse pour les disciples du Christ que nous désirons être par ces vingt siècles d'institutionnalisation qui ont abouti à ce que nous connaissons. La question – elle n'est pas nouvelle ! – laissée par cette histoire est la suivante : où est l'Église en tant que *communauté des disciples du Christ* ?

Prendre acte d'un réel malaise

Par divers aspects, comme citoyens occidentaux, nous ne reconnaissons pas dans le sein de cette institution ce à quoi nous sommes attachés, nos valeurs. Ces valeurs sont pourtant issues d'un terreau qui a su pétrir l'héritage de la philosophie grecque avec le sel d'une philosophie corrélée à la théologie chrétienne. Autrement dit ces valeurs sont vécues par les chrétiens convaincus comme une forme d'inculturation, certes partielle et inachevée, de ce qui s'entend à travers l'évangile, en particulier l'attachement à la dignité de la personne. L'univers culturel dans lequel nous nous sommes formés et que nous habitons – « le monde de ce temps » –, notre monde, c'est-à-dire pour nous, l'Occident, donne du prix à des valeurs telles que : la démocratie, l'égale dignité homme/femme qui doit s'exprimer dans le droit, le partage des tâches et des responsabilités en fonction des compétences (pas en fonction des états de vie), la transparence financière, la liberté de pensée et d'expression, le sens du relatif, le pouvoir légitime régulé par du contre-pouvoir reconnu, des mandats temporaires pour exercer des postes à responsabilité, etc.

En rappelant ces quelques lieux communs, je ne prétends pas dire que ces valeurs sont effectivement respectées dans nos sociétés ! Loin s'en faut. Mais elles travaillent nos sociétés au point que quand des manques en la matière sont mis au jour, il y a des contestations, voire des manifestations de protestation, des demandes de changement s'expriment, des comptes sont exigés, des procédures judiciaires sont mises en branle, des personnes sont déchargées de leur fonction.

Les disciples du Christ formés dans et issus de ce monde-là ne sentent souvent à l'étroit dans leur propre église, en l'occurrence catholique. Ils souffrent de ce qu'ils perçoivent comme une rigidité de leur institution, dans son organisation, son discours, sa culture interne que beaucoup peinent à comprendre. La langue est plus qu'un vocabulaire et une syntaxe : elle est un univers culturel, des modes de figuration de soi et du monde, des expressions humaines collectives situées en un temps et un espace adaptés à l'échelle de *la représentation de soi* de la société qui les active. Or, la langue de l'église n'est pas la même que la langue de ses membres, sauf à avoir fait de longues et onéreuses études supérieures de théologie. Même ainsi, la langue reste interne et risque de ne parler qu'à une élite. Du reste, les principaux acteurs de l'institution sont recrutés parmi ces élites.

Pour illustrer la difficulté, pensons à deux indicateurs parmi d'autres : celui des rites, celui de la langue (ici au sens restrictif de *système linguistique*). En principe, un rite parle de lui-même lorsqu'il est effectivement vécu par les personnes concernées. Sinon, c'est le signe que le rite est effectué au bénéfice d'autres que nous-mêmes, et nous sommes alors dans la posture de spectateurs : cela arrive lorsque nous sommes invités dans un groupe qui ne nous est pas familier, et dont le rituel peut déconcerter (voyage à l'étranger, célébration dans une autre religion que la sienne, etc.). Normalement, un rite fait sens *de facto* aux yeux de ceux qui en sont les acteurs.

Par exemple, fêter un anniversaire, dans notre culture, c'est à la fois offrir un cadeau, émettre de joyeux souhaits, partager un gâteau après avoir ovationné la star du jour soufflant ses bougies avec brio. Il ne viendrait à personne l'idée de scander chaque élément de la fête par un discours explicatif justifiant ce qui va se passer à l'instant suivant, ou ce qui vient de se passer. Et pourtant, ce rite profane est fort d'éléments symboliques porteurs de sens : l'amitié, le rapport au temps qui passe, le signe de bonne santé (être capable de souffler les bougies d'un seul coup !), la reconnaissance, etc. Ici, le rite parle de lui-même. Bien sûr, on apprend aux enfants à faire des cadeaux à ces occasions, mais il s'agit plus alors de leur transmettre des repères de politesse de sorte qu'ils puissent participer au monde qui est le leur. Pour le reste, c'est en vivant le rite qu'ils en perçoivent, intérieurement, le sens. Le plus important étant de vivre le rite, plus que de le comprendre savamment. Nous faisons sans cesse l'expérience de ces rites sociaux. Ils varient selon nos groupes d'appartenance, mais ils parlent à notre intelligence relationnelle.

Dans l'institution catholique, il semble que le rite parle de moins en moins, et les acteurs du rite parlent de plus en plus. Nos contemporains opèrent dans les deux registres (celui du rite comme celui de l'explication du rite) une traduction plus ou moins simultanée pour tenter de comprendre de quoi il s'agit. Par exemple : il s'agit de comprendre que les gouttes d'eau déposées sur le front du baptisé signifient la plongée de l'être tout entier dans la mort et la résurrection du Christ ; comprendre qu'éteindre les lumières de l'église et allumer des bougies, donc ne plus rien voir, signifie que le Christ nous éclaire ; comprendre que le « Christ nous rassemble », alors que les trois ou quatre participants à la messe du jour sont dispersés dans la vaste église ; etc. Et lorsque le rite pourrait parler de lui-même, il est noyé dans le flot de paroles que les célébrants – prêtres ou laïcs – se sentent obligé de déverser. Qui n'a jamais subi un débit de paroles ininterrompu censé accompagner un temps de silence (sic), me jette la première pierre !

Autre illustration de la difficulté culturelle : le rapport à la langue. Le Concile Vatican II a ouvert la possibilité d'utiliser les langues locales pour prier et célébrer. Le latin reste la langue officielle de l'église catholique romaine. Il est vrai que la théologie occidentale s'est forgée en latin et que sa technicité s'articule autour de concepts forgés dans cette langue. Le latin est à la théologie catholique romaine ce que l'anglais est à l'informatique : une langue d'où a émergé un univers dans lequel nous évoluons. C'est pourquoi le recours à la langue d'origine permet une plus grande rigueur dans l'usage des concepts qui en sont issus. Le problème, c'est que le latin n'est la langue commune de personne, et qu'il n'est étudié que par des historiens soucieux de lire dans le texte les traces écrites de notre histoire occidentale, et en principe, par les futurs cadres de l'institution catholique.

Même si le latin était compris globalement par les pratiquants occidentaux jusque vers la seconde moitié du XXe siècle – ce n'est plus vrai aujourd'hui, sauf exception – il était devenu depuis longtemps une langue étrangère à leur vie réelle, quotidienne, humaine. C'était une cause de souffrance. Comment peut-on s'adresser à quelqu'un qu'on aimerait aimer, un ami, dans une langue étrangère, une langue morte de surcroît ? Le latin n'est pas la langue de Dieu ! Dieu est la Parole créatrice par excellence : chacun peut donc lui parler dans sa propre langue, il est certain d'être entendu. Du reste, Jésus parlait araméen, et les évangiles sont écrits en grec. L'Ancien Testament est écrit en hébreu sauf quelques éléments en grec. Rendre l'Évangile audible à chacun dans sa langue, quoi de plus normal lorsqu'on est porteur d'une bonne nouvelle à partager ?

Donc, lorsque le Concile, fort de ce qui déjà avait été expérimenté dans ce sens depuis l'après-guerre, a estimé qu'il serait bon que les chrétiens catholiques puissent prier ensemble dans leur langue maternelle, ce fut comme un raz de marée, tant l'affaire était attendue. Les traductions se sont rapidement multipliées et c'est ainsi que les francophones ont pu entendre toute la messe, lectures et prière, y compris la grande prière centrale de la messe, la prière eucharistique, en français. Mais, peu à peu il a bien fallu se rendre à l'évidence : la langue française ne parlait guère plus aux francophones que la langue latine. Car ce n'était pas qu'une question de mots. L'univers de référence de la théologie catholique (entre autres) s'est éloigné de l'univers de référence des catholiques eux-mêmes. La question de l'inculturation de l'évangile reste donc entière pour les Occidentaux.

La question du rite, la question de la langue, trop rapidement évoquées ici, ne sont que deux illustrations parmi d'autres de l'enjeu. Retenons simplement qu'elles sont liées, et par extension, la forme institutionnelle de l'église dans son ensemble est concernée par le problème.

Les disciples du Christ, chrétiens convaincus d'aujourd'hui, aimeraient que l'*allure*, la *manière d'être* de leur institution apparaisse plus accordée au climat de l'Évangile qui offrait la bonne nouvelle de manière audible. C'est d'ailleurs ce que le Concile Vatican II a vivement souhaité. Il reste beaucoup de chemin à faire.

Bien sûr, l'Évangile est porteur d'un message qui nous détourne de la logique dite *du monde* pour que nous vivions de la logique *de l'Esprit* (l'Esprit divin). Au sens de l'évangile selon saint Jean où l'on trouve le plus clairement ce thème, *l'esprit du monde* désigne cette logique spontanée que les humains mettent en œuvre lorsqu'ils n'ont pas été transformés par la bonne nouvelle de libération de Dieu, autrement dit lorsqu'ils ne se laissent pas convertir par *l'Esprit de Dieu*. Toutes les cultures sont concernées, en tout temps et tout lieu, en toutes leurs dimensions, puisque la bonne nouvelle s'adresse à chaque personne en particulier et opère à la racine de chacune. De fait, l'accueil effectif de l'Évangile change la donne, et, lorsqu'il atteint quelqu'un, celui-ci s'en trouve transformé : pour lui rien n'est plus comme avant. La bonne nouvelle chamboule les évidences et ordonne les priorités selon une logique qui n'est effectivement plus celle, habituelle, dite *du monde*. Nous reviendrons sur les indicateurs de ce retournement. Mais l'invitation à pardonner à l'infini, au nom du pardon reçu, à aimer ses ennemis, à prendre soin des plus fragiles, comme Dieu le fait en notre faveur, à percevoir que « les derniers seront les premiers », etc., tout cela pointe le fait que l'Évangile change tout sur son passage.

Pour les disciples du Christ il ne s'agit donc pas de chercher à adapter le message en fonction des attentes *du monde*. Il s'agit en revanche d'accueillir pour eux-mêmes ce message dans leur culture et de le laisser la transformer de l'intérieur, de sorte que la nouveauté radicale apportée par la connaissance évangélique de Dieu soit à la fois audible, féconde, et contagieuse.

Or, la transformation d'une culture, par le sel et le levain de l'Évangile, porte nécessairement celle-ci à vivre l'Église – communauté des disciples – en accord avec la sensibilité propre de ses membres. Ainsi, l'Église s'invente chaque fois qu'une communauté de disciples émerge. Elle ne s'invente pas à partir de rien, certes, elle est dans la dynamique de la Tradition, qui vient d'avant et porte plus loin qu'elle, mais en donne son propre écho et son propre prolongement. Nécessairement, cette église bouge, change, se modifie, parce qu'elle est une communauté, *peuple* composé de personnes vivantes, elles-mêmes en devenir.

Sans pour autant être historiens professionnels, nous avons tous appris à l'école l'*histoire*. Par là, nous avons perçu le caractère relatif et contingent de ce qui apparaît clairement comme des produits issus du génie humain, en ce qu'il a de pire et de meilleur. Ce qui est aujourd'hui n'a pas toujours été et pourrait être autrement. Ce qui a été décidé une fois peut-il prétendre l'être une fois pour toutes ? Puisque nous sommes en chemin, puisque nous sommes des voyageurs, puisque ce monde passe. C'est pourquoi nombreux sont les disciples du Christ qui, non sans maladresse et quelque confusion parfois, espèrent et déjà s'engagent dans d'autres formes de vie d'église que celles devenues usées, aussi habituelles soient-elles, parce qu'elles ne parviennent effectivement plus ni à exprimer ni à nourrir une dynamique de foi.

Se réjouir d'une Église cheminante

Ainsi, l'église catholique a remis à jour un fil de la tradition chrétienne qui avait été un peu perdu dans les sables du triomphalisme ecclésial depuis le début du XIXe siècle. Il est hors de propos de juger l'histoire et il ne nous appartient pas de jeter l'opprobre sur cette période plus que sur une autre. Au niveau des rapports sociaux entre l'institution ecclésiale et le pouvoir politique, comme avec la société, on peut décrypter les raisons qui ont conduit l'institution catholique à se penser en situation dominatrice. Mais on ne peut pas éviter de remarquer l'écart entre une telle posture et ce que son maître et ami lui avait donné comme repère pour se constituer. C'est pourquoi le Concile Vatican II a remis en mémoire une évidence : l'église n'est pas parfaite, elle est en chemin.

La Constitution *Gaudium et Spes* (1965) introduit le terme de « marche » en écho à l'idée de cheminement développé dans la Constitution *Lumen Gentium* (1964). Nous sommes en effet en marche, l'église est en marche, en pèlerinage. Autrement dit elle n'est pas la « société parfaite », elle n'est pas arrivée, elle est « en même temps sainte et toujours en cours de se purifier[1] ».

Si l'Église se définit comme la communauté – en marche – des disciples du Christ, alors elle doit prendre forme de l'enseignement même du Christ. Les disciples en effet sont des personnes qui *obéissent* avec confiance, amour, liberté, à leur maître. Le maître Christ situe sa *maîtrise* dans le registre de l'amitié, non de la domination. Il donne à ses disciples son Esprit, son propre souffle d'énergie créatrice, pour qu'à sa suite, ils/elles vivent en fils et filles du Créateur. Nous sommes entraînés, en raison de

1. « *Sancta simul et semper purificanda* », *Lumen Gentium*, n° 8.

notre filiation divine, dans le mouvement de Dieu, pris dans son mouvement : Jésus le Christ apparaît comme la personne par excellence, complètement accordé à Dieu, vivant sa vie humaine dans le même Esprit, l'Esprit divin, et partageant cet Esprit avec ses disciples. Nous sommes *en* Dieu.

« Sur le visage de l'Église, resplendit la clarté du Christ[1]. » Une telle expression peut choquer car elle laisserait entendre que l'Église, dans toutes ses dimensions, toutes ses sensibilités, toutes ses réalités, serait dès à présent complètement accordée au Christ. Or, il ne s'agit pas de cela. Fondamentalement, la clarté du Christ resplendit sur le visage de l'Église, dans la mesure où les membres qui la composent vivent en disciples du Christ. Les disciples du Christ font ce qu'ils peuvent. Comme dans l'évangile, suivre le Christ, c'est cheminer de l'intérieur.

Après le premier élan enthousiaste, dynamique, heureux, qui demeure en toile de fond, être disciple du Christ, c'est passer par des périodes de trouble, de doute, de trahison même, c'est être amené à faire de longs détours, et de contournements en détournements, parvenir peu à peu à la simplicité évangélique qui permet d'entrer de tout son être – de tout son être humain – dans l'espace intime de Dieu. Le disciple du Christ apprend à mettre sa confiance, sa foi, en ce Dieu que Jésus lui fait connaître. Autrement dit, le chemin de foi inclut le doute, la peur et le découragement. Poussé jusqu'au bout, le chemin de foi permet de traverser ces chaos, souvent profonds, de sorte qu'ils soient assumés en vérité. La

1. In *Lumen Gentium*, n° 1.

clarté du Christ resplendit sur le visage de l'Église comme une aurore qui porte la promesse du jour.

L'Église, ainsi, est en chemin, en *pèlerinage*, parce que chaque disciple du Christ qui la compose est lui-même en cheminement. Personne ne peut prétendre être parvenu à la perfection de l'accueil de l'Évangile, avoir tout compris, être fidèle en tout à l'Esprit du Christ, vivre sa vie dans la fidélité à l'amour de Dieu, connaître le secret d'une perfection humaine de l'église.

En ces temps d'actives recherches et multiples expérimentations, souvent modestes, ce qui ne préjuge en rien de leur potentiel, en cette période de changement profond de la présence ecclésiale dans notre pays, il peut être utile de proposer quelques critères qui permettent de repérer les points forts incontournables pour que l'église soit effectivement *la communauté des disciples du Christ*. Il s'agit d'une esquisse, non d'une liste exhaustive.

Partons de l'essentiel, du fondement : « Là où deux ou trois se trouvent réunis en mon nom, je suis au milieu d'eux », affirme Jésus[1]. L'Église du Christ naît et vit de ce lien à la présence de *Dieu-avec-nous*[2]. À partir de là, ses disciples *font église* dans la mesure où ils donnent à voir et à entendre ce que cette divine présence provoque.

C'est sans doute dans cette direction que l'Église en tant que *communauté des disciples du Christ* garde un véritable sens au temps présent et ouvre sur l'ave-

---

1. Évangile selon saint Matthieu, chap. 18, v. 20.
2. Traduction du terme « Emmanuel ».

nir. Les repères qui suivent peuvent permettre d'évaluer le caractère évangélique de nos lieux d'église.

Quelques repères de base

Entrer dans la rencontre…

Le terme *rencontre* semble préférable à ceux de *rassemblement* ou d'*assemblée.* Jésus en effet se trouve toujours dans une dynamique de rencontre, même quand les auditeurs sont plusieurs, voire nombreux. Bien sûr Jésus rassemble autour de lui, notamment les disciples : mais dans ce cas, c'est pour se rendre encore plus accessible, audible à eux. Il les prend à part, et leur explique en particulier. Quant aux foules, elles se rassemblent de leur propre initiative. Jésus ne les convoque pas, en tant que foule. Par ailleurs, dans notre culture, rassemblement a quelque chose d'anonyme et de collectif qui ne parle pas d'emblée de *communauté*, même s'il est fait un usage fréquent de ce terme dans les paroisses. Une *communauté* est toujours un lieu où l'on se connaît au moins par le nom, et où l'on est solidaire les uns des autres. Ce n'est pas une assemblée d'inconnus, même festive !

Donc, *faire église*, c'est susciter et entrer dans un espace de *rencontre* : non pas pour ne pas être seul, mais parce que l'autre est l'autre, et que nous avons tant à apprendre les uns des autres ! Il ne s'agit pas d'une rencontre formelle, seulement polie, seulement tolérante. Il s'agit d'une véritable attention mutuelle, faite de respect et d'attente, d'amitié-*agapè* et de désir d'hospitalité de l'autre, parce que comme *autre*, il/elle, a quelque chose pour moi de la part de Dieu.

Il faut du temps pour ce chemin, beaucoup de temps, et de la patience aussi, comme avec soi-même au fond.

… dans le plaisir d'être ensemble

Les chrétiens sont heureux de la bonne nouvelle qui leur est parvenue. *Faire église*, c'est donc bien vivre. Le terme grec *agapè* a donné le mot *agapes* en français, ce n'est pas un hasard. Le sérieux fait très bon ménage avec la gaieté, les chrétiens le savent d'expérience, et ils peuvent vivre en église ce qu'ils apprécient dans leur vie habituelle, familiale, amicale.

Il est inutile cependant de faire semblant. Le fait est qu'on n'est pas heureux sur commande et qu'on ne se réjouit pas de se trouver avec des inconnus et des anonymes parce qu'il le faut. Il ne s'agit pas de cela en effet. C'est le bonheur d'Évangile qui donne des disciples, et les disciples forment les communautés chrétiennes. Elles sont dites d'*Église* à cette condition seulement. La logique ne peut pas s'inverser : l'existence d'un groupe de personnes réunies dans une église autour de quelques valeurs communes, ou par habitude, ne suffit pas pour faire communauté d'Église.

… dans l'attention au bien-être de chacun et de tous

L'attention au petit, à la personne vulnérable, à la souffrance, passagère ou non, d'un membre, cette attention doit être toujours éveillée, doit toujours s'exercer. C'est cela *faire église* comme lieu de fraternité. Et c'est contagieux. Comment prétendre être solidaire des personnes extérieures à nos groupes d'appartenance, si cette attention active ne s'exerce pas entre disciples ? C'est souvent dans cet écart que l'agir chrétien se trouve réduit à de *bonnes intentions* et que les chrétiens prêtent le flanc au reproche d'hypocrisie. L'Église est faite de ces lieux qui relaient le bien que le Christ faisait au bénéfice de ceux et celles dont il croisait la route. Elle devrait être un espace de soutien et de réconfort pour tous ses membres, de sorte que tous ses membres portent à leur tour ce réconfort et ce soutien à l'extérieur.

Le bonheur d'être ensemble va de pair avec l'attention et la qualité d'accueil et de présence que l'on s'offre mutuellement. Elles devraient être équivalentes à celles que l'on pratique chez soi au bénéfice de ses invités, de ses amis.

… et vivre simplement, en vérité

Il est difficile d'être vrai, parce qu'être vrai c'est toujours risquer, en marquant sa différence, de heurter. Et au fond, personne n'aime le conflit. Souvent l'*agapè* se confond dans nos églises avec le mutisme et l'uniformité. Les différences, les oppositions, la pluralité des points de vue et des sensibilités, ce qui devrait constituer la richesse même de l'église du Christ, sont encore souvent perçus comme fauteurs de troubles et risques d'atomisation.

Or, c'est l'Esprit du Christ qui réalise la communion, pas ses disciples. Eux cherchent à entrer dans cette communion en train de se faire, en acceptant de traverser oppositions et conflits et d'assumer leurs différences, qui demeurent, la dénégation ne changeant rien à la réalité. Qui dit traversée de conflit ne dit pas nécessairement violence. En revanche, le mutisme (qui n'est pas silence) dit toujours violence. Il est toujours plus dangereux de faire *comme si* on était d'accord, plutôt que d'exprimer un désaccord, quand bien même ce désaccord devait rester un temps, longtemps peut-être, irrésolu. Nous voyons bien dans les évangiles que les disciples entre eux, et même avec Jésus, n'étaient pas toujours sur la même longueur d'onde. Il suffit de lire les Actes de Apôtres pour s'apercevoir que l'église n'a jamais été uniforme. En revanche, si l'église est composée de personnes différentes, aucune d'entre elles ne peut prétendre détenir le monopole de l'Esprit de Dieu. Il s'agit de poser comme *a priori* que l'Esprit travaille aussi dans l'autre, fût-il à l'opposé de sa propre sensibilité, même sans toujours comprendre comment cela se fait.

… nourris par la Parole[1]

En effet, *faire église,* c'est, en véritables disciples, se tenir à l'écoute personnelle, et les uns par les autres, de la Parole de Dieu. Ainsi que nous l'avons évoqué, la Parole de Dieu, ce n'est pas le *texte* de la Bible, c'est ce que la lecture attentive nous permet de comprendre et de Dieu et de nous-même dans sa résonance ici et maintenant. Personne n'est propriétaire de la Parole de Dieu. Les disciples du Christ ont réellement besoin les uns des autres pour demeurer disponibles à la permanente et déconcertante richesse de la Parole inspirée. Dans l'écoute et l'échange de ce qui est entendu, les uns les autres s'édifient mutuellement. Partager la parole, partager les signes laissés par le Maître et Ami (nourriture et boisson), partager ses joies et ses soucis, partager ses biens, son temps, ses

1. Cf. annexe 6.

compétences, autant que possible, grâce à Dieu... être ensemble au nom du Christ, c'est être à l'écoute de l'autre/autre, pour l'entendre, et l'entendre pour recevoir et pour donner. La réciprocité est requise par les liens de fraternité.

Être savant, bien parler, avoir fait beaucoup d'études, ne signifie pas être saint. Le contraire non plus d'ailleurs. Les disciples du Christ devraient être aussi compétents dans les choses de la foi qu'ils le sont dans les choses profanes, ni plus ni moins. Ensuite, tout dépend des dons de chacun, de chacune : tous n'ont pas le don d'expliquer conceptuellement, ou de trouver la parole juste, le geste fort, la capacité de créer, etc. Tous les dons sont nécessaires pour *faire église* et ils ont tous à s'ordonner au service de l'*agapè*.

Ces quelques points d'attention ne relèvent pas d'un repli minimaliste en ce temps de crise institutionnelle de l'église[1]. Bien au contraire. Il s'agit pour les disciples du Christ de se retrouver sur leurs pieds : de vivre, là où ils se trouvent, leur foi au Christ, en des liens sensés, nourrissant leur attachement à son Esprit. Nous ne pouvons pas changer l'histoire de l'Occident, celle qui nous concerne, cette histoire qui a donné le mode institutionnel que l'on connaît. Nous n'avons pas prise non plus sur les rouages de cette vaste et internationale organisation ecclésiastique, qui n'est d'ailleurs pas sans pertinence. Mais nous avons la possibilité de vivre pleinement l'appel à marcher à notre pas, à faire fructifier les dons reçus, en vivant en disciples du Christ.

1. Cf. annexe 3.

Un nouveau visage de l'Église n'est-il pas déjà en train de naître là où on s'y attendait le moins ? L'horizon est vaste par-devant. Ce qui doit disparaître disparaîtra. Ce qui est juste donnera du fruit en son temps.

Chaque disciple du Christ est sur un chemin de conversion. Et c'est dans la mesure où il s'y tient et y marche, en lien avec d'autres disciples du Christ, que l'Église prend peu à peu visage en des formes diverses.

La progression sur ce chemin est l'enjeu même de ce que l'on désigne habituellement par la *vie spirituelle*. Et la vie spirituelle est fondamentale. Car l'Évangile n'est pas un catalogue de valeurs, ni un programme politique, ni un livre de recettes, ni un grimoire, ni un code de la route céleste. L'Évangile est une bonne nouvelle qui ne peut être savourée que de l'intérieur, d'où elle peut nourrir et irriguer le tout d'une existence en ses multiples dimensions, des plus intimes aux plus sociales. C'est ce que nous allons détailler dans le chapitre suivant.

5

Nous sommes en route spirituelle

LA FOI CHRÉTIENNE affirme que Dieu se tient tout proche de nous, les humains, « à notre porte », révèle sa présence par les fruits que cette présence accueillie produit : des fruits de vie, de vitalité, d'heureuse conscience d'être, d'être désiré, voulu, créé, d'exister dans l'horizon d'un appel à devenir pleinement humain, dans un horizon où tout peut prendre sens. Fabuleuse nouvelle que celle qui nous vient de Dieu et nous confirme notre humanité en ce qu'elle porte en elle le souffle même de son Esprit d'éternité !

Or, nous sommes conduits à nous situer en liberté par rapport à cette nouvelle. Nous pouvons lui accorder foi, faire confiance donc, ou pas. Toute contrainte serait inopérante, puisqu'une telle nouvelle ne peut déployer ses effets que dans la mesure où chacun de nous s'ouvre librement à son accueil. Dans le cas contraire, elle glisse sur nous comme l'eau sur les plumes d'un canard.

Cette affirmation de foi peut donc rester sans effet si elle est reçue dans le seul registre de la connaissance, du savoir érudit. À quoi sert de savoir – savoir que nous sommes créés, noués, déliés, reliés – si ce savoir ne permet pas de trouver le sens de son existence et de s'y engager ?

Ainsi, chacun des points présentés dans cet ouvrage pourrait être enseigné et entendu sur un registre strictement incantatoire : sans effet, parce que sans rapport avec notre vie et ce qu'elle porte de souffrances, d'aspirations, de joie et de questions, sans assumer la recherche spirituelle qui nous taraude lorsqu'elle ne relève pas d'un effet de mode, mais bien d'une aspiration essentielle. Il s'agirait alors, au mieux, d'une philosophie parmi d'autres, ou, pire, d'une religion parmi d'autres, qu'il suffirait de jauger à l'aune de la comparaison, selon des critères de séduction intellectuelle, ou d'exotisme pseudo-spirituel. Ou alors, nous aurions affaire à une idéologie partisane cimentant un groupe autour de quelques idées au vocabulaire religieux, chargé d'assurer à ses représentants un pouvoir d'affirmation égocentrique dans la société. Ces pièges surgissent sur les chemins des croyants, des églises, sans toujours être esquivés.

La désertion des églises apparaît proportionnelle à la recherche spirituelle de nos contemporains. Quel chrétien n'en est pas troublé, qu'il soit proche ou éloigné des églises ? Or, le vide ainsi creusé, dans de nombreuses paroisses en particulier, dans les congrégations religieuses, dans les séminaires, semble provoquer un appel d'air qui profite justement à des sensibilités, souvent jeunes, portées à réclamer des signes extérieurs de piété et d'identification sociale par le biais d'une appartenance religieuse. Cette aspiration ne risque-t-elle pas cependant de les éloigner d'une démarche d'apprentissage humble et patient du chemin de conversion ? Ne risque-t-elle pas de les détourner de l'accueil confiant de la présence de Dieu au cœur de leur humanité, qui délivre, par l'Évangile, une identité reçue de l'Esprit, leur identité véritable ?

Il s'agit d'accueillir favorablement ces jeunes qui frappent à nouveau aux portes des églises, avec leurs exigences, leur quête de certitudes, leur besoin d'enseignement catéchétique clair. Ils ont besoin de tout cela pour se mettre en route. D'autres avant eux avaient renoncé au voyage. D'autres encore étaient parvenus en ce lieu *sans chemin* cher aux mystiques, mais avaient négligé de laisser aux générations suivantes la carte qui leur avait permis d'arriver là. Les plus jeunes ont donc de légitimes raisons d'exiger des repères pour faire leur route. Qu'ils se rappellent seulement qu'une carte routière, aussi fiable soit-elle, n'est pas le voyage.

Le cheminement spirituel relève en effet du voyage, parce qu'il épouse divinement le devenir qui caractérise toute trajectoire humaine, toute identité humaine. Mais le voyage exige un déplacement de soi. Nous avons donc le devoir impératif d'accompagner ces jeunes dans la foi avec une attention faite de tendresse et d'exigence intellectuelle et spirituelle à la hauteur de leurs aspirations. À défaut, ces jeunes sensibilités risquent de s'enfermer dans une complaisance narcissique à caractère religieux, complaisance du reste encouragée par la culture contemporaine dans son ensemble. Elle prendrait ici l'identité religieuse comme un paravent pour éviter d'exercer sa conscience en assumant la liberté requise par une vie selon l'Esprit du Christ.

La vie spirituelle : une vie dans l'Esprit de Dieu

La vie spirituelle chrétienne consiste en effet à laisser l'Esprit du Christ, qui est Esprit de Dieu, prendre corps, très concrètement, en nous et par nous. Avoir entendu, voire compris, la teneur d'une bonne nouvelle est une chose ; accueillir les effets de cette bonne nouvelle dans nos vies quotidiennes, en est une autre.

Nous restons humains. C'est pourquoi parler d'une *dimension spirituelle* de l'humain peut nous égarer si elle prétend désigner un registre spécifique qui se trouverait à côté et en plus d'autres traits caractéristiques de l'humain, comme sa capacité conceptuelle, sa capacité relationnelle, sa capacité morale, son intelligence manuelle. Il semble plus juste de parler d'*orientation spirituelle* dans tout ce qui fait l'humain, orientation plus ou moins cultivée ou négligée selon la décision de chacun. Car l'humain porte en lui cette capacité de tourner tout ce qui le spécifie vers un au-delà de lui-même auquel il se trouve relié, cet horizon de transcendance désigné par « Dieu ».

Toute vie spirituelle est d'abord vie humaine, vie humaine assumée, à travers son inachèvement permanent et ses contradictions dépassées, jusque dans les profondeurs de son ouverture à l'Autre.

Ainsi, notre aspiration à la vie heureuse contrariée par la logique du mal, en bonne partie par notre complicité, ainsi que nous l'avons montré, demeure, que l'Évangile soit parvenu à nos oreilles ou pas. Mais l'Évangile nous a ouvert une voie : celle prise par Jésus, le Christ, qu'il a révélée en la vivant. Il a montré que la liberté était bien cette capacité de choisir et d'engager notre énergie, dans les conditions qui sont les nôtres, en vue du bien. Et celui-ci, lorsqu'il est effectif, réel, a un effet contagieux. Un cercle vertueux se met alors en route : notre liberté s'épanouit lorsqu'elle nous porte au service de la vie, de la vraie vie, celle qui ne s'éteint pas, celle qui traverse les petites morts de l'existence comme les grandes, comme l'ultime mort, et poursuit sa fécondité au-delà. Autrement dit, notre liberté prend vraiment corps lorsqu'elle enracine notre temps dans l'éternité et notre espace dans l'immensité infinie.

L'enjeu d'une vie spirituelle est celui-là : apprendre à se laisser gagner par le cercle vertueux de la vie divine en nous, entre nous, par nous.

Les points de repère exposés jusqu'ici sont comme des balises. La route reste à faire pour chacun, de l'intime de sa conscience jusqu'à la fécondité heureuse que les fruits de l'Esprit signalent au fil de ses dons.

Or, personne ne peut faire le voyage à la place d'un autre. Faire la route, y compris lorsqu'elle est spirituelle, c'est à la fois utiliser des itinéraires pensés et construits par d'autres, et en même temps construire ses propres étapes, en suivant son rythme propre. C'est faire l'expérience singulière du voyage, non pas au sens touristique, mais au sens initiatique : le voyage formateur pour tout apprenti que nous restons, en particulier lorsqu'il s'agit de chemin spirituel. Le voyage se révèle alors plein d'imprévus, de chemins de traverse, d'espérances déçues et de réjouissants inattendus, d'allers et de retours, de détours et de tâtonnements, d'évidences et de découvertes, de déconvenues et d'enthousiasmes. Tout cela nous dépouille et nous enrichit tout ensemble. Confrontés au réel, requis sans ménagement par son altérité (à travers les événements, les autres, nous-mêmes), nous apprenons alors à nous connaître à notre juste mesure, et donc à connaître Dieu par sa manière de nous rejoindre, et à nous tenir dans le voyage de la vie. C'est ainsi que la singularité[1] de chacun, dans la dimension divine de son être, trouve son chemin humain d'expression le plus sûr.

Par définition, cette dynamique se fait au bénéfice de tous. Contrairement à ce qu'on peut entendre parfois, s'engager de tout son être singulier, dans une vie spirituelle assumée en *je,* ne revient pas à une quête narcissique et égoïste d'un bien-être *intérieur* au goût amer d'un repliement sur soi. Si cela se produit, c'est que la quête spirituelle s'est engagée dans une impasse, et celle-ci se fait vite percevoir à travers une tristesse durable, un sentiment de désespérance vis-à-vis de soi et des autres. Une vie *intérieure* nourrie en équilibre provoque une ouverture bienveillante, accueillante, aimante, sur soi et sur les autres, sur l'*extérieur*[2].

La vie dite *spirituelle* relève donc du paradigme de la route à faire, du voyage à accomplir, et la décision de s'y engager appartient à chacun.

Il s'agit de laisser l'Esprit de Dieu, de ce Dieu créateur et libérateur, de ce Dieu présent avec nous,

1. Autrement dit : « je ».

2. Ces termes sont à manier avec précaution car la frontière supposée entre un *intérieur* et un *extérieur* de l'être pose des problèmes épistémologiques conséquents dont l'exposé n'entre pas dans le cadre de cet ouvrage.

de le laisser prendre corps en nous. Le voyage est celui de la conversion. Cela suppose de clarifier ce que nous entendons par ce terme de *conversion*.

La vie spirituelle est une conversion permanente

Si l'Esprit de Dieu a pris vraiment corps en quelqu'un, c'est en Jésus. Nous l'avons vu, c'est la raison pour laquelle les chrétiens le qualifient de Christ. Jésus, le Christ, est donc le maître en la matière : il a manifesté ce que peut être l'humain lorsqu'il est tout entier pétri de la vie divine. Ainsi, celui ou celle qui cherche à vivre pleinement sa vie humaine, autrement dit *divinement*, se tourne vers le Christ et devient son disciple.

Devenir disciple c'est alors entrer dans une démarche progressive dite *de conversion*. Ce terme de conversion peut être entendu, dans le champ du christianisme, de deux manières.

La plus répandue consiste à donner à ce mot le sens d'une adhésion à une église, à une confession, adhésion perçue avant tout comme une appartenance à un corps social constitué autour d'un motif religieux. Dans ce cas, s'estime converti celui ou celle qui est baptisé et participe au culte et à la vie de sa communauté, de sa paroisse, de sa *congrégation*[1] dit-

---

1. Équivalent à *paroisse* dans la culture nord-américaine notamment marquée par la Réforme protestante, alors que dans la culture catholique, le terme congrégation désigne une communauté de religieux ou de religieuses organisée en plusieurs fraternités de vie, ou communautés locales.

on dans les milieux anglo-saxons. En tant que membre de ce groupe, il s'efforce de respecter ce que son église enseigne. Dans cette perspective, le monde apparaît alors partagé en deux : les convertis (membres de son église) et les autres. Il n'est pas rare que du côté des convertis, un prosélytisme déterminé se développe, avec comme objectif principal de convertir les autres, autrement dit, d'obtenir d'eux qu'ils reçoivent le baptême et appartiennent à *leur* église. La foi se trouve dans ce cadre assez vite réduite à la religion, telle que nous la définissons : une socialisation du rapport à Dieu, socialisation particulière, cela va de soi, mais qui tend ici à se considérer non seulement comme la plus légitime, mais comme épuisant la démarche spirituelle elle-même.

Cela ne signifie pas que la démarche de foi ne soit pas sincère. Simplement, elle risque d'être perçue et vécue, au même titre que l'inscription et l'appartenance à un parti, fût-il d'église. Certains milieux évangélistes nord-américains illustrent bien un tel phénomène, qui se laisse percevoir sous des formes diverses dans l'ensemble des confessions chrétiennes. L'évangélisation prend alors la forme d'une entreprise de propagande, opération de marketing au professionnalisme pointu : le produit à consommer est alors la foi, le réflexe d'achat à déclencher, l'adhésion à l'église (la sienne, bien sûr) et pour ce faire, le savoir-faire de la publicité est utilisé sans aucun complexe. Dans cette perspective, le nombre d'adhérents devient critère de qualité. Et si ce n'est le nombre, la puissance et la ferveur des chants, ou l'ampleur des manifestations publiques de l'église, suffisent aux yeux de ses membres à garantir la véracité de son contenu de foi. La vie spirituelle sera comprise comme participation au culte dominical, à quelques gestes religieux ponctuant la journée (prière à table, signe de croix), et à l'investissement d'une partie de son temps, de son argent, ou de son énergie, dans l'église proprement dite ou une œuvre caritative qui lui est liée. Ainsi, tout en étant intégrée à la vie sociale, la foi aura cependant sa vie propre, compartimentée, comme autonome par rapport aux autres sphères. À côté du temps et de l'espace considérés comme propres à la religion, les différentes activités humaines suivent leur cours sans que leur rapport avec la foi soit véritablement pensé, activé. La conversion est vécue comme un fait, donné une fois pour toutes. Du reste, les personnes nées et bercées dans une appartenance ecclésiale de ce type déclarent sans sourciller qu'elles n'ont pas besoin, elles, de conversion, étant déjà chrétiennes.

La logique convoquée ici dans la réponse est strictement celle d'appartenance à un groupe particulier (une église). C'est pourquoi nous pouvons être mal à l'aise avec cette façon d'envisager la conversion, quand bien même elle se manifeste dans le champ chrétien[1], surtout lorsque nous percevons bien l'enjeu spirituel de l'adhésion au Christ, plus engageant que la seule adhésion à une église, ou à un groupe religieux, et dépassant très largement la religion proprement dite.

Une autre façon de comprendre ce qu'est la conversion semble plus accordée à la dynamique qui se dégage de l'Évangile. Il s'agit d'envisager la conversion

1. Entre dans ce cadre le phénomène typiquement anglo-saxon des *mega-churches*. C'est une tendance que l'on observe dans toutes les religions, sans que pour autant elles s'y réduisent.

comme ce moment de retournement qui porte le regard, le cœur et les pieds dans la direction de Jésus, le Christ. Dans l'Évangile selon saint Jean[1], la figure de Marie de Magdala, une compagne disciple de Jésus, illustre parfaitement ce mouvement qui détourne la personne des lieux mortifères (symbolisé par le tombeau vide) en la retournant vers le Christ, le Vivant.

Se convertir revient alors à désirer que toute sa vie soit irriguée de la bonne nouvelle dont Jésus a été le porteur, le témoin et l'incarnation : la vie vaut la peine d'être vécue, et la recevoir de Dieu la déploie en éternité. La mort fait partie de la vie, elle ne s'y oppose pas. La mort – et tous les drames et épreuves que nous traversons qui sont autant de petites morts – n'a pas le dernier mot. C'est pourquoi la conversion est affaire d'option, d'option pour le Christ, reconnu comme « la vérité, le chemin et la vie », dont il est heureux d'être disciple.

Cette option pour le Christ renvoie chacun à assumer sa propre existence dans la confiance absolue en Dieu (la foi), dans le courage pour l'avenir (l'espérance) et dans la joie d'aimer quoi qu'il arrive (la charité)[2]. La conversion chrétienne est affaire de toute une vie. Elle doit prendre corps au fil du devenir de chacun. C'est là l'enjeu de la vie spirituelle chrétienne. Il ne suffit pas de dire ce que l'on croit en déroulant quelques convictions cérébrales et convenues, et en se

1. Evangile selon saint Jean, chap. 20, v. 11-18.

2. La foi, l'espérance et la charité sont appelées les vertus théologales par la tradition chrétienne. Vertus, parce qu'elles représentent des attitudes qui donnent de la force intérieure pour vivre sa vie, et théologales, parce qu'elles s'enracinent dans l'identité même de Dieu.

raccrochant à quelques valeurs consensuelles. Il s'agit de vivre effectivement à hauteur d'une reconnaissance de la bonne nouvelle de Dieu qui agit, travaille, féconde sa propre vie dans toutes ses dimensions : familiales, professionnelles, amicales, etc. Il s'agit de désirer vivre *réellement* ce que l'on proclame.

Être disciple du Christ, c'est donc se retourner dans sa direction et ainsi naître à soi-même, à sa vocation de fils ou de fille de Dieu, d'adulte confiant, apaisé, mis dans du sens bienfaisant, en dépit des épreuves de l'existence humaine. Cette naissance *à nouveau* peut être parfois qualifiée de re-naissance, ou de vraie naissance. En effet, elle signale clairement que nous n'appartenons pas au projet parental, si noble soit-il, si blessé et ambigu aussi, et, par extension, que nous ne sommes réductibles à aucun projet sociétal prédéfini quel qu'il soit, mais que nous sommes appelés à devenir pleinement cet inattendu singulier que Dieu désire et appelle en nous, pour notre joie et pour la sienne. Se mettre debout et marcher dans cette perspective-là, poussé de l'intérieur de notre désir de vivre, c'est cela naître de l'Esprit. C'est découvrir le *je*, la singularité que Dieu crée par et en nous. C'est la prendre en charge résolument, autrement dit l'assumer, car en elle, se trouve un trésor unique. Et par ce *je* consistant, le tissu relationnel se déploie en une densité de qualité très fine et très forte. Il n'est plus possible de négliger l'attention à l'autre, aux autres. Partager la peine de l'autre, la joie de l'autre, le souci de l'autre, l'espoir de l'autre, c'est-à-dire laisser la compassion toucher au cœur et se faire inventive, devient un chemin habituel, nécessaire, qui participe à la joie du converti.

Pour certains, l'expérience est datée avec certitude : c'était tel jour, telle heure, tel endroit : effet de soudaineté, sentiment de plénitude, de grande paix et de joie intenses, autant de traces laissées habituellement dans le sillage de Dieu. Dans l'histoire d'une vie, il y aura toujours alors un avant et un après ce moment-là. Pour d'autres, l'expérience de la naissance dans l'Esprit est plus diffuse, les étapes s'inscrivent dans la durée et l'épaisseur d'une vie entière. L'itinéraire est alors jalonné de temps forts, marquants, que l'on n'oubliera pas parce qu'ils ont été ceux d'expériences déterminantes de la présence agissante de l'Esprit dans sa vie. Ils ont permis de quitter enfin d'inutiles certitudes et des habitudes stériles, ils ont permis de prendre en main son *oui* à la vie de Dieu, à la manière du Christ.

Quelle que soit l'intensité de ce retournement, quelle que soit sa récurrence, quel que soit le degré de changement qu'il a entraîné dans son sillage, il reste à confirmer cette naissance à soi-même en grandissant et en se fortifiant dans la foi. Il s'agit alors d'apprendre à se tenir dans la présence de Dieu, à se laisser transformer, changer par son Esprit.

L'Esprit de Dieu passe par tout ce qui fait la vie humaine, et si la religion, en tant qu'organisation sociale du rapport au transcendant, fait partie du réel humain, celui-ci ne s'y réduit pas. Il arrive même que l'essentiel de la vie humaine passe par de tout autres chemins que ceux que la religion propose[1].

---

1. « L'Esprit souffle où il veut, et tu entends sa voix, mais tu ne sais ni d'où il vient ni où il va. Ainsi en est-il de quiconque est né de l'Esprit » (évangile selon saint Jean, chap. 3, v. 8).

Une fois vécu le retournement de perspective qui marque notre identité de disciple, nous voici embarqués pour être avec le Christ et laisser sa puissance de vie nous gagner pour faire advenir ce que nous sommes : enfants de Dieu, adultes accomplis[1]. Alors, « le Royaume est tout proche ». À quoi les reconnaît-on ? Ils font comme Jésus, *Christ*, l'homme venu de Dieu[2] : ils posent les paroles, les gestes, les signes qui font vivre, revivre, qui apaisent et réjouissent, réconfortent et encouragent au bien, bref, qui donnent et redonnent goût à l'existence.

Avant de présenter les moyens concrets à mettre en œuvre pour avancer, il nous faut brièvement signaler deux points à ne jamais perdre de vue : la vie spirituelle est concrète ; la vie spirituelle est un combat.

La vie spirituelle est concrète

Se laisser pénétrer par le meilleur, de sorte d'agir en accord avec ce meilleur, c'est là l'articulation de la vie spirituelle. Il est impossible d'opposer l'action (ou les activités, les engagements, le sens des responsabilités) et la contemplation (ou l'oraison, l'adora-

1. « L'Esprit lui-même atteste à notre esprit que nous sommes enfants de Dieu » (épître aux Romains 8, 17) ; « Fils/Filles, vous l'êtes bien : Dieu a envoyé dans nos cœur l'Esprit de son Fils, qui crie : Abba – Père ! Tu n'es donc plus esclave mais fils/fille ; et comme fils/fille, tu es aussi héritier, héritière : c'est l'œuvre de Dieu » (épître aux Galates 4, 6-7).

2. Titre d'un ouvrage de Joseph Moingt : *L'homme qui venait de Dieu*, éditions du Cerf, coll. « Cogitatio Fidei », n° 176, 1996.

tion, la méditation) lorsque l'on vit dans la foi chrétienne. Jésus lui-même puisait dans sa relation au Créateur la force et la justesse de son agir (enseignement et comportement), et il renvoyait son agir à Dieu en forme de supplication ou d'action de grâce. Il a vécu sa vie d'homme en une présence constante à la présence de Dieu. Ce Dieu, le Créateur, lui était tellement familier qu'il ne l'appelait pas seulement *père*, dans le sens que nous avons suggéré, mais aussi *abba*[1], autrement dit *papa*. Si l'action de Jésus se montre tellement efficace, c'est parce qu'elle s'enracine dans cette intimité. Et la justesse de cette intimité se lit dans l'efficacité de son agir. Une efficacité forte et douce à la fois, modeste et puissante, sans prétention ni imposture, sans effets d'annonce ni mièvrerie.

Contrairement aux idées reçues, le *spirituel* ne s'oppose donc pas au *matériel*, comme deux entités autonomes et antagonistes. La foi chrétienne oblige à reconsidérer ces fausses évidences. La vie de l'Esprit – le spirituel – irrigue toute réalité humaine, y compris le rapport que l'humain entretient avec les nécessités matérielles.

Ainsi, s'élever spirituellement, c'est rejoindre la terre dans un mouvement de réconciliation avec cette réalité qui porte notre humanité et lui donne sa forme. La recherche de Dieu conduit donc à une sorte d'abaissement, au sens de l'humilité : humilité – humus – humain. L'humilité renvoie à la posture *debout les pieds sur terre* d'une part, et à un milieu nourrissant, nécessaire à la vie, d'autre part. L'humi-

1. Par exemple dans l'évangile selon saint Marc, chap. 14, v. 36.

lité n'est pas l'humiliation. L'une est à cultiver, l'autre à combattre.

Sur le registre de l'*humus*, la terre qui porte et nourrit, nous trouvons un autre indice tout aussi éclairant : le rapport de la terre au ciel.

Spontanément, l'humain situe l'espace de Dieu au ciel, *dans les cieux*. La même spontanéité fait regarder le ciel pour parler à Dieu. La Bible le dit clairement : Dieu est au ciel[1]. Lorsque la Bible parle du ciel cependant, elle le fait toujours en posant le rapport ciel/terre. L'expérience montre que l'humain est fait pour avoir les pieds sur terre, au sens propre. Son monde à lui est *la terre* qu'il apprend à habiter en la cultivant. Par opposition, le *ciel* apparaît alors comme le monde *autre* de celui de l'humain. C'est donc logiquement que l'*autre* de l'humain, le divin, se trouve situé dans le *ciel*, cet autre espace, inaccessible à l'humain. Et pour bien montrer que ce ciel est infiniment plus vaste que ce que les yeux en voient, que l'espace divin est hors de portée des sens humains, il sera question en particulier dans la Bible, des Cieux.

Ce mode de représentation est légitime dans la mesure où il permet de percevoir l'altérité infinie de Dieu, en même temps que de situer l'humain par rapport au divin, en orientant sa prière. Mais le risque est grand de prendre ces métaphores à la lettre. Le ciel, les Cieux, sont alors des espaces perçus à l'échelle humaine, comme effectivement, physiquement, habités par quelqu'un comme nous, en plus grand et plus puissant, qu'on appelle Dieu. Cette grossière erreur est pourtant à la base de la remarque

1. Image très présente dans les Psaumes notamment.

de quelque cosmonaute constatant qu'il n'a pas vu Dieu en tournant en orbite autour de notre planète. Le niveau de culture en matière religieuse se révèle parfois inversement proportionnel au niveau de savoir en matière scientifique et technique ! Dieu est « plus vaste que notre désir » comme l'expriment tous les mystiques : comment pourrait-il loger quelque part ? Alors que c'est Dieu qui nous abrite…

Dire que notre Dieu est au Ciel (les majuscules sont là pour nous éveiller au sens de ces mots) c'est affirmer deux choses : Dieu est l'autre de l'humain et il est inaccessible à la force des poignets humains ; sa présence enveloppe la terre, et la rejoint. Du reste, le ciel (au sens physique ici) ne caresse-t-il pas la terre en lui offrant l'air, l'eau et le soleil sans lesquels la vie, nos vies ne seraient pas possibles ? Le ciel est effectivement à notre portée, depuis toujours, à hauteur humaine. Affirmer que Dieu s'y tient est donc d'une force théologique considérable. L'invention des engins volants, de la montgolfière aux fusées les plus sophistiquées, ne change rien à ce rapport de sens : dans ces véhicules aériens, l'humain reste humain, embarque son monde terrestre avec lui, s'entoure de prothèses de toutes sortes qui le relient, en un lien physiquement vital, avec le reste de l'humanité dont il demeure un spécimen. On peut saluer l'exploit technologique, réel, que cela représente. Mais ne perdons pas de vue que dans ces opérations aériennes et spatiales, c'est toujours d'humain qu'il s'agit. Les fusées sont pleines de la terre.

Le divin demeure à la fois dans, en deçà et au-delà de l'espace et du temps. Il est présent. Il est la Présence par excellence. Il est, ici et maintenant, à la portée de qui le cherche, de qui le désire, consciemment ou non. De fait, la Bible montre que c'est Dieu qui vient à la rencontre de l'humain, non l'inverse. Comme le ciel rencontre la terre.

Un autre repérage important se trouve en filigrane de ce rapport ciel/terre. L'humain est appelé à grandir, à devenir adulte, en assumant son existence avec sérénité, heureuse reconnaissance. Pour ce faire, il émerge progressivement de l'état d'enfance, état de celui qui ne peut ni parler (de lui-même), ni s'assumer, ni participer en son nom propre à la vie sociale. C'est pourquoi l'enfant doit être *élevé*. Il doit peu à peu apprendre à se distancer des besoins et envies qui l'apparentent à l'espèce animale, en les intégrant dans ce qui le taraude et s'exprime assez vite par les salves de « pourquoi ? » et de « comment ? », à savoir le sens de son *être-là*. Cela signifie qu'il doit recevoir de quoi s'orienter vers la sortie de l'état d'enfance et se construire comme adulte, comme individu singulier capable de se relier aux autres. Certes, jusqu'à sa mort, l'humain porte avec lui son enfance, à partir de laquelle il se construit. Mais il ne reste pas un enfant, au sens premier du terme, sauf pathologie. *Élevé* jusqu'à l'âge adulte, il n'est pas pour autant achevé. Cette dynamique d'élévation se poursuit. Sa vie durant, l'adulte n'en finit pas d'apprendre à se tenir debout au milieu des tempêtes petites et grandes qui ponctuent tout parcours d'existence, et ce jusqu'à ce qu'il soit élevé au *ciel*, mort à nos yeux, vivant dans le monde de Dieu.

La foi chrétienne pose comme horizon, nous l'avons vu, une vocation[1] humaine : elle est de devenir

---

1. Vocation vient du mot latin *vocare*, appeler. Parler de vocation humaine revient à dire ce à quoi toute personne humaine est appelée.

fils et filles de Dieu. Voilà ce à quoi l'humain est appelé. La dynamique d'élévation porte alors en une autre dimension la posture de verticalité : si l'humain a bien les pieds sur terre, son désir en lui aspire au divin, l'élève à partir de la réalité matérielle au-delà de celle-ci. C'est pourquoi spontanément le corps – la posture du corps, les yeux, les mains – exprime ce désir de Dieu, ce désir divin dans le cœur humain, par un mouvement qui oriente vers le haut, le ciel.

La métaphore ciel/terre est donc parlante de la relation humain/divin. Mais elle ne conduit pas l'humain en désir de Dieu à se diluer dans le ciel vaporeux supposé compenser ses frustrations terrestres. Au contraire, en logique chrétienne, elle offre un cadre de représentation qui permet de se mettre en accord avec ce qui advient : Dieu lui-même s'approche de l'humain et, ce faisant, lui révèle que son lieu d'habitation, c'est le monde humain, jusqu'au cœur de chaque personne, « trésor caché puisqu'il est vrai qu'il est en nous[1] ».

La vie spirituelle est un combat

La vie spirituelle chrétienne consiste alors à apprendre à se laisser progressivement et radicalement gagné par l'Esprit du Christ qui nous révèle ce trésor et nous permet de le déployer dans nos vies, en d'inattendues et singulières manières.

1. Thérèse d'Avila, dans *Le château intérieur*, Cinquièmes demeures, I, 2, in *Œuvres complètes*, Desclée de Brouwer, 1985. Tous les mystiques chrétiens expriment cela d'une manière ou d'une autre.

La vie spirituelle est donc un combat.

Pour que l'Esprit du Christ prenne corps en nous, nous avons en effet à entretenir notre jardin intérieur : cultiver le meilleur, la capacité d'aimer, de se réjouir, de laisser la vie circuler en nous et autour de nous. Cela suppose de ne pas alimenter ce qui en nous donne prise au péché : ces tendances négatives, mortifères, destructrices. Nous restons toujours pécheurs, mais nous sommes pardonnés, toujours.

Encore faut-il, pour que ce pardon ne reste pas à notre porte, hors de nous, mais seulement dans nos têtes, encore faut-il le laisser faire son travail de guérison en nous. Cela passe par une perception aussi claire que possible de la façon dont nous donnons prise au mal dans nos existences en lui offrant, consciemment ou non, le pouvoir réel de nuire. Ce repérage permet de retrouver le chemin qui nous en libérera : il passe de cette lucidité au regret, du regret au désir d'être pardonné, puis à l'expression de ce désir auprès de celui qui a le pouvoir de pardonner, Dieu en personne pour les chrétiens, et enfin, par l'accueil de ce pardon. La sincérité de la démarche, nécessaire à son efficacité (vivre réellement de cette vie redonnée, pardonnée), s'exprime très concrètement par des paroles, des gestes (dont ceux qui visent à réparer le mal commis), un comportement global marqué par l'humilité tranquille et tendue vers le bien de qui se sait fragile et porté par la tendre présence de Dieu, éternel créateur et recréateur de vie. Ce chemin pris et repris sans cesse nous permet d'éviter d'entretenir le mal, le malheur, le mal-être, le faire mal, en nous et autour de nous, au profit du bien, du bonheur, du bien-être, du *faire le bien*.

Le Christ nous donne son Esprit, l'Esprit de Dieu, comme énergie pour ce combat. C'est donc la *grâce à Dieu* qui travaille là. Mais c'est à notre liberté qu'il appartient ou non de la laisser faire.

C'est pourquoi la vie spirituelle ne se trouve pas d'emblée sur une ligne de repos, de vacances, de repliement douillet et confortable, de coconnage complaisant. Le repos, la détente constituent un préalable nécessaire pour… se préparer au combat et, dans et par la grâce de Dieu, le mener et en sortir victorieux.

Il peut être utile de se référer aux indications que donnent les spirituels pour aider à reconnaître ce qui relève de la bonne ou de la mauvaise herbe dans notre jardin. La tradition parle de vertus – des puissances de liberté – et de vices – des poisons pour la liberté. Mais attention à ne pas en faire des principes désincarnés : après tout, sous certaines conditions, même la mauvaise herbe peut avoir son utilité, et la bonne herbe mal employée ses effets pervers… Un discernement continuel s'impose en matière de vie spirituelle.

Que la vie spirituelle relève d'un combat rejoint une donnée fondamentale de l'humain : trouver le sens de sa vie et par là se laisser gagner par une joie sereine, quelles que soient les tempêtes, trouver le chemin du bonheur, cela s'apprend. Tout apprentissage est onéreux, particulièrement celui-là, puisqu'il se fait à travers la mise à l'épreuve du réel.

Le combat intérieur fait partie intégrante de la vie spirituelle. Ce combat dégage et entretient le passage au plus essentiel : *jouir* de la présence de Dieu, pour reprendre un vocabulaire cher aux mystiques chrétiens. Pour qui a goûté à cette présence de Dieu, rien de plus heureux ne peut être cherché. C'est pourquoi le détachement est un fruit du jardin particulièrement apprécié du chercheur de Dieu. Le détachement, l'art d'être heureux quoi que l'on possède, ou pas, quoi que l'on vive, c'est le signe d'une liberté sur la voie de l'absolu. Il est donné en même temps qu'est donnée la joie d'éprouver la Présence. Plus rien ne compte alors, au sens propre comme au sens figuré, à part elle.

Pour accueillir réellement la présence active de l'Esprit dans nos existences, nous avons besoin d'une vie intérieure nourrie. Comment faire ? Qui dit chemin, dit méthode. La tradition spirituelle chrétienne propose des moyens éprouvés au feu de l'expérience spirituelle, moyens dont nous pouvons bénéficier, même s'il nous faut pour cela, parfois, opérer de longs détours. Ces moyens peuvent être saisis à travers trois registres :

— la présence à soi-même par une attention au corps ;

— le lien à la Bible par une méditation intériorisée des Écritures ;

— la relation à son environnement par une attitude d'éveil à sa vie.

Ces trois registres sont impliqués dans la vie spirituelle. Notons d'emblée que nous les exposons l'un après l'autre, par souci de clarté explicative, mais ils se trouvent en synergie, et l'entrée dans cette synergie peut se faire par un point ou par un autre : ils ne sont pas considérés ici selon un ordre de priorité. Chacun de ces registres exige cependant que l'on s'exerce par la pratique, que l'on s'entraîne, avec méthode, comme dans n'importe quelle autre activité, artistique ou sportive. Il s'agit bien d'exercices en effet, au sens où saint Ignace de Loyola en parle à propos des *exercices spirituels*[1] dont ils sont partie prenante.

Le corps : lieu incontournable de présence à soi-même

Le pas fondamental à prendre pour cheminer selon l'Esprit, est celui d'une prise et reprise continuelle de contact avec soi-même. L'idéal est de ne jamais perdre ce contact. Vivre centré, c'est pouvoir offrir aux autres et au monde une forme de plénitude du *je* en devenir, c'est s'offrir aux autres, sans se perdre, c'est devenir présence nourrissante, réconfortante pour les autres, par l'accueil simple et constant de la grâce de Dieu en soi-même, ce cadeau permanent. Toutes les traditions spirituelles insistent, à juste titre, sur cette exigence de se tenir là, d'être aussi pleinement vivant que possible dans l'ici et maintenant de ce corps que *je* suis. Car le corps

1. « Par ce terme d'exercices spirituels, on entend toute manière d'examiner sa conscience, de méditer, de contempler, de prier vocalement ou mentalement, de toute autres activités spirituelles, comme il sera dit plus loin. De même, en effet, que se promener, marcher et courir sont des exercices corporels, de même appelle-t-on exercices spirituels toute manière de préparer et de disposer l'âme pour écarter de soi toutes les affections désordonnées et, après les avoir écartées, pour chercher et trouver la volonté divine dans la disposition de sa vie en vue du salut de son âme » (Ignace de Loyola, *Exercices spirituels*, traduction Edouard Gueydan, s.j., Desclée de Brouwer/Bellarmin, 1986, p. 27).

humain est plus qu'une merveilleuse organisation anatomico-physiologique. Il est ce qui donne forme au souffle de Dieu et nous rend capables de vivre au monde. Il est le lieu premier du *je*. Or, depuis la nuit des temps, *je* se laisse distraire. L'attention au corps se présente donc comme le moyen sûr de ne pas perdre la clef de sa maison en se perdant sans fin en d'improbables et épuisantes errances. Elle est la porte d'entrée du rendez-vous de soi avec soi, où toute relation au monde et aux autres s'enracine.

La distraction comme aliénation

La logique du mal s'insinue toujours en nous en commençant par nous déloger de notre maison intérieure. Son entrée principale est la « distraction ».

Le philosophe Blaise Pascal (1623-1662) parlait de *divertissement* pour qualifier cette pente qui nous éloigne sans cesse de nous-mêmes et de ce qui nous tient réellement à cœur. Bien avant lui, saint Augustin (354-430) mettait déjà ses auditeurs en garde contre la fascination du spectacle, fascination qui finit toujours par expulser les personnes hors de leur chemin d'humanité.

Il ne s'agit pas de refuser de rêver, ni de renoncer à la richesse prodigieuse et vitale de l'imaginaire, ni non plus de s'interdire la mise en fiction de ce qui touche au cœur, quel que soit le support technique utilisé. Il s'agit seulement, tout en bénéficiant de cet univers, de ne pas s'y perdre : ne pas se perdre de vue, ne pas laisser nos pas se perdre dans le virtuel. Car le virtuel, autre nom de la fiction, relève d'une forme de mensonge : mensonge nécessaire et utile dans la mesure où la reconstitution d'un pseudo-réel par la magie de l'imaginaire aide à mieux comprendre le réel, grâce à sa mise à distance et en perspective. Mais ce mensonge devient néfaste lorsqu'il masque, éloigne, préoccupe, le réel, jusqu'à faire oublier qu'il ne l'est pas, réel, lorsque la fiction prétend en tenir lieu. Tous les moyens de séduction peuvent être mis en œuvre pour entretenir la confusion. Notre époque bénéficie de moyens techniques prodigieux pour rendre *réaliste* toute fiction. C'est pourquoi le danger semble plus grand aujourd'hui de laisser sa propre existence, et l'intelligence qu'on en a, asservir par des mondes imaginaires sortis tout droit des fantasmes de quelques-uns, au point d'en arriver à être dépossédé *volontaire* de sa propre vie. Y a-t-il pire aliénation ?

Je ne peux pas avancer si *je* réponds aux abonnés absents. Il *me* faut donc apprendre à *me* retrouver. Il s'agit de garder le gouvernement de sa vie, autrement dit de refuser de vivre par procuration (celle donnée habituellement aux héros des romans, BD, films, séries, jeux, show-biz, etc.). Garder le gouvernement de sa vie ne signifie pas prétendre la maîtriser. L'image la plus parlante nous vient du monde de la navigation : garder le cap choisi en tenant fermement le gouvernail, c'est intégrer tous les paramètres d'une route à faire, une route aux conditions changeantes, parsemée d'imprévus plus ou moins heureux, dépendant d'éléments que le marin ne maîtrise pas, mais qu'il apprend à assumer au fil de la traversée. Gouverner sa vie revient à exercer sa liberté (avancer vers un cap désiré) dans des conditions données.

C'est ainsi qu'un des premiers combats à mener, et à reprendre sans cesse, est celui qui consiste à retrouver sa liberté dans tous ces lieux qui me volent mon existence, qui squattent mon esprit, qui tuent mon temps. L'Esprit de Dieu aide dans ce sens, car il travaille toujours en nous dans la perspective d'une libération. Nous avons à nous battre avec nous-mêmes pour le laisser faire.

Être domicilié en soi, et non vivre hors de soi, est la condition nécessaire à toute hospitalité à l'autre, *a fortiori* à Dieu. Le corps s'offre comme lieu de domiciliation de soi, de son identité même.

Le corps a ses raisons… spirituelles

Tout chemin spirituel commence donc par les pieds. Les pieds font image ici : ils renvoient à ce point d'articulation entre la terre où ils reposent et le ciel vers où ils élèvent le corps tout entier. L'expérience est tangible : elle peut se donner lorsque nous sommes assis, où allongés, peu importe. Sans corps, pas d'existence à hauteur humaine ; mais sans l'humanité du corps, pas de conscience d'être soi, seulement soi, et d'être appelé par un devenir qui nous dépasse. La route spirituelle est donc physique ou elle n'est pas.

Très concrètement, il s'agit de prendre à nouveau, et pour certains c'est pour la première fois, conscience que nous existons grâce à notre corps. Ce corps dont les chrétiens disent, à la suite de l'apôtre saint Paul, qu'il est « temple de l'Esprit », est en effet le lieu qui porte notre existence en la manifestant. Il est corps *humain*, c'est-à-dire irréductible à sa matérialité physique, à ses processus biologiques : il est corps énergisé, animé, tout entier impliqué dans ce que nous engageons de nous, en particulier aux plans relationnel et affectif. Son intelligence est subtile et il nous renseigne souvent sur ce qui a marqué, ou marque notre vécu effectif. C'est pourquoi la vérité d'une vie spirituelle se donne à travers les signes donnés par le corps. Il est temps de sortir du désastreux dualisme corps/esprit, de l'opposition physique/spirituel, de la dichotomie corps/âme. Autant d'expressions piégeantes en ce qu'elles ne permettent pas de rendre compte de ce qu'est l'existence humaine : corps animé ; esprit incorporé.

Pour autant, il est hors de propos d'assimiler sainteté à santé (physique ou mentale) : la maladie fait partie du mal dont nous avons parlé et seule la personne atteinte par tel ou tel souci ou accident de santé est légitime pour éventuellement trouver un sens à ce qui lui arrive. Elle seule est à même de repérer un lien éventuel entre son vécu psycho-affectif, son comportement social, et sa maladie. Si la sainteté est cet art de tout vivre – y compris le combat résolu contre la maladie et la douleur – en mettant sa foi en Dieu, alors la maladie, non seulement ne s'oppose pas à la sainteté, mais peut y contribuer.

En revanche, la quête spirituelle passe nécessairement par une attention au corps, quel que soit son état de santé.

Zen, yoga, et autres moyens

Nous avons donc à entrer dans une prise de conscience de soi, de soi vivant, vivant quelque part, occupant un point de vue définitivement unique sur le monde, au croisement d'un espace et d'un temps dont la surface occupée très concrètement par les pieds témoigne. Vouloir ouvrir sa liberté à l'agir de l'Esprit commence donc par un apprentissage à habiter chez soi, à être présent à ce qui advient à partir de sa maison intime. On peut parler ici d'intériorité, si l'on entend par là la conscience de la capacité d'infini que l'on perçoit en soi-même lorsqu'on y prête attention. C'est le lieu où tout résonne, et où toute sagesse, cette intelligence à vivre, prend racine.

Dans cette perspective, de multiples moyens sont aujourd'hui à notre portée. Nous avons été dépossédés d'une prise en compte positive du corps en Occident sous les coups de boutoir d'un dualisme ruineux qui n'a rien de chrétien. C'est pourquoi nous empruntons souvent des méthodes à d'autres civilisations pour retrouver ce sens du corps animé, du corps spirituel. Pourtant, les témoignages laissés par les mystiques chrétiens montrent qu'ils ont tous porté une forte attention au corps, faite de respect et de liberté, souvent contre les préjugés de leur époque.

Mais de fait, le zen et le yoga sont sans doute les deux traditions que les chrétiens se sont le plus appropriées ces quarante dernières années[1]. Certes, comme elles ont été occidentalisées en quittant leurs lieux de naissance, elles ont aussi été christianisées par les spirituels chrétiens. Au bout du compte, nous sommes certainement dans l'abus de langage lorsque nous parlons de zen ou de yoga « chrétiens ». Par définition, ils ne sont pas chrétiens. Mais à partir du moment où les techniques qu'ils enseignent pour apprendre à se concentrer, respirer, se détendre, etc., sont utilisées dans un lien de foi spécifique, pour apprendre à se concentrer sur une page biblique par

1. Certains arts martiaux portent également une forme de sagesse dont on peut s'inspirer.

exemple, à respirer sur le rythme d'une prière chrétienne ou à se détendre dans la conscience jubilante de la présence de l'Esprit du Christ dans sa vie, zen et yoga ne sont plus ni bouddhistes ni hindouistes. Ils sont transformés par l'appropriation qu'en font les chrétiens. Une telle appropriation d'éléments culturels d'une civilisation par une autre relève d'un processus humain normal et nécessaire, et n'est donc pas spécifique au christianisme. Pour illustrer ce phénomène, pensons à la manière dont la plupart des adeptes occidentaux de la croyance en la réincarnation font de celle-ci une heureuse perspective, alors que, sur son terrain d'origine, elle est considérée comme un fléau dont il faut tenter de s'affranchir. Ainsi, lorsque les chrétiens pratiquent le zen, ce n'est pas pour se rendre indifférents au monde, à l'abri de ce qui peut les toucher, les affecter, au contraire : ils cherchent par là à se recueillir en eux-mêmes, libérés de ce qui encombre la voie d'accueil de Dieu, et à se trouver ainsi plus disponibles au Tout-Autre et plus disposés à aimer le prochain.

Les techniques éprouvées d'attention au corps, ou d'attention par le corps, offrent des moyens pour progresser spirituellement, dans sa propre foi. Elles expriment des points essentiels en toute vie spirituelle, *a fortiori* lorsque celle-ci cherche à se laisser gagner par l'Esprit du Christ :

— L'importance du silence : silence des mots, silence des gestes, silence du regard, et, à terme silence des pensées, ces pensées toujours agitées d'idées, de soucis, d'angoisses et de fantasmes. Entre autres profits, on en reçoit une plus grande capacité d'attention et une meilleure concentration. Ainsi, le chrétien retrouve le chemin de l'écoute et la disponibilité du disciple. Cette écoute et cette disponibilité sont orientées vers soi-même, vers les autres, vers les Écritures, et, par conséquent, vers Dieu.

— Le respect de soi sans lequel le respect des autres est impossible : pas de brutalité imposée au corps, pas de forcing, mais un accueil conscient de ses fonctions vitales, en particulier la respiration, et de ses capacités, en particulier sa souplesse. L'énergie ainsi fluidifiée permet de se tenir au rendez-vous du présent en l'habitant de toute son ampleur. Le chrétien trouve ainsi la possibilité de se tenir en présence de Dieu et de laisser son Esprit prendre corps en lui.

— L'aspiration à une unification de soi. Nous sommes en effet travaillés par des rythmes différents : le rythme physiologique, le rythme social, le rythme de maturation, le rythme affectif, etc. S'ajoute à cela cette propension à se laisser déloger de soi par l'appel des sirènes de toute sorte qui justement nous proposent de nous *éclater*. Or, nous ne sommes pas faits pour vivre en éclats, ce serait bien là le signe d'une brisure. Nous sommes faits pour vivre rassemblés, non pas dans le sens d'un produit compact, fini, solidifié, mais dans le sens d'un équilibre dynamique, d'un lien maintenu vivant et sensé entre toutes les composantes de son existence, en ce qu'elle est toujours en cours et en étapes diverses. Apprendre à *se récupérer*, régulièrement, de sorte que la liberté poursuive son œuvre en nous, notamment en replaçant ce qui nous arrive dans un ordre satisfaisant, voilà comment peut s'exercer l'aspiration à l'unité. Les chrétiens peuvent ainsi progresser vers un *oui* plus entier, plus unifié, au don de Dieu qui passe par l'accueil de sa vie en eux.

Se tenir en présence de Dieu, c'est d'abord *se* tenir. Ainsi, entrer dans la relation de Dieu se fait par un *me voici* réel, effectif, bref, incorporé.

Apprendre à laisser l'Esprit prendre corps

La quête spirituelle passe par le corps d'une autre façon. La foi sincère, vraie, celle qui ne se paie pas de mots, produit des fruits, des résultats, tangibles, concrets. Or, le premier des registres concrets auxquels nous sommes liés, c'est notre corps, par lequel toute perception du monde nous arrive, chemine, et inspire notre action en retour.

Le corps ne ment pas. Les petits incidents qui blessent le corps, le rendent douloureux sans raison organique grave, les tensions multiples, les raideurs, et autres dérèglements passagers sont les signaux envoyés par notre corps. Il n'est pas toujours utile, loin s'en faut, de s'engager dans une psychothérapie au moindre bobo. En revanche, il est nécessaire d'entendre son langage : il nous révèle notre manière réelle de vivre. Le corps alerte lorsqu'un déséquilibre commence à s'installer dans notre rapport à nous-même, aux autres, au monde. Une difficulté à vivre en mettant sa confiance en Dieu, une impossibilité de pardonner, une surcharge constante d'activités en démesure par rapport à ses capacités, une crispation devant un obstacle, une incrédulité devant une réussite, etc., autant de vérités que le corps enregistre avant même que nous en ayons conscience. Les messages qu'il renvoie alors contredisent souvent nos discours, aussi édifiants soient-ils, et fissurent une image de soi qui par là se révèle trompeuse. Le

« corps a ses raisons » et les raisons du corps sont les raisons de l'esprit. Le chrétien entend aussi par là ce que l'Esprit dit à son esprit.

Repérer le langage du corps oblige à cheminer spirituellement en vérité, au rythme de son existence réelle, non rêvée. Ainsi, le chercheur de Dieu risque moins de s'abuser dans sa quête spirituelle et apprend à reconnaître ce à quoi il doit s'exercer.

Dans le même temps, le corps bénéficie en retour de cette attention. Traiter sérieusement les messages qu'il envoie permet souvent de retrouver un équilibre satisfaisant, sous réserve qu'il n'y ait ni lésions, ni maladies organiques graves, lesquelles exigent d'être traitées sur un registre différent.

L'habitude prise de rester en contact avec la réalité de soi par l'attention au corps fait partie de ce que tout chercheur de Dieu intègre dans son cheminement.

Une raison supplémentaire est donnée au chrétien : Dieu, tel que Jésus le fait connaître, a pris corps humain : c'est ainsi que Dieu s'est fait l'un de nous. Par ses gestes et paroles, il a soulagé les maux qui affectent le corps[1] en lui redonnant tout son sens de *corps de louange*, de corps créé pour louer, se réjouir, porter la mémoire jubilante du don de Dieu. Jésus, le Christ, nous a en même temps donné à comprendre que notre corps n'était pas réductible à sa matérialité, mais qu'il prendrait forme, à nouveau, au-delà de la mort physique et de la décomposition organique. Autrement dit, notre identité incorporée, en devenir dans les limites de l'espace et du temps,

1. Voir l'article reproduit en annexe 4.

notre identité terrestre, est appelée à prendre corps d'une manière nouvelle, au-delà de ce que nous expérimentons dans l'aujourd'hui de notre condition. Le corps de Jésus relevé de la mort, ressuscité, est un corps bien réel, mais transfiguré.

Ainsi, la présence à soi-même commence par les pieds, et toute vie spirituelle passe par le corps. Cela exige que l'on s'exerce : nous avons à chercher et à trouver les moyens qui nous conviennent pour cela, et à les utiliser avec une certaine constance. Apprendre à jouer d'un instrument exige que l'on fasse ses gammes, et qu'on les refasse sans cesse, quand bien même nous progressons. Inutile d'investir ces moyens (zen, yoga, ou toute autre activité de recentrage) avec l'objectif de devenir un virtuose. S'engager dans la voie chrétienne demande que ces exercices demeurent à l'état de moyens, et ne deviennent pas des buts. Il n'est donc pas question de vouloir intérioriser les philosophies et les théologies qui en sous-tendent la pratique dans leurs lieux de naissance : cela ne ferait que nous éloigner de l'essentiel, par l'éparpillement hasardeux et décevant qu'entraîne tout syncrétisme.

Quelle que soit la technique empruntée à l'une ou l'autre tradition, le chrétien n'en reste donc pas là : tout au plus s'agit-il d'un préalable, d'une sorte d'échauffement, préparation tout autant mentale que physique, pour pratiquer deux autres exercices, essentiels : il s'agit de l'accueil de l'agir de Dieu, sa parole efficace autrement dit la *Parole* de Dieu, par la Bible et par sa vie.

La Bible : la source d'où l'Esprit s'incorpore

Nous ressemblons toujours à ce que nous fréquentons avec le plus de constance. Chercher, trouver, et se laisser imprégner par l'action créatrice et libératrice de Dieu, telle qu'elle est écrite, à plusieurs voix, à plusieurs mains, en plusieurs styles, à travers la Bible, permet de faire sienne cette dynamique divine au cœur de l'humanité. Au fil des pages qui précèdent, le lien entre ce qui se trouve dans la Bible et l'expérience quotidienne de notre existence humaine a été évoqué à plusieurs reprises. Il s'agissait d'esquisser le chemin d'accès à une intelligence intérieure des Écritures, cette intelligence du cœur capable de transformer une vie par la puissance fécondante qu'elle dégage.

Mais comment lire la Bible de sorte qu'elle permette cette fécondité divine dans nos vies humaines ? Car c'est à ce titre, à ce titre seulement, qu'elle peut être qualifiée de *Parole de Dieu.*

La qualité du lien que le lecteur établit avec les Écritures est en effet déterminant. Car la Bible appartient au patrimoine mondial et sa lecture n'est pas réservée aux seuls croyants. Les traductions se multiplient depuis l'invention de l'imprimerie, y compris à l'intérieur d'un même espace linguistique[1].

---

1. En français par exemple il existe la TOB (Traduction œcuménique de la Bible, éditions du Cerf) et la Bible de Jérusalem, toutes deux servant de références, mais aussi, pour les plus récentes versions, la traduction de Chouraki, l'édition de Bayard, etc.

Toutes les sciences s'intéressent à ce Livre des livres au titre de leurs disciplines respectives : exégèse bien sûr, mais aussi histoire, archéologie, philosophie, psychanalyse, sociologie, littérature, voire géographie et géopolitique, et d'autres encore. Par ailleurs, l'implication personnelle du lecteur dans son approche du Live est très variable : elle peut être celle d'un croyant, de quelque religion que ce soit, ou d'un agnostique, ou d'un athée. En outre, la finalité qu'il poursuit peut être apologétique[1] ou simplement contributive à une recherche ouverte. Enfin, s'il s'agit d'une recherche ouverte, elle peut l'être : sur un savoir plus vaste, ce qui relève du champ scientifique ; ou sur une sagesse plus grande qui relève, quant à elle :

— du champ philosophique, si elle n'est envisagée que comme une affaire entre humains ;

— du champ de la religion, si elle l'est comme affaire entre humains dans leur rapport social à Dieu ;

— du champ théologique, s'il s'agit d'une meilleure intelligence croyante de ce lien ;

— du champ spirituel, s'il s'agit du lien intime de chaque personne avec sa recherche de Dieu.

Or, ces différents champs s'interpénètrent, et l'humain, en tant que tel, est concerné par chacun d'eux, *a fortiori* lorsqu'il s'engage dans une recherche spirituelle.

---

1. L'apologétique est l'art de défendre avec détermination une option philosophique ou religieuse, de façon argumentée. D'où l'expression : « faire l'apologie de ». Les premiers chrétiens philosophes ont été d'abord des *apologètes* de la foi chrétienne, comme l'étaient à l'époque les tenants d'autres options philosophiques.

Quelle est donc la clef d'entrée qui permettra au chercheur de Dieu de tirer profit de la lecture biblique pour sa route ? Elle se trouve dans une attitude de départ : une disponibilité de foi, même si celle-ci est encore fragile, vacillante, timide. Il s'agit d'accorder confiance au fait que la Bible est un Livre inspirant, parce que inspiré et que, à ce titre, il enferme un trésor qu'il appartient à chacun de découvrir. Ce Livre porte une nourriture solide pour faire sa route humaine en désir de Dieu. Un tel *a priori* favorable s'appuie sur la foi d'une multitude de témoins qui en ont fait l'expérience, comme François d'Assise, Jean de la Croix, Thérèse d'Avila, mais aussi l'Abbé Pierre, Mère Teresa ou Sœur Emmanuelle. Les chrétiens reçoivent de la Bible une source inépuisable d'inspiration sur leurs chemins d'humanité.

Pour laisser advenir la Parole de Dieu en lisant la Bible, nous avons besoin de procéder par étapes, chaque fois que nous ouvrons le Livre dans cette intention. Ces étapes conduisent peu à peu à une imprégnation de l'Esprit, l'Esprit de Dieu, qui s'y révèle comme entre les lignes de ces écrits humains. Schématiquement, ces étapes peuvent se résumer ainsi : 1) lire pour comprendre ; 2) comprendre pour écouter ; 3) écouter pour méditer ; 4) méditer pour parler.

1) Lire la Bible pour comprendre

La personnalité de Jésus se forge dans ce creuset que les chrétiens nomment l'Ancien Testament. Pour mieux comprendre son enseignement, à savoir ses mots, ses gestes, son itinéraire, auxquels les quatre évangiles donnent accès, il est par conséquent nécessaire de fréquenter l'Ancien Testament. Les chrétiens ne lisent l'Ancien Testament qu'à travers ce Messie qu'il annonce et qu'ils reconnaissent dans la figure du Christ. Ils opèrent nécessairement par là un tri, une hiérarchisation des éléments contenus dans ces livres. Leur porte d'entrée dans cette partie de la Bible est le message révélé auquel ils accèdent par le Nouveau Testament.

L'Ancien Testament des chrétiens est en même temps la Bible juive. Depuis quelques années, pour signifier qu'il s'agit d'une option théologique et qu'elle n'implique aucun *a priori* désobligeant à l'encontre des croyants juifs, les chrétiens privilégient l'appellation *Premier Testament*. Mais cette légitime marque d'attention ne change rien au fait que les chrétiens reconnaissent un Second Testament, Nouveau, qui, selon eux, donne la clef de lecture du Premier, ou Ancien. La Bible des chrétiens est donc formée de ces deux Testaments.

Entrer dans l'univers de l'Ancien Testament, c'est bénéficier de la riche expérience d'une humanité aux prises avec elle-même et avec ses représentations du divin. Ces représentations sont le résultat changeant et multiforme d'un mélange entre trois éléments : les images du divin qui se présentent spontanément dans nos têtes depuis que l'humain existe ; les contours que leur donnent les diverses cultures locales ; la perception que tout cela n'est pas fiable.

Nous l'avons vu, pour naître à soi-même, il faut émerger de l'*infans*, cet état infantile qui nous oblige à vivre par procuration, à subir. Il nous faut sortir résolument vers la liberté d'être, le *je* singulier que nous sommes et apprendre à nous y tenir. Cette démarche, pourtant vitale, n'est pas si facile. La procuration et l'esclavage offrent certains conforts et il arrive même qu'on les confonde avec la vraie vie. Se risquer à vivre en adulte, sans faux-semblants ni prothèses psychologiques ou sociales, heureux donc, n'est pas toujours perçu comme un chemin de vie. Apprendre à nous tenir dans l'existence, libres d'être en un *je* singulier, relève du combat avec soi-même, dimension non négligeable du combat spirituel.

Or, cette émergence à soi-même en Dieu peut se trouver bloquée par les images construites pour désigner Dieu à partir de ce que l'on connaît (éléments naturels comme la foudre, le soleil, la lune ; matériaux disponibles agencés en objets cultuels ; idéologies, ce mélange d'idées fixes et de psycho-rigidité). Cela se produit lorsque ces images sont prises pour la réalité divine elle-même. Une telle confusion est qualifiée dans la Bible d'idolâtrie.

L'idolâtrie est considérée comme une erreur fatale, un grand péché, pour reprendre le terme théologique, et les prophètes ne cessent de la dénoncer. L'idolâtre confond le divin avec ce qu'il fabrique de lui-même à propos de Dieu : des objets, des idées, des concepts, des valeurs, etc. Il s'incline donc devant lui-même, devant son propre résultat, en imaginant s'en remettre à Dieu. Tout se passe comme s'il cherchait à saisir de ses mains la surface du sol sur lequel il se tient pour assurer sa stabilité. C'est évidemment absurde. Qu'attendre d'une telle opération à part un déséquilibre ? Mais il arrive que le déséquilibre et le chaos qu'il entraîne séduisent les humains en mal d'assurance et les égarent.

Le peuple de la Bible, comme nous, tombe dans ce piège, d'autant que les peuples alentour possédaient une culture religieuse riche et fournie[1], autrement dit *tentante*. Pour prendre conscience de l'enjeu de libération promise et apportée par un Dieu engagé dans l'histoire, les rédacteurs bibliques ont du reste emprunté de multiples éléments à ces populations, comme certaines légendes ou certains mythes. Ils les ont transformés pour exprimer l'Alliance de Dieu. Mais le peuple de la Bible les a parfois faits siens, sans remise en cause, provoquant la colère des prophètes. Nous pouvons penser à l'épisode de l'adoration d'un veau d'or par exemple. « Dieu ne peut pas être fait de mains humaines » : voilà ce dont ce peuple prend peu à peu conscience.

L'idolâtrie est donc une attitude fort répandue, et les religions n'en ont pas le monopole. Car le divin peut ne pas recevoir la dénomination *dieu* tout en en remplissant la fonction fantasmée. L'argent, le pouvoir, la gloire, pour ne citer que ces exemples connus, sont des aimants puissants qui captent notre attention, la fascinent, et requièrent l'exclusivité de notre hommage. De fait, s'en remettre à une force d'attraction de ce type provoque des déséquilibres psychologiques (incapacité à trouver paix intérieure, sérénité, juste estime de soi) et sociaux (guerres, violences multiples, drames économiques et injustices criantes) assez graves pour qu'il soit inutile d'expliciter en quoi céder à une telle tentation est mortifère.

Il s'agit d'abandonner les fausses images de Dieu (de l'idéal), et d'admettre que, si nous ne pouvons éviter d'en reproduire, ces images sont trompeuses et doivent sans cesse être dépassées. Ces images ne

1. Citons les Égyptiens, les Mésopotamiens, les Assyriens…

sont pas toujours matérialisées, elles sont le plus souvent dans nos têtes, sous forme visuelle, mais aussi sous forme de concepts, d'idées, et peinent à se laisser déloger.

La Bible met en scène ce combat de l'humain, et le fait à travers une diversité de genres littéraires. Ce combat se déroule en trois temps[1] :

— entendre la promesse de la libération de ces puissances, de ces formes d'esclavage ;

— reconnaître, dans sa trajectoire, la trace de la libération promise ;

— enfin, vouloir et apprendre à mener sa vie dans la ligne de cette libération.

Ces trois temps n'apparaissent tels qu'après une lecture réfléchissante, autrement dit une relecture. Dans la Bible, comme dans nos existences, ils n'apparaissent jamais d'emblée avec des contours aussi nets. Et le combat est toujours à reprendre à nouveau.

À laisser résonner l'univers culturel déployé par la Bible, le nôtre apparaît en écho avec ses enjeux de vie professionnelle, de statut, de richesse, de craintes de l'avenir, de joies, en des formes certes différentes, mais en un fond identique : comment être dans le monde, comment être soi-même avec les autres, pour s'en trouver bien ? Comment chercher et trouver Dieu en vérité, sans s'égarer dans les pièges de l'idolâtrie ? La Bible, parce qu'elle est le fruit d'une attention soutenue à l'existence réelle, attention mûrie et incessamment reprise, est capable de nous poser de bonnes questions, des questions correctes, celles qui orientent nos chemins de réponse dans un sens prometteur, inspirant.

1. Lire, ou relire, le Livre de l'Exode, ou le Livre du Deutéronome.

Pour bénéficier de cette richesse biblique, Ancien et Nouveau Testaments, il faut donc commencer par lire avec simplicité ce qui s'y trouve. L'intelligence du lecteur est requise lorsqu'il lit les Écritures. La première étape consiste à tenter de comprendre au mieux ce que tel livre biblique, tel passage, telle histoire que l'on se prépare à accoster, raconte.

Pour ce faire, il est recommandé de situer l'extrait, en particulier :

— son genre littéraire : poème ? proverbe ? histoire édifiante ? épopée ? mythe ? parabole ?

— le contexte de sa mise en écrit : les enjeux du moment où cela a été écrit ; la vie culturelle ; le ou les auteurs probables ;

— la théologie dominante du livre d'où est tiré le passage ;

— les définitions du vocabulaire qui pose un problème de compréhension.

Les introductions à chacun des livres de la Bible[1] proposées par certains éditeurs sont souvent bien faites. Elles donnent accès à l'état du savoir des exégètes à propos de chaque livre biblique. Par ailleurs, les notes de bas de pages indiquent les hésitations de traductions, les liens éventuels avec d'autres passages bibliques, et parfois des suggestions d'interprétation qui n'engagent que les éditeurs, mais qui peuvent être éclairantes. De nombreux ouvrages et publications mettent à disposition du lecteur de la Bible une somme considérable d'informations pour l'aider à comprendre ce Livre de livres. Chacun, quels que soient son niveau et son exigence, peut aujourd'hui

1. La Traduction œcuménique de la Bible et la Bible de Jérusalem sont des éditions qui font référence.

trouver matière à satisfaire son désir de progresser dans la connaissance de la Bible.

Ainsi, ouvrir la Bible commence par… une lecture aussi intelligente que pour n'importe quel autre ouvrage. Il n'est pas nécessaire d'être un grand savant pour accéder au trésor de la Bible. En revanche, il est du devoir de chacun d'honorer la lecture de la Bible avec toute l'intelligence qu'il a reçue.

Cette étape n'est que la première cependant. Certains en resteront là : ils auront satisfait leur curiosité et enrichi leur culture générale. Ils pourront même devenir de savants spécialistes de la Bible, et s'en contenteront. Mais pour qui cherche en ce lieu une sagesse capable d'éclairer sa vie, ce n'est qu'un début.

Le seuil d'entrée dans la Parole étant franchi, il s'agit d'opérer le pas suivant : passer d'une intelligence conceptuelle, nécessaire mais insuffisante, à une intelligence de foi. En effet, la Bible délivre son trésor à qui croit que par ce livre, c'est le Créateur, son Dieu, qui lui donne rendez-vous. Non pas *dans* le livre, qui est lettre morte *a priori*, mais *par* le Livre, lorsque l'esprit de la lettre s'éveille au contact du lecteur. Il s'éveille lorsque le texte fait sens, fait mouche dans l'intelligence du cœur du lecteur. Ce dernier est alors invité à écouter.

2) Comprendre pour écouter

À partir de cette première lecture, plusieurs niveaux de compréhension s'activent, et il est nécessaire de les repérer car chacun opère sur un registre différent de rationalité. Les confondre provoque non-sens et contresens.

La tradition spirituelle chrétienne a mis en évidence ces différents registres de lecture des textes bibliques. Les définitions flottent quelque peu, en fonction des époques et des écoles spirituelles, mais elle conduit à distinguer plusieurs sens aux textes bibliques. Lesquels se présentent globalement comme suit :

— Il y aurait un sens littéral : celui-ci est compris de deux manières. Soit comme celui qui exprime l'histoire réelle, parle d'événements tels qu'ils se sont passés ; soit comme celui qui annonce et désigne, par avance, le Christ. Par exemple, les passages du prophète Isaïe qui mettent en scène un mystérieux *serviteur souffrant*[1] peuvent être lus comme faisant référence à une personne ayant réellement existé, victime d'une injuste humiliation, vécue cependant dans la foi en Dieu ; ou comme représentant par avance la figure du Christ traversant sa Passion. Cette dernière interprétation est évidemment strictement chrétienne, et peu importe si la personne physique évoquée par Isaïe a ou non réellement existé.

— Il y aurait un sens allégorique : c'est celui qui apparaît lorsqu'on établit le lien de ce qui est dit avec autre chose. Le texte parle par images. Chaque épisode, chaque verset, voire chaque mot, est à double fond : il y a ce qui est dit, et ce à quoi cela il renvoie en fait, en traversant l'expérience de foi du lecteur. Saint Jean de la Croix illustre cette lecture dans ce commentaire par exemple : « Jérémie [le prophète] représente à Dieu ces trois sortes de nécessités en ces paroles : "Souvenez-vous de ma pauvreté, de l'absinthe et du fiel." La pauvreté se réfère à l'entendement

1. Dans le Livre d'Isaïe, aux chapitres 42, 49,50 et 52.

[...] l'absinthe se rapporte à la volonté [...] le fiel se rapporte à la mémoire[1]. » Saint Jean de la Croix rend compte ensuite de son choix par un commentaire explicatif.

— Il y aurait un sens moral : celui-ci indique ce qu'il convient de faire pour bien faire. Par exemple, dans les pages d'Isaïe déjà citées : ne pas répliquer aux bourreaux dont on est victime, ou mettre sa confiance en Dieu dans l'épreuve, ou apprendre à souffrir pour Dieu, etc.

— Il y aurait un sens spirituel, ou mystique : c'est celui qui rejoint le lecteur dans sa vocation même de fils, de fille de Dieu appelé(e) à vivre dès maintenant en Dieu, dans sa présence, sa présence d'éternité. Toujours à partir de ces passages d'Isaïe, on pourrait par exemple vivre sa propre souffrance, le sentiment d'injustice ou peut-être de culpabilité, en s'identifiant à ce personnage, en se laissant entraîner dans ce qu'on imagine être son état d'esprit, et ainsi, se laisser édifier intérieurement par ce que cette contemplation imprime en soi-même. Par surimpression, la figure de Jésus violenté et crucifié peut apparaître et permettre ainsi au croyant chrétien de s'imprégner du sens de la Passion du Christ.

Le conditionnel employé ici (*il y aurait*) marque que cette distinction contient ses points aveugles.

En effet, elle remplit d'abord une fonction pédagogique : elle permet au lecteur de ne pas prendre la Bible à la lettre, ou, plus exactement, d'être toujours averti qu'en lisant la Bible, il opère nécessairement

1. Jean de la Croix, *Cantique spirituel*, strophe II, vers 5 in *Œuvres complètes*, Desclée de Brouwer, Bibliothèque européenne, 1989, p. 546.

une interprétation. Il cherche à comprendre ce qu'il lit et à en tirer profit, en se servant de ce dont il dispose déjà et qui le prédispose à sa lecture : un degré d'intelligence, de culture, d'insatisfaction aussi, et par conséquent d'aspiration. En réalité, toute opération de lecture contient d'emblée de telles implications. Mais il arrive que sous prétexte que la Bible est un livre inspiré, le lecteur oublie que devant ce texte aussi, il reste un lecteur. Qui dit lecteur, dit traducteur, et toute traduction est interprétation. Ces distinctions ont donc l'immense avantage de mettre le lecteur en garde contre toute approche de type *fondamentaliste*. La lecture fondamentaliste cherche à appliquer une concordance immédiate et univoque entre un extrait de la Bible et une situation personnelle ou sociale présente. Il s'agit d'une lecture qui court-circuite, en le niant, le travail de lecture interprétative, pourtant inévitable, opéré par le lecteur. Cette dénégation éloigne le lecteur du chemin de vérité. N'étant pas conscient de sa traduction, il est victime de ses préjugés, et ne parvient donc pas à lire réellement, en écoutant, parce qu'il est absent de lui-même : lecteur absent, lecture impossible, et Livre nié en tant qu'inspiré. C'est pourquoi tout fondamentalisme se double de violence.

Par ailleurs, ces distinctions sont constamment mêlées, se renvoient l'une à l'autre, et le genre littéraire de chaque passage des Écritures appelle lui-même telle ou telle dominante. Cet écho renvoyé d'un registre à l'autre n'épuise jamais le sens de ce qui est lu, et laisse au lecteur/traducteur sa pleine place d'auditeur de la parole. C'est heureux. Car vouloir fixer le sens dans un registre et un seul, c'est opérer une réduction préjudiciable au déploiement de la richesse de sens auquel conduit la lecture attentive, éveillée de la Bible, c'est se retrouver rapidement dans l'une ou l'autre impasse. Quelles sont ces impasses ? Lorsque le lecteur prétend se contenter :

— du seul sens littéral historique, l'impasse est celle du positivisme, sous l'angle de l'historicisme, à savoir une double réduction : une réduction de *la réalité de l'histoire* à *l'objectivité* d'événements, alors que toute histoire dépasse cette objectivité ; et une réduction de *la vérité* (le *vrai sens*) à *l'objectivité de l'histoire*, alors que l'accès au vrai – « à la vérité » – relève d'un cheminement beaucoup plus fin et complexe ;

— du seul sens littéral chrétien, l'impasse est celle du concordisme dogmatique. Autrement dit, après avoir élaboré un dogme[1], il s'agit de démontrer qu'il n'est que l'expression de ce qui se trouve déjà dans les Écritures. Or, si l'inspiration du dogme chrétien est évidemment liée à la Bible, elle l'est par le biais d'une méditation croyante des Écritures à partir de points de vue circonstanciés. D'où l'importance de ne pas perdre de vue que l'élaboration du dogme (et toutes les églises chrétiennes ont élaboré un dogme) a aussi son histoire. Une telle évidence n'enlève rien à la légitimité de l'élaboration dogmatique. Pour autant, le fait que son résultat, à savoir le dogme, s'enracine dans une interprétation des Écritures ne conduit pas celles-ci à s'y réduire ;

— du seul registre allégorique : l'impasse ici est celle où conduit une violence interprétative. Les pas-

1. Pour plus de commodité, j'appelle ici *dogme* l'ensemble des repères dogmatiques enseignés par les églises. Ils consistent à donner aux croyants des balises pour leur route spirituelle. Il s'agit de balises pour avancer, pas de l'horizon à atteindre.

sages lus, parfois très brefs, se trouvent coupés de leur contexte de production et de genre, et ne vivent qu'en rapport avec l'imagination féconde, mais plus ou moins bien inspirée du lecteur. Le risque est très grand de faire dire à peu près ce qu'on veut à ce qu'on lit. Ce qui sauve l'interprétation d'un saint Jean de la Croix, c'est qu'il est tout scintillant de l'amour pour ce Dieu dont il éprouve la puissante et amicale proximité. Sa vie est tout entière consacrée à la quête amoureuse de ce Dieu. Dans un tel état d'esprit, la Bible se met à *parler* en effet, à faire sens, en chacun de ses termes, ainsi que toute chose, toute la création (pensons également à saint François d'Assise). L'interprétation allégorique doit donc rester ancrée dans la cohérence d'une vie mystique débordante du témoignage de la présence de Dieu en toute chose, au-delà de la Bible elle-même ;

— du seul sens moral : l'impasse est bien connue, c'est celle du moralisme. Dans cette perspective, il *faut* trouver une morale à ce qu'on lit, quitte, là encore, à faire violence aux textes, à les réduire à ce qui nous préoccupe sur le terrain des valeurs, qui pour autant et par ailleurs, peuvent parfaitement être légitimes. Mais il s'opère alors une projection de ce que *veut* lire le lecteur sur ce qu'il *croit* lire. En réalité, il ne lit pas vraiment, aveuglé par ce à quoi il tient. Il existe des exemples fameux et ils sont nombreux. Ce risque en effet est le plus contemporain. Je pense par exemple à la lecture faite de la Parabole dite des talents[1] où invariablement les commentaires

1. Évangile selon saint Matthieu, chap. 28. Je ne peux que renvoyer à l'excellente mise au point de Marie Balmary dans *Abel ou la traversée de l'Éden*, Grasset, 1999.

parlent du devoir impératif de faire fructifier ses dons parce qu'il y aura des comptes à rendre au maître (et *maître* ne renvoie plus du tout alors à ce lien de divine amitié que pourtant Jésus ne cesse de vouloir nouer avec nous) ;

— enfin, se contenter du seul sens spirituel pourrait ne pas conduire à une impasse s'il était le fait d'hommes et de femmes vraiment spirituels, habités, irrigués de l'intérieur par l'Esprit divin. Car dans ce cas, leur lecture est honnête, ne fait pas violence au texte, parce qu'elle ne prétend pas en épuiser le sens. Par ailleurs le sens saisi comme *spirituel* conduit à poser des actes concrets, par l'éclairage porté sur sa propre vie et les choix à faire. C'est pourquoi nous pouvons hésiter à qualifier de spirituel un sens qui serait en fait un abus spiritualisant. Mais cet abus existe : commis par des lecteurs peu au fait d'une vie réellement spirituelle, il tend soit à édulcorer le sens de ce qui est lu, lorsqu'il est question de thèmes inconfortables comme les conflits, le jugement de Dieu, etc. ; soit à quitter tout lien avec la réalité du texte, en lui faisant dire ce qui ne s'y trouve pas, tout en n'entendant pas ce qui s'y trouve : les paraboles sont souvent réduites à ce type de lecture spiritualisante.

Il ne s'agit donc pas de vouloir à tout prix trouver *le* sens de tel texte extrait de la Bible, applicable à tous, tout le temps, partout, mais de laisser du sens advenir par ce passage des Écritures dans la relation personnelle, de l'ici et maintenant du lecteur. Écouter exige donc que l'on laisse résonner en soi les échos renvoyés par chaque passage biblique, concret, qui résiste aux interprétations trop superficielles, rapides, opportunistes.

Eſt requise à nouveau ici l'attitude du disciple : celui qui écoute, se laisse enseigner, tout entier présent aux paroles qu'il entend. Le disciple n'eſt pas seul devant la Bible, et la Bible n'eſt pas un catalogue de réponses à ses queſtions du moment. Le disciple se tient en présence de Dieu, et la Bible eſt la mémoire de la présence et de l'agir de Dieu dans notre hiſtoire. L'Évangile en eſt la pleine révélation, selon la foi chrétienne. L'agir et la présence de Dieu concernent toute l'humanité, et toute humanité. Garder les yeux sur le texte permet de ne pas laisser errer une imagination, en la matière vite débordante et souvent trompeuse. Mais par la lecture, c'eſt la présence du lecteur tout entier qui eſt requise : son humanité, son ressenti, son hiſtoire, ses attentes, ses doutes, etc. Il s'agit de laisser la page biblique résonner en soi, sans peur, sans réticence, sans *a priori*, toujours comme si cette page était ouverte pour la première fois.

C'eſt pourquoi le chercheur de Dieu, en ouvrant la Bible, commence par se taire. Il cherche le silence intérieur, calme ses agitations mentales en déposant soucis et sollicitations multiples.

Le silence eſt le chemin le plus sûr pour la Parole – la parole qui parle vraiment, qui porte en elle une vitalité qui nous deſtinée. Cela eſt déjà vrai dans les relations entre nous, cela l'eſt d'autant plus dans le lien possible avec Dieu. Or, Dieu nous rejoint dans le silence du secret du cœur, en recueillement, en une attitude faite d'attention confiante et de souple concentration. Par petites touches, ou de façon fulgurante, tel ou tel passage *parle*, c'eſt-à-dire touche juſte, éclaire et affermit le lecteur méditant, l'irrigue d'une paix tranquille, d'une simple joie. Ainsi, il fait l'expérience que ce qu'il entend devient vraiment, pour lui, *Parole de Dieu.* Il peut tout autant faire l'expérience d'une sécheresse de sens : ce qu'il lit ne lui parle pas, l'attriste, l'agace ou l'indiffère. Que faire de tout cela ? Pour un disciple, la disponibilité à ce qui vient demeure. S'il semble que *Dieu ne parle pas*, alors il s'agit d'écouter ce silence et d'en tirer profit. Il peut venir d'une inattention, d'une piètre qualité de présence à soi-même, et donc à Dieu, d'un manque de foi, mais il peut aussi relever d'une épreuve à traverser dans laquelle la foi apprend à se fortifier. Reconnaître ce qui se passe alors, cela s'apprend.

La Bible délivre peu à peu son trésor de sagesse à qui tend l'oreille vers le Créateur en ouvrant les Écritures, et patiemment les rumine. Il s'agit de laisser ce qui est lu descendre du cerveau et irriguer toute l'intelligence jusqu'au cœur, le centre de soi-même, l'endroit secret où se joue, pour soi, l'essentiel.

Par là, le lecteur fait un pas de plus : il médite.

3) Écouter pour méditer[1]

Méditer à partir de la Bible, c'est l'art de laisser la Parole de Dieu irriguer de son énergie bienfaisante l'être tout entier, de sorte qu'elle lui inspire pour sa vie quotidienne les mots, les gestes, les attitudes, qui sauront relayer l'amour de Dieu auprès des autres. La Parole de Dieu, ce n'est donc pas les Écritures

1. Je renvoie en annexe à une manière de s'y prendre pour que l'écoute et la méditation de la Bible soient fécondes. Il y en a d'autres, évidemment. À chacun de chercher et de trouver ce qui lui convient.

dans leur textualité, mais ce fruit de lumière que les mots et les images de la Bible, tombés dans l'humus d'une existence, produisent. C'est pourquoi la méditation laisse venir ce que la lecture de la Bible réveille de sa propre vie. Elle donne à penser, mais pas au seul niveau d'une saisie conceptuelle, rationaliste : elle donne à penser plus largement, en éclairant d'une lumière diffuse les questions, le sens, de ce qui nous préoccupe, de ce qui nous arrive. Procédant par associations, suggestions, ouvertures, déplacements, elle permet une réflexion intériorisée.

Suivant les pages du Livre, il y a parfois plus à entendre, parfois plus à regarder. Mais la méditation consiste à laisser les mots et les images faire leur chemin en soi, sans mettre la main dessus, sans chercher une morale, sans se faire de savants commentaires, inutiles ici, sans prendre de résolution, sans prétendre avoir compris. Parler de détachement est un euphémisme : méditer à partir des mots de la Bible, de sorte qu'ils deviennent parole vivante, Parole de Dieu, est un chemin de dépouillement, de désencombrement, d'humilité. Un chemin long comme l'existence. Il vaut la peine car il est libérateur.

Ainsi, le méditant laisse remonter en lui cette parole qu'il laisse le toucher en profondeur – le toucher par son abondance de goût ou par son silence. Et il permet à l'Esprit qui le travaille par ces mots de faire son chemin de libération et d'inspiration en lui, même si le méditant ne saurait en donner un contenu précis.

La méditation de la Bible n'exige pas que l'on soit sur un chemin de foi en Dieu. Elle suppose seulement que l'on soit présent à soi-même, à ses questions, à ses incertitudes, à ses aspirations.

Mais, pour qui se tient devant Dieu, et avance sur un chemin de foi, la méditation est un commencement. Elle s'ouvre sur d'autres pas à faire. Ces pas reçoivent des appellations diverses dans la tradition spirituelle chrétienne, appellations utilisées sans beaucoup de rigueur dans le langage courant, le mot *prière* ayant tendance à recouvrir l'ensemble des pratiques. Peu importe la convention de vocabulaire retenue, si l'on perçoit les différences qui cherchent à se dire à travers des mots multiples. Retenons ces quelques termes dont les sens méritent d'être distingués : oraison et contemplation, adoration, prière.

L'oraison est l'attitude qui porte, non pas seulement à méditer la Bible, mais à la méditer devant Dieu, dans la conscience de sa présence. L'attention porte exclusivement sur l'accueil de la Parole. Les préoccupations, soucis et questions du moment sont volontairement écartés, pour le temps de cette oraison. La façon dont la lecture opère dans le cœur et l'esprit de celui qui médite est reliée à Dieu. La foi mise en Lui porte le méditant à considérer que c'est par ces touches imprimées en lui à travers ce qu'il lit que cette parole humaine devient Parole de Dieu pour lui, dans l'ici et maintenant de son existence. Il va donc demeurer sur tel ou tel mot, tel ou tel passage, telle ou telle image, aussi longtemps qu'il en tire du goût intérieur. La contemplation est une forme d'oraison qui consiste à se laisser imprégner par l'Esprit du Christ en écoutant et en regardant ce qu'Il est au fil des évangiles. Pour cela, il est heureux de se laisser prendre par ces pages qui le révèlent, jusqu'à trouver soi-même place, mentalement, parmi les contemporains de Jésus qui, au fil des récits évangéliques, se pressent pour l'entendre, le voir, le toucher. Dans ses *Exercices spirituels*, saint Ignace de Loyola propose aussi de contempler en déroulant, sur le rythme de la respiration, le Notre-Père, ou la lecture d'un psaume. Cette manière de faire peut s'appliquer à toute parole biblique. Sans se presser, en répétant à l'envi, dans l'alternance inspir/expir, tel mot, tel verset, qui provoque en elle une résonance positive, la personne est invitée à faire son miel intérieur, en s'abandonnant ainsi à la Parole.

Si l'intelligence conceptuelle est nécessaire dans un premier temps, pour entrer dans la méditation, elle est mise peu à peu en veilleuse au cours de la méditation proprement dite, car les autres registres de l'humain doivent aussi être irrigués. Entrer dans l'oraison et dans la contemplation, c'est dépasser la seule méditation, et ouvrir toutes les pores de son humanité à Dieu dont l'Esprit parle par ce Livre à l'esprit humain. La capacité conceptuelle n'est alors pas seulement en veilleuse, elle est au repos. Le repos est ici nécessaire car l'important n'est plus alors de comprendre, même intérieurement, mais de savourer. Cette saveur conduit peu à peu de l'oraison et de la contemplation à l'adoration et à la prière.

Dans le langage courant, le mot *adoration* sert parfois à désigner ce qui vient d'être défini sous les termes *oraison* et *contemplation*. Mais il peut permettre de désigner une forme différente de rapport à Dieu. Laquelle consiste à se tenir devant Dieu, en silence, dans une attitude de reconnaissance qu'il EST. L'oraison permet d'être conduit dans cette intime conviction, qui n'est pas intellectuelle, cérébrale au sens étroit, mais englobante, évidente, et désarmante, que Dieu est, et qu'il est *pour moi*, en *ma* faveur, en une présence pardonnante et vitale. S'exposer à la présence de Dieu, sans mot, sans image, sans idée, sans orgueil, simplement en étant ce qu'on est, pécheur pardonné, créé pour l'éternité, confiant, c'est cela adorer, adorer Dieu. Il était d'usage dans l'église catholique de réserver le verbe *adorer* à Dieu seul, car en effet lui seul en est digne. Aimer et admirer par-dessus tout, c'est adorer : quoi, qui, peut être aimé et admiré absolument, sinon l'Auteur de tout ?

Adorer Dieu tel que le Christ nous l'a fait connaître ne revient pas à une forme d'idolâtrie où l'humain démissionnerait de lui-même, par dégoût, par désespérance, par peur ou par paresse. Au contraire, adorer Dieu, c'est entrer dans cette pleine et entière acceptation de son humanité propre, acquiesçant ainsi au projet même du Créateur. Pas de soumission au sens de l'esclavage, mais prosternation d'admiration et d'amour sincère et entier. Prosternation d'où le Seigneur lui-même nous relève car il a créé l'humain pour qu'il se tienne debout sur la terre et lui rende gloire en vivant à la mesure du désir profond de son cœur. Ainsi, si la gestuelle d'adoration se rencontre dans toutes les traditions religieuses, elle se distingue dans la foi chrétienne par le fait qu'elle n'est pas le point d'orgue d'une expression de foi. Ce point culminant se trouve dans les fruits de joie et d'amitié désintéressée (αγαπη en grec, traduit par charité) que la fréquentation attentive de la Bible ne manque pas de produire lorsqu'elle est devenue familière.

4) Méditer pour parler

Méditer la Bible, savourer ce qui vient de Dieu par cette méditation, par l'oraison et la contemplation, puis adorer Celui qui se révèle ainsi, trois pas qui permettent de s'imprégner de l'Esprit divin. Le pas suivant peut être désigné par le mot prière. La prière consiste à prendre la parole *pour s'adresser à quelqu'un*. La prière chrétienne s'adresse à ce Dieu dont Jésus le Christ est le parfait visage pour nous. Elle s'enracine dans ce qui a précédé : la méditation d'une page biblique a conduit à savourer en présence de Dieu tel ou tel passage, tel ou tel mot, puis a porté à plonger à nouveau dans une reconnaissance pleine d'admiration pour ce Dieu qui se révèle ainsi à notre esprit, avant de nous suggérer ce que nous voulons exprimer à Dieu[1]. La prière adressée à Dieu est donc directement liée à ce qui se passe pour le priant, l'orant, entre lui-même et ce qu'il lit, médite, entend.

« Seigneur, apprends-nous à prier[2], demandent les croyants à Jésus en une prière première, car nous « ne savons pas prier comme il faut » disent-ils. La véritable prière en effet ne peut être ni mécanique ni bavarde ni déconnectée de ce qui fait le réel de la personne priante. S'adresser à Dieu dans la confiance se fait par les mots qui nous sont familiers : pour lui dire merci, pour lui demander pardon, pour lui confier quelqu'un ou quelque chose, pour lui demander ce que nous voulons. Mais aussi pour chanter ou pour se plaindre, pour offrir ou pour supplier, pour pleurer ou pour interroger. Lorsque nos propres mots semblent faire défaut, lorsque, fatigués, désemparés, ou encore intimidés, nous restons sans voix, il peut être profitable de prendre appui sur des formes de prières héritées

1. Pour un résumé de cette méthode, inspirée de la spiritualité ignatienne, voir l'annexe 5.

2. Évangile selon saint Luc, chap. 11, v. 1-3.

de la tradition spirituelle : celles puisées dans la Bible elle-même comme le Notre-Père ou le *Magnificat*, murmurés avec confiance, et les Psaumes, lentement récités, ou chantés ; ou des formes venues de notre tradition comme le cierge allumé déposé aux pieds de Marie, le pèlerinage, le chapelet patiemment égrené, telle prière composée par un saint, une sainte, ou un frère, une sœur dans la foi, dont les mots expriment ce que l'on cherche à dire à Dieu.

Aucune de ces formes n'est meilleure qu'une autre *a priori* : est bonne la prière qui permet de grandir et de se fortifier dans la foi (intériorité) ; de déployer une charité inventive (service) ; de se relier aux autres disciples du Christ dans le bonheur des différences (Église).

Cependant, il nous faut être attentifs : Jésus lui-même nous met en garde contre quelques risques. En effet, le désir typiquement humain de se tourner vers une transcendance demeure parfois à l'état de réflexe, et de ce fait n'honore pas la liberté. Cet élan, comme tout ce qui caractérise l'humain, doit se laisser convertir à l'Esprit du Christ. Toute prière n'est pas *spontanément* chrétienne[1] ! Même dans notre civilisation marquée par le christianisme, notre prière flirte sans cesse avec ce qui en nous relève du paganisme, du *vieil homme* dirait saint Paul[2], c'est-à-dire, de l'humanité non réconciliée avec la vie donnée par Dieu. Dans tous les cas, l'important est de rester conscient que l'on parle à Dieu, comme *on*

1. C'est du reste une des raisons qui font que le « retour du religieux » n'est pas toujours une bonne nouvelle.

2. Dans l'épître aux Éphésiens, par exemple, au chapitre 4, verset 22.

parle à un ami, suggère saint Ignace de Loyola : cela ne peut pas se faire de façon distraite, irrespectueuse, ou négligente. Le silence est souvent préférable à un trop-plein de paroles, ou à un scrupuleux ritualisme, dont la vacuité masque mal notre incapacité à nous tenir, simplement dans la foi, devant Dieu.

De la méditation à l'oraison, et de l'oraison à la contemplation et à la prière, le chercheur de Dieu puise ainsi dans la Bible la force et l'émerveillement d'un trésor. La distinction des étapes permet d'avancer avec méthode, en se donnant les moyens de trouver ce que l'on cherche : vivre selon l'Esprit de Dieu, l'Esprit du Christ. Car la confusion en la matière barre l'accès au trésor et la lecture des Écritures n'apporte alors rien ou pas grand-chose. On peut ainsi passer des heures devant la Bible ouverte sans recevoir la Parole : on médite sur ses problèmes du moment plutôt que sur l'Écriture ; on parle à Dieu sans que les mots soient enracinés dans ce qui fait notre vie ; on lui demande ce qu'en réalité on ne désire pas recevoir, et on ne lui demande pas ce qui nous fait vraiment défaut ; on se fait de savants commentaires sur le passage biblique sans l'écouter pour soi, etc. Procéder avec méthode est une aide précieuse pour aller droit au but.

Le cheminement est éminemment personnel. Personne ne peut le faire à la place d'un autre, et personne ne peut s'appuyer sur les autres, aussi saints soient-ils, pour s'en dispenser eux-mêmes. Les autres sont cependant présents à plusieurs titres :

— ils le sont comme témoins capables de rendre compte des fruits que la méditation priante de la Bible produit dans leur existence ;

— ils le sont, comme disciples encourageant et stimulant la pratique de la prière à partir de la méditation biblique[1] ;

— ils le sont enfin, lorsque, ayant donné les signes d'une certaine avancée dans la foi, ils sont disponibles pour aider les moins expérimentés à pratiquer sans se perdre cette lecture intériorisée de la Bible. Ceux-ci sont reconnus comme des hommes ou femmes *de Dieu*, en mesure d'accompagner d'autres dans leurs itinéraires spirituels.

Accueillir la Parole de Dieu grâce à la méditation priante de la Bible n'est cependant pas suffisant pour qui cherche à vivre sa vie selon l'Esprit de Dieu. En effet, un autre livre doit être écrit, lu et relu : c'est celui de sa propre vie, telle qu'elle va, jour après jour. Que serait une méditation des Écritures qui ne changerait rien à l'existence concrète ?

La vie : le lieu où l'Esprit prend corps

La Bible ne présente donc pas un catalogue de réponses à nos questions et ne livre pas de recettes pour mener sa vie. Elle est comme une mise en miroir de ce qu'est vivre, vivre en humain, vivre en humain jusqu'en ce qui le transcende, le lien fondateur avec Dieu le Créateur. En déployant devant nos yeux la vie d'hommes, de femmes, d'un peuple, d'une société

1. Voir annexe 5.

dirait-on aujourd'hui, elle offre une possibilité de mise à distance de ce qui nous travaille toujours : le rapport à la naissance et à la mort, la violence et le désir, la peur de vivre et l'aspiration à trouver sa place, l'amour enfin, l'amour de l'autre comme de la création tout entière. À la différence d'une fiction, d'un roman plus ou moins historique, cette mise en représentation de la condition humaine inclut une donnée essentielle : ce point d'origine qui nous porte, reçoit, en différents vocables, le nom de *Dieu*.

Dieu perçu comme une personne agissante, partie prenante de notre condition humaine, impliquée dans notre histoire, au point de la faire sienne en prenant sur Lui d'être humain. Jésus en est le signe. Cette histoire, la nôtre, en des formes culturelles évidemment autres, cette histoire composée de nos histoires, cette histoire prend sens. Elle prend sens d'une *histoire sainte* lorsque nous adhérons à l'alliance établie par Dieu avec nous, depuis toujours, quels que soient les méandres, les errances, et les doutes que nous traverserons.

C'est pourquoi notre histoire personnelle est le champ même de notre vie spirituelle. Notre histoire n'est pas qu'individuelle, puisque toute personne est, à différentes échelles, partie prenante d'une société, d'une histoire commune, et toute personne est toujours reliée à d'autre, *de facto*. Cependant, cette histoire, quelle qu'en soit la dimension, est toujours vécue, reçue, perçue à hauteur de chaque personne, et dépose en son for intérieur une possible intelligence de ce qui lui arrive.

Il s'agit donc d'être éveillé. Parler d'histoire, c'est parler d'itinéraire : le passé tel qu'on l'a vécu, le présent tel qu'on l'éprouve, l'avenir vers lequel on tend.

De la même manière que personne ne peut intérioriser la Parole à notre place, personne ne peut écrire notre histoire à notre place. Tout au plus, les autres peuvent nous aider à en prendre conscience, voire nous donner des conseils avisés pour apprendre à l'assumer, apprendre à s'y tenir debout et créatif. Mais il appartient à chacun de nous de faire sa route, d'assumer son histoire en la vivant[1].

Par ailleurs, personne ne possède le fin mot de l'histoire, de sa propre histoire. Car elle n'est pas finie et l'avenir n'est pas écrit à l'avance. Par contre, dans les conditions concrètes de son existence, chacun oriente ses pas en fonction de ce qu'il perçoit être pour lui la bonne direction. Or, pour qui cherche à s'épanouir dans sa vocation de fils, de fille de Dieu, la bonne direction est celle qui lui permet de progresser dans l'accueil de l'Esprit de Dieu.

À quoi reconnaît-on que l'on se trouve sur la bonne voie, que l'on ne s'abuse pas, qu'on n'est pas dans le délire, dans l'illusion ? L'arbre se reconnaît à ses fruits : c'est toujours à ce qu'elle apporte réellement que l'on reconnaît la justesse d'une attitude. Les fruits de l'Esprit, qui sont autant de signes que cette amitié, cette *agapè* est au rendez-vous, sont par exemple énumérés de façon non exhaustive dans l'Épître aux Galates[2] : « Voici le fruit de l'Esprit : amour, joie, paix, patience, bonté, bienveillance, foi, douceur, maîtrise de soi… » Ces fruits sont en même temps donnés pour être goûtés : dans notre manière de reconnaître et de laisser s'exprimer nos dons, il se produit cela :

1. Interprétation possible de la recommandation faite par Jésus de « porter sa croix ».

2. Épître aux Galates, chap. 5, v. 22.

paix, douceur, patience, etc., alors, nous sommes agis par l'Esprit du Christ, alors nous aimons vraiment. S'il se produit : agressivité, jalousie, colère, envie, excès de toutes sortes, et lourdeur quotidienne de la charge, surmenage continuel, état d'épuisement devenu habituel, pour la part de ce qui relève de notre libre choix, alors, nous ne sommes plus dans la perspective du don de Dieu.

Les situations difficiles à vivre, les conflits, les contradictions de toute sorte ne signifient pas que nous soyons éloignés de Dieu. Cela fait partie du package de tout humain, et donc du chrétien. Mais l'Esprit accueilli conduit peu à peu à vivre tout ce qui arrive dans une paix intérieure, certes parfois douloureuse, mais sereine pourtant, pleine d'une certaine joie que *nul ne peut ravir*[1]. La peur de se tromper, les erreurs, les échecs, les épreuves de la vie, rien de tout cela ne s'oppose à la présence de Dieu, à l'action de l'Esprit.

Or, la paix donnée par l'Esprit de Dieu va de pair avec une attitude globale, faite de joie, d'ouverture aux autres, de disponibilité généreuse à la vie et – précision importante – le tout dans le réel, tel qu'il est, avec ses pesanteurs, avec sa dureté parfois. Les choses difficiles deviennent légères : n'est-il pas question du *fardeau léger* dans l'enseignement du Christ[2] ? Ces signes ne trompent pas : ils indiquent que l'arbre est bon. La capacité d'amitié à l'égard de soi-même, des autres, de la vie, cette *agapè* dont nous avons déjà parlé, vient de l'Esprit de Dieu

1. Cette joie de la naissance dans la vie de Dieu ainsi qu'elle évoquée dans l'évangile selon saint Jean, chap. 16, v. 21-22.

2. « Mon joug est facile à porter et mon fardeau léger », (évangile selon saint Matthieu, chap. 11, v. 30).

accueilli. Il s'agit du signe le plus sûr pour reconnaître que l'on se trouve dans le fil d'une vie spirituelle authentique, d'une vie dans l'Esprit de Dieu. Il est le même que celui que Jésus donne dans les évangiles : une qualité relationnelle, un parfum, une atmosphère où la promesse de vie se trouve honorée.

C'est pourquoi le disciple du Christ apprend à regarder cette vie, sa vie, sans crainte, sans jugement, sans honte, parce qu'il a confiance que Dieu la prend au sérieux, et cherche à l'irriguer de sa propre énergie vitale. On pourrait appeler cela une vigilance. Il s'agit bien en effet de vivre sa vie de façon éveillée, de veiller sur sa vie, d'être dans un lien de bienveillance avec son histoire en cours.

Vivre en éveillé, être veilleur

Vivre en veilleur n'est pas réservé aux croyants ! En revanche, un croyant, chrétien en particulier, ne peut pas ne pas vivre en veilleur. Parce que la confiance – la foi – à laquelle le Christ invite doit être incarnée, concrètement exprimée. Sur ce terrain, rien n'est jamais acquis, personne ne peut s'estimer arriver au but. « Il ne suffit pas de me dire “Seigneur, Seigneur…” pour entrer dans le royaume des cieux ; il faut faire la volonté de mon Père qui est dans les cieux[1]. » Or, la volonté du Père, Dieu créateur, est que nous vivions accordés à la vie qu'il nous donne en abondance. Vivre dans une recherche continuelle d'accord avec ce projet divin, c'est cela être fidèle à Dieu.

1. Évangile selon saint Matthieu, chap. 7, v. 21.

Parler de recherche continuelle ne signifie pas pour autant errer sans fin dans une tension toujours déçue où jamais rien ne peut être trouvé. La recherche vise ici la dynamique même d'un accord à poser au fil de notre condition humaine, marquée par un devenir permanent. L'image de l'instrument de musique est parlante : une guitare, un violon sont sensibles aux variations de température et d'humidité de leur environnement ; la tension des cordes bouge également sous l'effet des exécutions. Ces instruments doivent toujours être réaccordés. Pour autant, ils jouent, et, accordés, ils jouent juste, même si cette justesse est toujours fragile, provisoire. Il en va de même dans notre ajustement au désir de Dieu, à son projet de vie. Marqués et bousculés par notre environnement changeant, les impacts divers des temps, des espaces, des milieux que nous traversons, ce que provoquent nos engagements dans l'existence, ce qui nous arrive au fil des jours, nous cherchons, à travers tout cela, l'accord à l'Esprit de Dieu, l'accord spirituel. Cela se fait en accueillant le travail de l'Esprit. Et il nous arrive, par moments qui sont autant d'instants de grâce, de jouer juste, à notre mesure humaine.

Comme il en va de notre liberté, nous progressons d'autant mieux dans cet accueil que nous apprendrons à reconnaître sa manière d'être et de nous conduire dans nos vies. Comment s'y prendre concrètement ?

Apprendre à lire dans sa vie

Il s'agit, une fois de plus, de s'exercer. Quelques minutes par jour, midi et soir, ou un petit quart d'heure en fin de journée, parfois une journée de *retraite* dans le cours des mois, à chacun de trouver son rythme. Toute personne désireuse de vivre sa vie en éveillé peut tirer profit de cet exercice, propre à s'entraîner. Mais les chrétiens s'y appliquent en intégrant un essentiel : le désir que l'Esprit de Dieu déploie la vie divine dans le corps de sa propre existence. L'exercice est alors vécu dans une dynamique de méditation priante[1]. Il s'agit ni plus ni moins de prendre rendez-vous avec soi-même, régulièrement.

La porte d'entrée est la même que celle qui permet une lecture méditante des Écritures : prendre un temps pour se poser et retrouver le fil d'une présence de soi-même à soi-même, d'une présence incorporée. À partir de cette dynamique de réunification intérieure, de rassemblement, de recueillement, il est possible de regarder avec attention ce qui se passe dans sa vie : événements, rencontres, activités, décisions, questions, pensées, émotions, rêves. Prendre le temps du silence pour faire mémoire de ce qui marque son propre quotidien permet de repérer les traces que tout cela laisse en soi. À l'abri des regards, des rôles sociaux à tenir, du souci de conformisme, il est alors possible de laisser remonter à la surface ce qu'a provoqué en réalité, en vrai, ce foisonnement de vie. Au fil de la mémoire de la journée, le ressenti apparaît alors : plus ou moins heureux ou malheureux, fait d'étonnement, de réassurance, de perplexité, d'amertume, d'apaisement, ou de joie, il conduit à connaître de l'intérieur ce que la vie nous apprend, sur nous-mêmes et sur la façon dont l'Esprit de Dieu nous conduit.

---

1. Voir annexe 7.

Depuis fort longtemps, la tradition spirituelle chrétienne a expérimenté et encouragé la pratique d'une telle vigilance. Encore récemment, il était d'usage d'opérer chaque soir son *examen de conscience*. C'est bien de cela qu'il s'agit, puisque c'est en conscience que l'on s'exerce à lire sa vie. Mais le terme *examen* est devenu trompeur à plusieurs titres.

En effet, *examen* est un mot lié au verbe *examiner*, qui signifie « regarder avec attention ». Mais il s'est trouvé peu à peu assimilé à deux autres univers :

— celui du monde judiciaire où examiner une affaire revient à scruter les raisons légales de juger et éventuellement de condamner quelqu'un, ce qui ne se fait pas, du reste, sans une « mise en examen » préalable ;

— celui du monde scolaire où « examen » reçoit le sens de test de validation d'une leçon bien apprise, d'un travail correctement exécuté, et exige par conséquent une traque scrupuleuse des fautes commises.

L'exercice de vigilance spirituelle s'est donc trouvé capté hors de son champ propre et pratiqué dans des eaux qui lui sont hostiles. C'est pourquoi il a souvent été dévoyé et a ainsi provoqué quelques dégâts dans les esprits. Car l'*examen de conscience* correctement compris est étranger à ces deux univers.

Il ne relève pas d'une mise en scène de tribunal où Dieu serait juge et l'humain coupable, éternellement coupable. La raison en est simple. Jésus, le Christ ne cesse de nous révéler qu'il vient nous sauver et que nous vivons du pardon reçu de Dieu. Il s'agit d'une vraie bonne nouvelle. Elle résonne dans les rues, dans les maisons, dans le quotidien des jours, loin de l'imaginaire tribunal. Lorsque nous envisageons

Dieu comme un juge sévère, sourcilleux, et porté sur la condamnation, nous le fabriquons donc de toutes pièces : c'est une forme d'idolâtrie. En réalité c'est nous qui nous jugeons nous-mêmes, à partir des critères *du monde*, non évangéliques. Parmi ces critères, il en est un qui nous égare plus que les autres : c'est celui qui confond sainteté et perfection. Jésus a bien perçu ce risque en nous. Il nous recommande de ne pas nous poser en juge[1], des autres et de nous-mêmes, car Dieu seul est juge. Dieu seul est juge parce qu'il est le créateur, l'auteur, l'origine de tout et qu'il est absolument le seul à connaître la mesure qui permet de jauger ce qui est. Dans notre cheminement spirituel, nous n'avons donc pas à nous préoccuper de notre jugement, c'est là le travail de Dieu. Dans la Bible, il est dit à plusieurs reprises que Dieu juge avec *amour et vérité*. C'est très rassurant : car la vérité permet de clarifier la distinction entre ce qui est *bien* et ce qui est *mal*, et l'amour permet que cette clarification ne se solde pas par une condamnation radicale et définitive du coupable (pécheur). C'est aussi reposant, car le jugement appartient à Dieu et il nous sera délivré ultimement. Pour ce qui est de notre existence quotidienne, nous avons seulement à nous tenir devant Lui, et à chercher à nous accorder à son désir créateur. Il nous revient d'apprendre à reconnaître ce qui joue faux dans nos vies, et chercher avec constance, grâce à Dieu, l'accord jubilatoire à son Esprit.

Or, lorsque nous laissons cet exercice de vigilance se prendre dans les glaces d'un imaginaire judiciaire,

1. Évangile selon saint Matthieu, chap. 7, v. 1.

nous entrons rapidement dans une logique d'autoculpabilisation, ou d'autosatisfaction, et nous nous donnons à nous-mêmes le verdict qui nous arrange, soit pour nous flageller intérieurement, soit pour alléger notre conscience sans mise en cause. Il ne s'agit plus alors d'un temps d'ouverture et de disponibilité à Dieu, au Tout-Autre, mais d'une complaisance narcissique où Dieu est instrument fantasmé.

L'*examen de conscience* est tout aussi étranger à l'univers scolaire. En matière spirituelle en effet, nous sommes tous des débutants, car chaque matin ouvre sur un nouveau jour. Il ne s'agit pas de savoir une leçon, d'être ou ne pas être doué, de bachoter, ni de recevoir bons points ou punitions. Même au sens figuré, il n'existe pas de diplôme de vie spirituelle. Et ce que l'on apprend sur le chemin de l'Esprit ne se capitalise pas. Le pain est quotidien et reçu pour le jour qui passe. Une fois encore cependant, notre imagination est prompte à réveiller et amplifier des registres dont on peut avoir par ailleurs de cuisants souvenirs et cela ne nous aide pas à entrer dans l'exercice spirituel proprement dit.

Il n'est donc pas question de s'instituer juge de soi-même, ni de s'imaginer devoir être corrigé comme un enfant distrait ou indiscipliné qui commettrait quelque faute d'orthographe. Car ce serait mesurer ce que l'on vit et éprouve à l'aune de sa petite personne encore encombrée d'images de Dieu fausses et mortifères.

Quelle que soit l'expression retenue pour désigner cette pratique de la vigilance (*examen de conscience* ; *relecture de vie* ; *exercice de l'éveil*), l'important est de la mettre effectivement en œuvre de façon ajustée. Le chrétien vit de cette conviction que sa foi mise en

Dieu, tel que le Christ le fait connaître, apporte du changement dans sa vie, dans le sens d'un mieux, d'un meilleur, d'un *plus* qualitatif (saint Ignace de Loyola utilisait le terme latin *magis*). Il a donc à cœur de prendre régulièrement ce temps où, en présence de Dieu qui ne cesse de vouloir lui donner sa vie, il regarde son existence, simplement, dans la lucidité et l'estime de soi. Il reconnaîtra ce qui porte trace de vie, de joie contagieuse, et ce qui laisse un goût d'amertume, de tristesse, de repliement sur soi. Il saura percevoir en quoi son libre arbitre peut lui permettre d'orienter ses choix dans le sens de l'Esprit : cultiver telle attitude intérieure plutôt que telle autre, opter dans telle direction, prendre telle décision. Il a à cœur de s'en remettre à Dieu et de lui demander de l'éclairer au fil des jours, en prenant appui très concrètement sur ce qu'il constate en lui et dans sa vie.

Il est recommandé que cet exercice quotidien ne dure pas plus d'un quart d'heure. L'expérience montre qu'au-delà, le risque est très grand de tomber à nouveau dans l'un des deux registres trompeurs dont il a été question plus haut. Au début, ce quart d'heure passe vite et peut suffire à peine pour s'y mettre et enraciner un *merci.* Il est important de s'en contenter, et de toujours recommencer l'exercice par le début, quand bien même le premier point se trouve seul honoré pendant une longue période. C'est ainsi que l'Esprit travaille, nous travaille. Le rythme se prend peu à peu. Et les fruits ne tardent pas à se laisser goûter.

L'ÉQUILIBRE DYNAMIQUE DU CHEMINEMENT SPIRITUEL

Les chrétiens méditent la Bible, à travers une contemplation du Christ tel qu'annoncé dans le Premier ou Ancien Testament et révélé dans le Second ou Nouveau Testament ; et ils méditent leur vie, par une vigilance de foi à ce qui s'y passe. Par là, les chrétiens trouvent l'inspiration de leur activité dans la perspective de la charité, l'amitié désintéressée, à la manière de Dieu pour nous. Il ne s'agit pas seulement d'aimer en se tenant au service des autres, de la vie ensemble. Il s'agit d'aimer *à la manière de Dieu* et de servir *selon Dieu*. C'est donc en s'imprégnant de la manière de faire de Jésus que, *mutatis mutandis*, car notre culture n'est pas la même, nous apprenons ce qu'il convient de faire pour bien faire : être au service de la circulation de la vie de Dieu en nous, entre nous, autour de nous. C'est cela aimer comme Il nous aime.

Qu'elle s'appuie sur les mots de la Bible ou sur les mots de la vie, toute prière n'est donc pas *chrétienne*, toute soif même de spiritualité, aussi sincère et authentique soit-elle, peut tout autant égarer. La foi chrétienne donne corps à notre soif spirituelle en orientant nos pas dans le sillage du Christ et la laisse se purifier, comme l'or au feu, dans la force de son Esprit. Et dans le même sens, qu'elle se prétende inspirée de la Bible ou de l'expérience, toute *charité* n'est pas chrétienne : la solidarité peut revêtir bien des manières de faire qui ne sont pas toutes au service de la dignité de l'autre comme enfant de Dieu.

C'est pourquoi l'éveil spirituel d'un disciple du Christ s'exerce dans un aller-retour continuel entre ces trois pôles : la présence à soi-même, l'écoute de la Parole, à travers la médiation des Écritures et l'attention à sa vie. Chacun de ces pôles ne peut faire sens que dans son rapport aux autres et réciproquement. Le livre des Écritures doit être déchiffré pour être médité car c'est par la méditation que les Écritures livrent leur message. Le livre de la vie doit être lu pour être déchiffré, car c'est son déchiffrement qui nous permet de saisir le sens de ce qui nous arrive, quoi qu'il arrive. La présence à soi-même doit être cultivée, car elle enracine l'attention à l'Esprit.

La vie spirituelle est sous la responsabilité de chacun, c'est affaire de conscience, et elle reste éminemment personnelle. Pour autant, elle n'est pas sans risque. Risques d'illusions, de pseudo-mysticisme, de narcissisme et d'errances fantasmatiques ; risque de découragement, de misère théologique, de retour obscurantiste, etc. C'est pourquoi l'inscription dans la dynamique d'Église est indispensable, l'Église, au sens où nous l'avons définie : l'Église en tant que *communauté des disciples du Christ,* car c'est à ce titre seulement qu'elle peut remplir son rôle. Cette Église assure un lien de transmission de toute la richesse spirituelle chrétienne et offre un lieu de discernement et de régulation, absolument nécessaire, à la reconnaissance de la vie selon l'Esprit du Christ.

C'est à chacun d'assumer la dimension élective de son lien à l'Église. En effet tout disciple doit chercher, jusqu'à ce qu'il l'ait trouvé, à l'intérieur du vaste monde diversifié des sensibilités et des communautés chrétiennes, le lieu qui lui permet de vivre réellement la dimension ecclésiale : à savoir, un lieu de ressourcement spirituel effectif, d'amitié, d'interpellation et d'échanges fraternels, de célébration accordée au climat évangélique, de discernement, d'approfondissement de l'intelligence de la foi, et, enfin, d'accompagnement spirituel.

Il est en effet nécessaire de faire le point sur son cheminement de foi, régulièrement, avec une personne de confiance, surtout lorsque l'on démarre. Il existe des personnes aptes à pratiquer un accompagnement spirituel, nouvelle expression venue remplacer celle de *directeur spirituel* qui a mal vieilli. Les accompagnateurs ou accompagnatrices spirituels sont des personnes dignes de confiance en matière de discernement. À la fois expérimentées, compétentes, parfaitement fiables quant à la confidentialité, elles se distinguent par quelques traits spécifiques : elles sont engagées elles-mêmes dans une vie spirituelle exigeante ; elles ont un sens très fin de l'écoute ; elles ne sont jamais dans le jugement ; elles ont intériorisé, par l'expérience, les règles de discernement spirituel ; enfin, ce service de l'accompagnement spirituel ne représente pas à leurs yeux un titre de gloire, et elles ne cherchent pas à s'en prévaloir ; elles en connaissent l'exigence pour elles-mêmes, de même que la constance et l'ardeur du combat spirituel à assumer pour espérer rendre ce service-là.

L'accord des cordes de l'instrument est provisoire et se cherche dans l'harmonie désirée de l'orchestre. Ainsi en est-il du cheminement spirituel : il relève, comme la marche humaine, d'un équilibre dynamique. La foi chrétienne s'appuie sur la conviction que

Dieu en personne a pris le même pas, le Christ en est le signe. Il se tient à nos côtés, sur les chemins où nous marchons. Par le travail patient et obstiné de son Esprit, au cœur de qui le désire et l'accueille, il convertit le terre-à-terre de nos pas successifs à la dimension infinie d'un étonnant *terre-à-ciel*. Il nous ravit par là, en répandant sur notre présent, à pleine mesure, le sens débordant d'une vitalité divinement contagieuse d'humanité.

Conclusion

La foi chrétienne est confiance mise en ce Dieu dont le Christ nous a révélé le visage. L'essentiel tient en cette seule affirmation.

Si les institutions d'églises sont en crise, l'Église du Christ poursuit sa route. En d'autres formes, elle resplendit sur les multiples visages des disciples du Christ, heureux de vivre leur existence dans la dynamique de l'Évangile. Leur capacité à assumer le tout de leur existence humaine, leur liberté de conscience, leur manière de répandre autour d'eux, souvent à leur insu, une qualité de présence, un climat fraternel et une compassion inventive pour ceux qui peinent, sont autant de traits qui les caractérisent. Ils se nourrissent du meilleur de la Tradition chrétienne, et ne s'encombrent pas du reste. Ce faisant, ils appellent et inventent, sans bruit, sans prétention, au fil des liens tissés, des formes institutionnelles à ce que leurs chemins de foi inspirent. C'est pourquoi leur fréquentation des églises (bâtiments, comme organisations et structures qui y sont liées) peut être devenue épisodique, ténue, voire inexistante. Cela ne signifie nullement que la foi chrétienne soit aujourd'hui perçue comme insignifiante. Au contraire, c'est sans doute l'indication qu'une exigence d'authenticité spirituelle se lève, *à nouveau*, au nom de la Bonne Nouvelle.

Car Dieu sauve la vie humaine, la libère et l'épanouit, juste par amour. Il revient à chacun de laisser cette Bonne Nouvelle prendre corps dans son quotidien. C'est évidemment bien plus que de la religion.

C'est affaire de *terre et de ciel*.

Annexes

Annexe 1

Foi, religion, spiritualité... : définitions

Foi, Dieu, religion, spiritualité, fait religieux... comment se repérer dans cet univers de termes apparemment interchangeables dans les discours médiatiques et les conversations de fin de repas ? La loi générale de tout discours est qu'un terme ne peut être défini qu'en fonction des définitions données aux termes avec lesquels il compose. Ainsi c'est une nécessaire mise en système des termes qui permet toute désignation. Chaque locuteur est responsable des définitions qu'il donne, charge à lui de viser une cohérence de discours. Les définitions proposées ici s'articulent autour de données anthropologiques fondamentales.

Qu'est-ce donc que **la foi** ? La foi appartient à la même famille de mots que confiance, fidélité, fiabilité, et, si l'on s'en tient à la langue du Premier Testament (l'« Ancien », pour les chrétiens), à savoir l'hébreu, on trouve autour de la même racine l'idée de solidité, comme le rocher, ce sur quoi on peut en toute confiance prendre appui, et on le vérifie par l'expérience : lorsque, au milieu des sables, ou de l'eau boueuse, on pose le pied dessus, « ça tient ». Ainsi, dans la Bible, Dieu est souvent appelé « mon rocher, mon roc ».

La foi est relation de confiance, confiance *éprouvée* (s'oppose ici à *béate*). Ainsi, on n'a pas la foi comme on possède une chose, un objet que l'on porterait avec soi, susceptible de passer de mains en mains, comme un paquet, même sous forme de paquet cadeau. La foi dit une *relation à* – ici à « Dieu[1] » – une relation de confiance : je peux dire que *j'ai* la foi lorsque je vis ma vie – le tout de mon existence – dans une relation de confiance à Dieu. La foi renvoie donc à une attitude du sujet – cette liberté qui dit *je* et s'y engage – laquelle ne s'impose pas, mais s'offre comme possibilité ouverte.

La dimension spirituelle, c'est, au cœur de tout humain, au cœur de son désir, une disposition qui ouvre celui-ci à une réalité transcendante. Cette réalité transcendante, ou **transcendance**, est ce qui est perçu comme étant au fondement de tout ce qui existe, comme ce qui le dépasse en l'assumant, et par conséquent ouvre un horizon de sens incluant et débordant les limites de ce qui se trouve à la portée sensible de l'humain.

La transcendance peut recevoir d'emblée des contours polymorphes (les dieux), ou impersonnels (le divin), ou vagues (« quelque chose au-dessus de nous mais on ne sait pas quoi », dit la tendance agnostique). Elle peut aussi être désignée par le terme « **Dieu** ». Dans ce cas, l'ouverture transcendantale au cœur de l'humain est perçue comme orientée vers quelqu'Un, une personne transcendant les limites de la vie et du monde, un Dieu, le Dieu, l'Unique pour les juifs, les chrétiens et les musulmans, entre autres, bien que chacune de ces traditions l'envisage, ce Dieu, de manière fort différente.

Cette transcendance peut être désignée autrement (l'Amour, la Paix… chaque majuscule vaut ici empreinte d'absolu). Elle peut aussi recevoir une représentation plus pragmatique : le destin, le hasard, l'étoile de chacun, etc.

---

1. Je mets ce mot entre guillemets pour attirer l'attention sur son caractère insolite, surtout avec une majuscule. Le mot « dieu » est en effet d'abord un nom commun. En faire un nom propre, c'est indiquer que le divin est représenté comme étant non pas seulement une force, une présence, une énergie, mais avant tout, comme une personne, comme quelqu'un, ce qui n'est pas définition restrictive, au contraire !

La nomination de cette transcendance, y compris en termes chrétiens, relève d'une *décision de foi*, c'est-à-dire de la mise radicale de sa confiance en ce Dieu-là.

Dans le champ chrétien, « Dieu » est ce que **Jésus** nous en a fait connaître : par sa vie, son enseignement, son attitude, ses gestes, son itinéraire humain, reconnu comme venant de Dieu et formé par l'Esprit de Dieu, il est nommé (« confessé ») comme **Christ** par ceux qui pour cela recevront le nom de *chrétiens*. Le titre de Christ signifie, en particulier dans la Bible, l'Oint (c'est-à-dire « Celui qui a reçu l'onction », l'« envoyé » de la part de Dieu).

La foi est clairement une option éthique, c'est-à-dire un choix (expression d'une capacité de liberté) qui pose une « transcendance » (ce que chacun en comprend) comme horizon du sens de la vie : sens d'une histoire, plus ou moins heureuse et cabossée ; sens d'un présent, plus ou moins satisfaisant, plus ou moins éprouvé par le réel ; sens des choix à faire, petits ou grands.

S'il peut y avoir une éthique sans foi en Dieu, puisque l'éthique est une faculté humaine *de facto* (plus ou moins assumée et éclairée, certes, mais présente en tout sujet, sauf pathologie), il ne peut y avoir foi prétendue sans morale particulière. En effet, mener sa vie dans la foi en Dieu, c'est s'engager à assumer cette option de sens à travers des choix qui cherchent à incarner des valeurs considérées comme incontournables, en raison de (ce qui est compris de) Dieu.

La vie spirituelle, c'est la manière dont chacun perçoit, en le recevant, le travail de Dieu (transcendance) dans l'immanence de son existence particulière et y accorde sa foi, sa confiance. Elle peut être qualifiée de « mystique » quand l'accueil de Dieu en liberté *hic et nunc*, prend l'intensité d'une valeur absolue, par conséquent radicale (à la racine de l'être) et constante de l'existence, de sorte que celle-ci s'en trouve profondément et durablement transformée.

Il est possible de donner à « mystique » une définition large qui exclut le jugement de valeur. Mais cela revient à qualifier de mystiques les illuminés, les *folies et* délires pétris de vocabulaire religieux, les fanatiques qui prétendent agir sous l'impulsion de leur foi religieuse. Dans le langage courant en effet, la confusion est fréquente entre « mystique » et « irrationnel », entre « mystique » et « religieux », entre « mystique » et « fanatique » (cf. *supra*). À partir de la foi chrétienne il semble préférable de désigner par ce mot une réalité plus précise : est mystique celui ou celle dont la vie témoigne de quelque chose de divin en lui, en elle, divin au sens de formidable et mystérieux, tangible et secret, désirable et heureux. Ainsi, n'est pas nécessairement mystique une personne désignée publiquement (par un groupe, une organisation, ou… par elle-même) comme telle, quel que soit son appartenance religieuse, quel que soit son intime degré de conviction ou de sincérité.

La vie spirituelle *chrétienne* est la manière de mener son existence dans la recherche d'une conformité à l'Esprit du Christ. L'Esprit du Christ permet à toute personne de déployer son existence, à la mesure de sa foi propre, dans l'horizon de Dieu, c'est-à-dire de vivre dès à présent de vie éternelle. Il s'agit ici de Dieu tel qu'*envisagé* par le Christ : les chrétiens, s'ils sont cohérents, ne croient qu'en Dieu tel que révélé par le Christ. Cela exclut une multitude de représentations de Dieu qui ne cadrent pas ou plus avec ce que le Christ nous montre.

La spiritualité est un angle privilégié d'entrée dans l'accueil de Dieu.

Ainsi, il existe de multiples spiritualités chrétiennes, y compris à l'intérieur de la famille catholique : elles sont autant de portes d'entrée dans l'accueil de la Bonne Nouvelle, ce fameux Évangile à quatre voix qui révèle la présence de Dieu au milieu de nous. Entrer dans l'Évangile par une porte pour le visiter et l'accueillir tout entier, c'est ce que font ces multiples chercheurs et chercheuses de Dieu : franciscains, par la porte de la pauvreté ; dominicains, par la porte de la prédication ; carmélitains, par la porte de l'oraison silencieuse ; bénédictins, par la porte de la louange ; ignatiens, par la porte de l'obéissance ; ermites par la porte de la solitude ; etc.

Attention, il s'agit bien de portes d'entrée, non restrictives quant à l'accueil du tout de l'Évangile, accueil du reste toujours en cours, tant il épouse notre être en devenir par un cheminement qualifié à juste titre ici de « spirituel ». Ceux qui s'engagent dans une vie spirituelle privilégient une porte plutôt qu'une autre pour de multiples raisons : tempérament, histoire personnelle, affinité, autant d'éléments à la base de ce qui permettra de qualifier une « vocation » (non réservée aux religieux et religieuses consacrés !).

La religion : c'est l'inscription sociale de l'expression d'une foi, avec ce que cela comporte d'organisation institutionnelle. Cette organisation peut être faite en « Églises », dont les rouages peuvent être plus ou moins sophistiqués, l'existence plus ou moins récente (il s'en crée tous les jours aux États-Unis par exemple), les institutions plus ou moins solides, le champ d'influence plus ou moins étendu.

Il existe autant de religions que d'expressions socialisées de la foi, et donc de représentations du divin. Chaque religion exprime par ses membres ce qu'elle considère comme « la Vérité » au moins sur l'identité de la transcendance.

Les religions, en tant qu'organisations sociales, peuvent perdre de vue l'horizon spirituel qui les a fait naître. Elles deviennent alors des groupes humains parmi d'autres réunis autour de quelques idées fortes, voire d'idéologies (radicales, fanatiques, ou molles) et instrumentalisent le lien avec la transcendance comme couverture argumentaire au service d'autre chose que de la recherche de Dieu : nationalisme, légitimation d'injustices sociales, haine des autres, surexploitation de la planète, etc. Ce procédé de détournement n'est pas nouveau et se porte très bien, quelle que soit la religion. La sincérité des membres, en la matière – comme en d'autres – n'est pas un critère de vérité, il faut le rappeler. On peut sincèrement soutenir une proposition, voire donner de tout cœur sa vie pour elle, et cependant la proposition s'avérer être une erreur.

Ainsi, l'appartenance à une religion ne garantit pas une vie spirituelle *stricto sensu*, et inversement, la vie spirituelle déborde les religions *stricto sensu* et se développe aussi en dehors, au-dessus, à côté d'elles, malgré elles ou grâce à elles, cela dépend de l'itinéraire optionnel de chacun.

Enfin, peut être qualifié de **religieux** tout acte, objet, comportement, rite privé ou public, personne, qui prétend exprimer une foi – personnelle ou collective – en une transcendance. Là encore le « religieux » peut ou non relever du spirituel, selon qu'il se saisit dans un cheminement de conversion à la confiance, ou au contraire, résonne en argument d'autorité autosatisfait.

Il est évident que chaque tradition religieuse (ensemble institutionnel constitué au fil du temps autour de représentations du divin) donne à tous ces termes des définitions plus restreintes, en cohérence avec son dogme (ainsi de la définition de la vie spirituelle chrétienne donnée ci-dessus). Par exemple, le terme « Église » pour les chrétiens a un sens directement lié à l'assemblée des disciples du Christ.

Ces rapides définitions permettent de saisir une trame susceptible de situer les différents registres engagés par les discours autour du champ religieux. Il faudrait pouvoir aller plus loin et indiquer la manière dont ces éléments renvoient à une structure humaine profonde qui s'exprime en d'autres champs. Cela explique pourquoi il est très problématique de vouloir circonscrire un domaine qualifié de « religieux », relevant de la religion, à part d'autres sphères comme le champ politique, philosophique, culturel etc. Cela pourrait faire l'objet d'un autre livre.

Annexe 2

L'Église[1]

Ce que nous apprend l'étymologie : nous héritons avec le mot « église » d'une double signification :

a) *ekklesia*, en grec, désigne une assemblée, n'importe quelle assemblée politique ou religieuse. On trouve autour de ce mot des mots apparentés comme : *ekklèsiastès* = membre d'une assemblée ; *ekklèsiasdso* = convoquer une assemblée, ou tenir assemblée (dérivé de *kaleo* = appeler) mais aussi *ekkleio* : interdire, exclure. La proximité de « convoquer, tenir assemblée » et « interdire, exclure » est normale : par définition, toute assemblée pose une frontière entre ceux qui en sont et les autres.

b) le mot hébreu traduit *ekklesia* par la Septante (traduction en grec de la Bible hébraïque effectuée au IIe siècle avant Jésus-Christ par les juifs dispersés dans le Bassin méditerranéen) est *qahal*.

Ce terme hébreu désigne *l'assemblée de l'Horeb*, par exemple :

— Dt 4, 10 : « Au jour où tu te tenais à l'Horeb en présence du Seigneur ton Dieu, le Seigneur me dit : "*Assemble*-moi le peuple, que je leur fasse entendre mes paroles…" » ;

— Dt 30, 31 : « Aux oreilles de toute *l'assemblée* d'Israël, Moïse prononça les paroles de ce cantique. »

Il désigne aussi l'assemblée réunie et prise à témoin de la demande faite à David à tous « ses officiers » et « preux

---

1. Principale source : *Vocabulaire de théologie biblique*, sous la direction de Xavier Léon-Dufour, éditions du Cerf, 1981.

vaillants » de « garder et scruter les commandements du Seigneur » : 1 Ch 28, 8 : « Et maintenant, devant tout Israël qui nous voit, devant *l'assemblée* du Seigneur, devant notre Dieu qui nous voit et nous entend, gardez et scrutez les commandements du Seigneur votre Dieu, afin de posséder ce bon pays. »

Mais *qahal* n'est pas toujours traduit par *ekklesia*. Il est parfois traduit par *synagogè* qui a donné « synagogue » (aller ensemble). Par exemple en Dt 5, 22 : « Telles sont les paroles que vous adressa le Seigneur quand vous étiez tous *assemblés* sur la montagne… »

Il semble qu'« Église » et « synagogue » soient deux termes à peu près synonymes dans la Bible. Ainsi, dans Jc 2, 2, le terme traduit par « assemblée » est *synagogè* dans le texte grec : « En effet, s'il entre dans votre assemblée un homme aux bagues d'or. »

Si *ekklesia* a parfois été préféré par les traducteurs de la Septante, c'est peut-être à cause de la sonorité proche des deux mots : *ekklesia*/*qahal*. C'est aussi le choix d'une interprétation puisque *ekklesia*, nous l'avons vu, a une racine dans *kaleo*, appeler, c'est donc mettre l'accent sur le fait que cette assemblée convoquée l'est par appel de Dieu.

Enfin, si le terme *synagogè* est finalement abandonné au profit d'*ekklesia* dans le Nouveau Testament, c'est parce que le groupe qui deviendra la secte des chrétiens radicalise sa séparation d'avec le reste du peuple juif qui ne reconnaît pas en Jésus le Christ de Dieu.

S'attarder quelque peu sur cette étymologie n'est pas inutile. En effet, lorsque aujourd'hui nous parlons d'« Église », il n'est pas certain que nous ayons en tête ces premiers sens, qui, comme ces éléments l'indiquent, sont d'emblée flottants : l'assemblée désignée n'est pas d'abord liturgique au sens ou nous l'envisageons aujourd'hui ; elle peut être le peuple différencié de ses chefs ; elle peut être l'ensemble formé par ceux qui se rassemblent en réponse à l'appel qu'ils perçoivent de Dieu. Enfin, le choix de préférer le terme « église » à celui de « synagogue » traduit une volonté des premiers chrétiens de se démarquer des juifs de leur temps : « église » est opposé à « synagogue ». Il faut noter enfin un « détail » troublant. Le mot « église » ne se trouve que deux fois dans les évangiles – en Mt 16, 18 : « Sur cette pierre, je bâtirai mon église » et cela s'adresse à Pierre, qui représente la figure même du disciple, et en Mt 18, 17 : « S'il refuse de les écouter, dis-le à l'église. »

C'est ainsi que le terme « Église » est entré dans notre tradition chrétienne. Il s'est alors enrichi de plusieurs sens.

Annexe 3

Quelques repères chiffrés concernant la pratique des catholiques en France

D'après l'article paru dans le journal *La Croix* du 10 mai 2008.

Le pourcentage de Français qui se déclarent catholiques

Selon les enquêtes et la façon de formuler la question :

— entre 51 % (CSA-*Le Monde des religions*, janvier 2007, demandant « *Quelle est votre religion si vous en avez une ?* »)

— et 65 % (Ifop-*La Croix*, août 2006, demandant aux personnes interrogées si elles étaient catholiques).

L'âge des catholiques pratiquants

Selon l'enquête Ifop-*La Croix* (2006) :

— les 18-24 ans représentent 7 % des catholiques pratiquants (pour 11 % de la population française) ;

— les 25-34 ans, 9 % (19 % de la population) ;

— les 35-49 ans, 18 % (28 % de la population) ;

— les 50-64 ans, 23 % (21 % de la population) ;

— les 65 ans et plus, 43 % (21 % de la population).

La fréquence de la pratique

— Les pratiquants réguliers (au moins une fois par mois) : selon l'enquête CSA-*La Croix* de décembre 2004, ceux qui pratiquent une fois par semaine représentent 4,8 % de la population (et 7,5 % des catholiques), et ceux qui pratiquent au moins une fois par mois sont 3,4 % (5,3 % des catholiques).

— Les pratiquants occasionnels (plusieurs fois dans l'année) représentent 15,8 % des Français (24,6 % des catholiques).

— Les non-pratiquants se répartissent entre ceux qui fréquentent l'église uniquement pour de grandes occasions (29,7 % de la population, 46,2 % des catholiques) et ceux qui n'y vont jamais (10,5 % des Français, 16,4 % des catholiques).

Selon l'enquête Ifop-*La Croix* d'août 2006, 25 % des catholiques se disent « pratiquants » (43 % des plus de 65 ans, 18 % des 35-49 ans et 7 % des 18-24 ans), et 7 % des catholiques (soit 4,5 % des Français) déclarent aller à la messe tous les dimanches.

D'après une enquête Sofres-*Pèlerin* de février 2005 :
— 64,3 % des Français se disent catholiques.
Parmi ceux-ci :
— 24 % disent aller à la messe.
Parmi ceux-ci :
— 87 % y vont régulièrement.
— 6 % y vont rarement.

Durant le week-end :
— 14 % des catholiques disent aller à la messe durant le week-end :
— dont 46 % dont pratiquants réguliers
— et 23 % pratiquants occasionnels.
— 11 % disent regarder la messe à la télévision.
— 18 % disent prier (seul, ou dans un groupe, ou dans une assemblée sans prêtre).

Annexe 4

Le corps dans la religion chrétienne
Introduction à une réflexion

Article paru dans la lettre de l'Antenne sociale de Lyon : *Regard pour comprendre*, n° 36, juillet 2008.

Commençons par reconnaître une évidence telle qu'il nous arrive d'en perdre la notion. Le corps, dans sa matérialité physique animée, est ce qui fait que chacun de nous existe ; tout autant corps social : vivant en un temps, un espace et un milieu ; et corps culturel : inséré dans un tissu d'expression de soi. C'est tout un. Car le corps humain n'est pas qu'une entité organique, il est un tout animé par la singularité de l'humain : sa manière propre de se rapporter à lui-même, aux autres, à son environnement. Le corps humain est en interaction permanente, en devenir permanent, caisse de résonance pour ses émotions, livre des traces de son histoire, et raison incarnée, où inconscient et déraison disent par somatisation l'incroyable mystère qui habite et dépasse la personne. « Je » est un corps. Et cela entraîne deux remarques : le corps nous rappelle, en l'activant *de facto*, l'unicité de notre point de vue sur le monde ; et c'est par le corps que nous nous reconnaissons exister. Si « l'essentiel est invisible pour les yeux » et qu'« il ne faut pas se fier aux apparences », il n'empêche : penser et vivre ces adages exige d'être passé par un « voir » et des « apparences », pour ensuite reconnaître qu'ils peuvent être trompeurs, et ce pour des raisons que l'on connaît.

Ceux qui croient que Dieu se révèle par la personne de Jésus, les chrétiens donc, sont conduits à porter grande et respectueuse attention au corps. Ce n'est pas accessoire. Ce n'est pas un effet de mode. Et s'il est parfois utile de se laisser rafraîchir la mémoire par des traditions philosophiques autres qu'occidentales, les racines chrétiennes et l'expérience des nombreux mystiques chrétiens devraient amplement nous assurer de cela : sans attention respectueuse au corps (attention faite de bienveillance, de tonicité, de tendresse et de vérité), pas de chemin spirituel possible dans le sillage du Christ. Des Pères du Désert à saint Ignace de Loyola, de saint François d'Assise à sainte Thérèse d'Avila, des moines et moniales aux chrétiens laïcs contemporains qui avancent dans la foi, tous témoignent que le corps est central, en tant que lieu de vérification, révélateur de ce qui se passe dans le cœur/âme du spirituel, souvent plus vrai dans ses expressions que les discours à prétention spirituelle soigneusement peaufinés par une raison déconnectée du réel.

La foi chrétienne conduit à prendre soin et attention au corps[1].

La première raison est déjà dite : sans corps, pas d'existence, pas de désir, pas de prière, pas d'espérance, pas de foi ni d'amour donc. À hauteur des limites de l'espace et du temps qui nous inscrivent dans l'existence, « Je » est un corps ou n'est pas. Certes, au-delà de ces limites, c'est affaire de croyances. Il se trouve de surcroît que le chrétien croit à la résurrection de la chair[2].

Seconde raison : Dieu a pris chair[3], autrement dit : corps humain. C'est inouï… Ce que Dieu a choisi comme chemin pour se révéler à nous, c'est se faire l'un de nous, c'est prendre corps dans un corps de femme. Corps social et corps culturel aussi. Comme nous.

Autre raison : Jésus révèle Dieu, sa volonté, son projet de vie en abondance, en des rencontres où il guérit le tout des

1. 1 Co 6, 13b.
2. Ph 3, 21.
3. Jn 1, 14.

personnes en guérissant leurs maux corporels : ceux du corps physique[1], comme ceux du corps social[2] ou du corps culturel[3].

Enfin, le corps étant la condition d'existence, il est le lieu qui reçoit le souffle de Dieu, et le corps est temple de l'Esprit[4]. C'est pourquoi tous les (vrais) spirituels chrétiens mènent leur vie selon l'Esprit dans une incorporation de leur prière : physique (les gestes de la prière, la respiration, la détente), sociale (pratique de la charité) et culturelle (expressions multiples de l'amour de Dieu).

Les commentaires qui confondent « corps » et « chair-opposée-à-l'Esprit » ne savent pas lire le Nouveau Testament et ferment la porte à un accueil incarné de la Bonne Nouvelle. L'apôtre Paul, en effet, manie des catégories de pensée qui ne sont plus les nôtres, pour dire ce qui reste vrai : nous devons être libérés de ce qui entrave l'accueil de la joie divine dans nos vies. Or, ce qui entrave cet accueil c'est le péché qui nous traverse de part en part (tête-cœur-corps, ou corps-âme-esprit, ou corps-raison-volonté, cela dépend des systèmes de pensée…). C'est l'esprit de péché que Paul nomme « esprit du monde », ou « chair opposée à Esprit ». En aucun cas il ne s'agit du corps qui serait perçu à la fois comme séparé d'une âme et mauvais.

Le corps humain est animé. Et l'Esprit de Dieu prend corps en nous. C'est cela qui nous fait advenir pleinement comme fils et filles de Dieu. Tout mépris du corps entraîne des contresens, voire des non-sens dans la compréhension de la Bonne Nouvelle.

Le Christ ressuscité est un corps au sens plein du terme. Son propre corps (ne reconnaît-on pas ses cicatrices[5] ?) et cependant un autre corps (« Ne me retiens

1. Lc 4, 40 ou Jn 7, 23.
2. Mt 9, 36.
3. Mc 3,1-6.
4. 1 Co 6, 19.
5. Jn 20, 27.

pas[1] » ; « Il leur devint invisible[2] »), un corps physique de gloire donnant à l'existence sa pleine dimension d'éternité. Ce que nous serons un jour.

Car notre corps – souffrant et mortel – est le lieu même du salut, créé *in fine* pour devenir corps de louange à la gloire de Dieu !

1. Jn 20, 17.
2. Lc 24, 31b.

Les annexes 5, 6 et 7 sont directement inspirées par la spiritualité ignatienne, et différentes versions de ce type de méthode circulent dans les milieux ignatiens, sous des intitulés divers. Je propose ici des formulations élaborées au fil de mes activités apostoliques. Elles tiennent compte des observations faites à partir d'expériences réalisées dans des milieux aux sensibilités variées.

Annexe 5

Prier seul à partir de l'Écriture

« Quand vous priez, ne rabâchez pas comme les païens, ils s'imaginent que c'est à force de paroles qu'ils se feront exaucer » (Mt 6, 7).

Méthode de la contemplation personnelle

1) Commencer par *décider* : choisir un temps, un lieu, une durée, adaptés. En vue de quoi ? En vue de trouver ce que je cherche en ouvrant l'Écriture avec foi : laisser la Parole parler, nourrir, éclairer.

2) Me mettre alors *en présence*. Qu'est-ce à dire ? Cela signifie : *faire silence en moi* ; me remettre en mémoire que le Seigneur est présent au cœur de quiconque le cherche, moi aussi, donc, qui me mets en prière ; et *me tenir devant Lui, simplement*, en confiance, comme je le serais avec un ami. Laisser venir en moi cet état d'esprit qui me ferait dire par exemple : « Me voici, Seigneur, la tête et le cœur pleins de ma vie : je t'offre tout ce qui me tient, me préoccupe, je te confie tout cela. Donne-moi d'être attentif à ta Parole d'aujourd'hui, et de la laisser me conduire. »

3) *Ouvrir* alors la page de la Bible choisie (l'Évangile du jour par exemple, ou celui du dimanche, ou autre).

Lire cette page *avec grande attention*, la recueillir, même s'il me semble la connaître déjà, et quel que soit mon niveau de compréhension immédiate. L'accueillir pour ce qu'elle est : Parole inspirée, chemin de vérité, exprimée dans une culture lointaine peut-être, mais qui rejoint en profondeur chaque chercheur de Dieu.

Attention : il s'agit d'écouter avec *l'intelligence du cœur* (au sens biblique) et non pas de se laisser embarquer dans un exercice cérébral visant à « maîtriser le message », ou à trouver une réponse directe à une question du moment, ou à tirer une morale de l'histoire…

Il s'agit juste de se laisser aller à écouter, regarder, sentir… Laisser ainsi la Parole faire son chemin en moi.

4) Me laisser prendre par l'histoire, par les images, les mots, les attitudes, qu'elle donne à voir et à entendre. *Laisser venir* en moi les réactions que cela produit. Sans me juger, ni en bien ni en mal. Méditer, « ruminer », prendre mon temps.

5) À nouveau, *parler au Seigneur, simplement*. M'ouvrir à Lui sur ce que ce passage d'Écriture m'a ou ne m'a pas inspiré, et laisser venir ma prière dans mes mots familiers.

6) *Quitter ce temps* de méditation/oraison/adoration, par un Notre-Père, ou un Je vous salue Marie, ou…

7) Enfin, *poursuivre ma journée*, dans la confiance que l'Esprit du Seigneur continue son travail.

Annexe 6

Prier ensemble à partir de l'Écriture

« Là où deux ou trois sont réunis en mon nom, je suis au milieu d'eux » (Mt 18, 20).

Méthode de la contemplation partagée

Lecture du passage biblique par un(e) participant(e) : les autres écoutent (sans lire).

Temps de silence conséquent (sur place ou avec dispersion).

Retour ensemble. Puis…

Première prise de parole : sous forme d'un tour de table.

« Ce qui me frappe, aujourd'hui, dans ce passage biblique… »

Chacun l'exprime *aux autres.*

Chacun, dans l'ordre, prend la parole (même si c'est pour dire : « Je ne souhaite pas parler »).

Chacun parle avec sobriété et simplicité, sans chercher à se justifier, sans glisser dans du commentaire biblique (même savant !), sans attendre l'assentiment des autres…

L'écoute mutuelle est attentive, accueillante : pas de commentaire, pas de jugement, pas de discussion : chacun écoute l'autre, c'est tout.

Deuxième prise de parole : également sous forme d'un tour de table.

« Ce qui me frappe dans ce que je viens d'entendre dans ce tour de table… »

Chacun l'exprime *aux autres* selon les mêmes modalités.

Chacun, dans l'ordre, prend la parole (même si c'est pour dire : « Je ne souhaite pas parler »).

Chacun parle avec sobriété et simplicité, sans chercher à se justifier, sans céder au bavardage, sans quêter l'assentiment des autres…

L'écoute mutuelle est attentive, accueillante : pas de commentaire, pas de jugement, pas de discussion : chacun écoute l'autre, c'est tout.

Troisième prise de parole : sous forme libre.

« Ce que ces deux tours de table m'inspirent comme prière à Dieu… »

Ceux qui le souhaitent l'expriment, et *l'expriment au Seigneur.*

*

* *

Pour plus de profit, il est recommandé qu'un membre du groupe accepte de veiller au déroulement de ce partage :

— invite à commencer chaque tour de table ;

— régule le respect de la méthode (il faut parfois recadrer) ;

— invite à conclure (prière comme « Notre-Père », ou « Je vous salue Marie », ou un refrain).

Annexe 7

Prier à partir du livre de sa vie

« Et moi, je suis avec vous tous les jours et pour toujours » (Mt 28, 20).

Méthode

1) Décider. Il s'agit bien d'une décision personnelle, ici, celle d'accepter un cadeau. Donc, prendre les moyens de le recevoir.

2) Trouver un espace où il est possible d'être tranquille pendant un quart d'heure maximum. Dans la maison ou l'appartement, au travail, ou sur les trajets de l'un à l'autre. Il suffit de chercher, on trouve : la cuisine au petit matin, ou après le coucher de la famille ; l'atelier ; la chambre ; la voiture ; la chapelle ouverte sur le trajet ; le bureau avant ou après le travail, un coin de l'appartement, etc. Et pourquoi ne pas prévoir un espace dans le domicile dédié aux *exercices spirituels* (silence, méditation, lectures intériorisées, etc., et aussi ce temps d'exercice à l'éveil) ?

3) Choisir un moment favorable. Il est inutile de chercher un temps sans préoccupation, sans souci, sans fatigue, sans activités inachevées, ce serait peine perdue. La caractéristique du vivant est d'être toujours en cours : c'est pourquoi, dans le cours de son quotidien, il s'agit d'inscrire volontairement un moment où *je* fais une pause intérieure. Les moyens extérieurs – espace, temps, lieu – servent à cela : se poser intérieurement.

La pratique indique que le moment favorable est plutôt le soir, en fin de journée. Mais il faut tenir compte des tempéraments : certains sont tellement exténués le soir que l'exercice ne provoque qu'un rapide assoupissement. Ceux-là sont souvent en forme tôt le matin, et alors en mesure de revenir sur la journée de la veille. C'est à chacun de choisir le moment où il trouvera ce qu'il cherche : un moment pour recueillir ce que la journée a apporté. Il est préférable de trouver un moment pris dans le rythme ordinaire des jours, de sorte que l'habitude mentale soit prise et qu'il soit plus facile de se rassembler intérieurement pour pratiquer l'exercice.

4) Se mettre dans un certain état d'esprit : confiance en la vie ; désir de ne pas passer à côté de sa propre vie. Pour les chrétiens, cela se traduit par : confiance en Dieu qui donne la Vie, désir de vivre sa vocation d'enfant de Dieu. Le désir se traduit par la demande d'être éclairé.

5) Laisser alors défiler ce qui s'est passé pour moi depuis la veille : les gens rencontrés, les activités, les lieux. Repérer comment cela m'a percuté, touché, les différents ressentis éprouvés au fil des heures. Peur d'oublier ? Pas grave : les choses importantes reviennent toujours.

6) Considérer le goût que ces différents ressentis me laissent : plutôt du bonheur, plutôt de la tristesse, du rire ou de l'amertume, du sourire ou des larmes…

7) Nous sommes faits pour le bonheur. Si nous avons des raisons d'être heureux, repérons les chemins (attitudes, pensées, comportement, etc.) qui nous portent à l'être, pour ne pas les oublier aux temps plus tourmentés. Les chrétiens savent à qui dire merci et c'est le moment de le faire ici.

Si nous avons des raisons légitimes d'être malheureux, tragiquement touchés par les épreuves de toute sorte, nous sommes toujours requis à traverser ces moments, même dans le noir complet, pour nous retrouver au-delà du malheur, sur le versant ensoleillé de la vie. Alors, nous pouvons relire ce qui nous a traversé durant ce jour pour déceler où se trouve la lumière, même infime, qui nous indique dans quelle direction chercher la sortie vers le grand jour. Les chrétiens demandent ici à Dieu de les aider à y voir clair.

C'est aussi le moment où l'on repère notre part active dans ce qui nous arrive : cette part active, nous avons à l'assumer, parfois pour s'en réjouir, parfois pour la déplorer. C'est donc tout naturellement que les chrétiens expriment à Dieu leur joie, leur fierté, mais aussi leur regret, leur désarroi. Dire merci, demander pardon prend sens ici[1].

8) Enfin, repérer ce qui est à cultiver en soi, comme attitude, comme point d'attention, pour progresser. Les chrétiens demandent à Dieu de leur donner ce qui les aidera : courage, confiance, humilité, guérison, lumière, etc. selon ce que l'exercice aura donné à voir. Demander à Dieu cela suppose qu'on est prêt à s'engager résolument vers ce qu'on espère[2]. Il ne s'agit en rien d'une quelconque irresponsabilité, d'une passivité béate, d'un attentisme paresseux.

9) Il est recommandé de tenir un carnet personnel qui fera mémoire de ce que cet éveil permet de reconnaître. En suivant le fil de ce qui nous travaille à l'intérieur, nous apprenons à nous connaître mieux, et ce faisant, à mieux connaître celui que nous appelons Dieu car nous percevons alors concrètement sa manière de faire. Le carnet sera le support d'une relecture régulière qui permettra de constater, avec bonheur, l'itinéraire déjà parcouru, et la direction vers laquelle il pointe.

---

1. Et ce ne sont plus de simples formalités sans réel lien avec sa vie, ce que cela est parfois devenu.

2. La prière de demande est alors concrète, enracinée. Elle n'est plus ce qu'il arrive qu'elle soit : une demande religieusement correcte, bavarde souvent, mais qui au fond indiffère, ou nous tient hors d'elle.

Remerciements

L'écriture de ce livre doit beaucoup à son encouragement efficace, attentif, constant et sans concession, en un mot, *fraternel* : un grand merci à Françoise Vintrou !

Table

Cet ouvrage a été imprimé
en février 2011 par

CPI
FIRMIN-DIDOT

27650 Mesnil-sur-l'Estrée
N° d'édition : 500
N° d'impression : 104051
Dépôt légal : mars 2009

Imprimé en France

Composé par Nord Compo Multimédia
7, rue de Fives, 59650 Villeneuve-d'Ascq

Pour en savoir plus
sur les Presses de la Renaissance
(catalogue complet, auteurs, titres,
extraits de livres, revues de presse,
débats, conférences…),
vous pouvez consulter notre site Internet :

www.presses-renaissance.com